◎はじめに

　少年法改正案の国会審議が始まった。おそらく本書が書店に並ぶ頃は、議論が進み、改正案が成立しているかもしれない。少年の立ち直りに寄与する改正であるならば、わたしたちも積極的に賛成したいが、これまでに行われた法制審議会での議論を全て読み直してみても、そのようなことは少しもうかがえない。

　少年と少年法を取り巻く環境はますます厳しいものになりそうだ。わたしたちはこの困難な状況を、少しでも多くの方と共有できないかと考えて、本書を企画し、刊行する。

＊

　新型コロナウィルスという名の災厄が私たちの日常を襲ってきた頃。緊急事態宣言が出され、例えば大学でも、通常の講義が行えず、インターネットを使って教師と学生が向き合うという非日常が続いた。

　この本を企画した頃は、そのように疲弊した社会を眺めるだけの日々が続いていた。少年法がまたしても改正されるかもしれないという話題も、その頃から本書の編集委員たちの間で、現実味を帯びて共有されるようになっていた。

　法制審議会で3年以上の時日を費やし、法務省の事務方がさまざまな選択肢を示してもすっきりとした方向性は固まらず、まさに迷走している時期でもあった。

　わたしたち「被害者と司法を考える会」（http://www.victimandlaw.org/）はふだん月に1度の運営委員会を開催している。大学の教室を借りて行う会議は、これまでに150回を超え、コロナ禍にあっても対面での会議を可能な限り継続してきた。相手の真意を知るためには、画面越しでは不十分だからだ。熱意や憤り、それに共感したり反発したりする自分の思い ―― それらは対面でしか浮かび上がってこない。

　緊急事態宣言の後は、大学の会議室はもちろん、民間の会議室も使えない日がやってきた。いよいよウェブ会議を行わなければならないかと憂鬱な気持ちになっていたとき、メンバーの一人が面白い場所を見つけてくれた。副都心にあるファミリーレストランだった。

　駅からやや離れていることもあって、閑散としていて、密を避けながらのミーティングにも好適だった。その初会合で決まったのが、この本の出版だった。少年法改正が現実化しそうなとき、わたしたちにできることは何か。少年法の保護主義

が衰え、消えていくのを座視するしかないのか。それは広く、世に問うべき問いではないのか。

　本書の企画はこうして、繁華街のはずれのファミレスからスタートした。

　重厚な論文集にするのは避けよう。多くの方に一言で伝わるメッセージを書いていただこう。現場の人が集まっている会の構成を生かし、現場性を前面に出そう。何度もコンセプトを話し合って確認した。

　本書のうち、「巻頭座談会」と「座談会／少年院出院者は語る」の2つの座談会は特に「輝きを放っている」と自賛したい。この改正に対するそれぞれの発言者の熱い思いを受け止めていただきたい。

　残念なこともあった。当初は意見交換の熱意を少しも漏らさないよう、座談会はリアルでの開催を企画したが、それはかなわずにウェブでの開催とせざるを得なかった。その代わり、テキストのなかで精いっぱい、輝くことばを採録したつもりである。

＊

　少年法はこの先、どうなっていくのだろう。

　改正案の内容を見ると、当初危惧された少年年齢の18歳未満への引き下げは回避された。18・19歳を新たに「青年層」と呼んで別扱いにするのではないという観測もあったが、結局、家庭裁判所に全件送致することになった。

　つまり18・19歳は少年であるという認識は維持された。それでは以前と変わりがないのかといえば、そうではない。詳しくは、本書で何人もの論者が触れているように厳罰化は進み、保護主義はかすんでいる。これが現実である。18歳になったのだから成人としての責任を取らせるべきだ。そういう圧力が改正の背景にはある。

　世紀をまたぐあたりから、少年に対する厳罰化の圧力は高まり、数次にわたる法改正として結実してきた。その間に、多くの少年院が閉庁・統合された。最近だけでも青森、置賜、小田原、神奈川医療、関東医療、月形学園といった少年院が閉じた。非行少年たちの立ち直りに実績のあった教育の伝統は、徐々に崩れ去ろうとしているようにも見える。

　「被害者と司法を考える会」は2014年、スポーツ活動が少年の立ち直りに有効なのではないかという仮説を立て、日本の全少年院にアンケートを実施した。当時の52施設全ての回答によれば、それぞれの少年院には独自のプログラムがあり、個性的な指導を行っていた。

なかには、少年を市民のスポーツ大会に出場させ、表彰を受けたという少年院もあった。非行少年に対して、市民の視線は決して寛容でなかったかもしれない。それでも法務教官は、子どもたちを地域のスポーツ大会に送り出し、受け入れられたのだ。残念なことにその少年院も閉庁された。

　18・19歳の非行少年にどう対するべきか。少年鑑別所や家裁の関係者、そして少年院の法務教官に任せるべきであるというのがわたし達の主張だ。特に少年院は、疑似家族のように職員と少年の信頼関係を深めて立ち直りを促す。
　少年院収容者が激減したという現実も受け止める必要があると思う。少年の数が減ったので非行も減ったという見方もあれば、非行がいじめや自傷などこれまでの非行に当てはまらないかたちでくすぶっているという意見もある。今までの少年非行に当てはまらない非行も、水面下で進んでいると見ることもできる。
　少年司法は自ら保護対象を狭めず、こうした従来の非行少年の枠に当てはまらないような子どもたちを保護する方途を探ってほしい。

　見方を変えて考えてみたい。
　日本の平均寿命は世界的に見ても長い。長寿国になったことは喜ばしい限りだが、それだけ市民生活の成熟度が高まったと言えるだろうか。少年たちにとって、自尊感情とコミュニケーション力の不足が大きな課題だと言われるが、これは大人も同じではないか。キレる大人も少なくない。
　だとしたら、少年法適用年齢を引き下げるのではなく、逆に引き上げるべきではないか。少年院法によれば、26歳までは少年院にいることができる。それを根拠にして、少年法適用年齢も26歳にそろえてほしい。
　それを柱とする要望書を「被害者と司法を考える会」として法制審に出したが、まったく相手にされなかった。
　漫画『家栽の人』の原作者・毛利甚八さんの言葉を思い出す。
　「少年法は少年の心の中まで入り込んで立ち直りを促す重要な法律だから、少年法は甘いなどと言う考え方は違う」
　今、改めてこの言葉をかみしめている。この本が少しでも少年法の理念である保護主義の充実・発展の一助になれば編集代表としてとても嬉しい。

　最後に、「第5部　一言メッセージ集」には、本当に多くの方々から多彩な意見をお寄せいただいた。一言一言がこうしてかたまりとなったとき、状況に対する大

きな力となって、対抗していると感じる。

　本書の論考やメッセージの中に、毛利甚八さん、少年法の理念を説き続けた澤登俊雄さんの言葉がないのは悲しい。泉下の人となったお二人は、このたびの少年法改正をどのような目で見ておられるだろう。そんなことを考えながら、筆を擱く。

　　2021年4月

編集代表　片山徒有

【追記】

　本稿を書き上げた後2021年4月6日衆議院法務委員会で開かれた少年法改正案について参考人として意見を述べる機会をいただいた。

　私は少年法改正案に反対したいといくつかの項目について意見を述べた。組織的詐欺などについて法制審議会でもあまり議論されることなく原則逆送対象事件に含まれたこと。虞犯を切り捨てたことに問題が多く注目して欲しいポイントだと訴えた。また、非行する少年がいじめや虐待の被害者であることも多い点を考慮して欲しい。

　もっとも大切な点として推知報道禁止の解除についても説明を行った。一度報道された内容は消えることがないことに加え、少年法55条で再び家庭裁判所に移送されて保護処分を受けることも予想されるので、大きな問題がある点を指摘した。今回の法案では推知報道禁止の解除がもっとも大きな問題を含んでいると感じていた。事前に法務省が野党側にレクチャーした内容ではレアケースだから許容されるという趣旨の発言をしたと別の日の法務委員会質疑で明らかになった。

　与党側の推薦と思われる学者の意見陳述には首を傾げざるを得ない部分が散見されたことも指摘しておきたい。今回の法案は18・19歳に保護原理を適用しながら、犯情や虞犯は保護原理が適用されない。この点の整合性が問題となるが、結局政策判断に委ねると繰り返し説明されていた。法制審議会の委員でもあり参考人として陳述するならば、研究者としての信念に基づく主張をなさるべきであったと強く感じる点であった。

　何よりも大切なのは少年から見た視点だ。少年法がどのように変遷を繰り返すのか今回の国会審議は注目に値する。是非、衆議院のインターネット中継・ビデオライブラリの映像をご覧いただきたい。

18・19歳非行少年は、厳罰化で立ち直れるか

目次

第2部
Q&A 18・19歳非行少年の立直りと少年法

【資料篇】
少年法改正に反対する声明等

厳罰化に大きく
踏み出した少年法「改正」

18・19歳を「特定少年」とする改正案の
問題点と今後の課題

「少年法等の一部を改正する法律案」（少年法改正案）が今国会に提出された。
18・19歳を「特定少年」として、刑事裁判にかける対象事件の拡大、推知報道
禁止の解除など、少年法の目的から大きく逸脱する重大な改正項目がある。改
正案の具体的な項目を検討して、問題点を浮き彫りにする（2021年2月10日、
ウェブにて）。

出席者

森野俊彦（もりの・としひこ／元裁判官・弁護士）

八田次郎（はった・じろう／元少年院長）

伊藤由紀夫（いとう・ゆきお／元家裁調査官）

鄭裕靜（ジョン・ユジョン／青山学院大学講師）

川村百合（かわむら・ゆり／弁護士）

片山徒有（かたやま・ただあり／被害者と司法を考える会・司会）

1 はじめに

片山 政府は、2月19日の閣議で少年法改正案を今国会に提出することを決定しました。政府はこの改正案を今国会で成立させ、改正民法との同時施行（2022年4月1日）を目指しているようです。

　当初、法制審議会は、18・19歳少年について少年法の適用から外すことを意図していましたが、多くの反対の声などがあったため、昨年10月の最終答申では、18・19歳少年について「いまだ十分に成熟しておらず、成長発達途上にある」と指摘し、その上で「18歳未満とも20歳以上とも異なる取り扱いをすべきだ」と提言するにとどまりました。

　それを受けて、改正案では、18歳・19歳少年を従来どおり少年法の適用対象としています。その一方で、18歳未満と区別するため「特定少年」の条項を新設して、家裁から検察官送致（逆送）し、刑事裁判にかける対象事件を拡大しています。現行法の「故意の犯罪行為で被害者を死亡させた罪」に加え、法定刑の下限が懲役・禁錮1年以上に当たる罪も対象としています。これにより、強盗、強制性交、放火、組織的詐欺などが加わることになります。

　また、現行法で一律禁止の推知報道は、18・19歳が起訴された段階で解除としています。

　このように、改正案では現行法の枠組みは維持していますが、さまざまな点で、厳罰化に拍車がかかっています。改正案の具体的な項目を検討して、今後、少年法がどういう方向に向かうのか、そのとき私たちはどう考えたらよいかを議論したいと思います。

2 自己紹介——少年法改正問題との関わり

片山 今日お集まりいただいた皆さんは、それぞれの団体で少年法改正に反対の意見を出されていると聞いています。自己紹介を兼ねて、それぞれの経験も踏まえて、今回の少年法改正についてどのような考えをお持ちなのか、お一人ずつお願いをしたいと思います。森野俊彦さんからお願いします。

●少年事件を10年以上担当

森野 現在、弁護士をしていますが、裁判官を40年間していました。司法修習

でいうと 23 期です。1971（昭和 46）年に大阪地裁判事補として任官後、大阪の
ほか、佐賀や松江など主として西日本の裁判所で勤務しておりました。判事補時
代に広島家裁尾道支部や大分家裁で、判事になってからも、和歌山家裁などで
専任ではありませんが、少年事件を合計 10 年以上やりました。10 年前、2011
年 3 月に東日本大震災がありましたが、その年の 9 月に福岡高裁部総括判事を最
後に辞めました。その後、数年間法科大学院の実務家教員になったりしましたが、
弁護士の仕事にも興味を覚えて登録し、かれこれ 8 年以上になります。

　当初、私は、27 歳ぐらいから地方都市の家裁で、少年事件を担当し始めたの
ですが、地方都市での少年事件は、適切な表現ではないかもしれませんが非常
に牧歌的でした。審判にくる少年は自分の少しばかり年の離れた弟みたいな感じ
です。審判室が同一の平場であることもあって一緒の感覚というか同じレベルの
目線で話をしました。これは年輩の裁判官もよく言われたようなのですが、「君は
私の前にいるので私が審判することになっているけど、ほんと言えば、君の席に私
が座ってるかもしれんよ。裁判官ってそんな立派なもんじゃないから、一緒に考え
ようね」という形で少年に話をしたことを思い出します。

　それから、お父さん、お母さんは、その当時は私より少し上の世代だから、少年
の両親に、「どういうふうに育ててきたか」とたずねても、向こうは、「何を若造が
偉そうにしゃべっているのか」という感じに受けとっていたようにも思います。その
後、だんだんと私も年を取って、少年の親、つまりは保護者と同じくらいになり、
さらには保護者の兄貴分のような立場から、その時代時代に即応した少年審判を
やってきたように思います。

　去年の 4 月、私が一緒に仕事をしたこともある元裁判官の大塚正之弁護士か
ら、少年法の適用年齢引下げ問題について、「反対意見書を作成して提出したい
ので賛同してほしい」という連絡がきましたので、意見書に名前を連ねました。

　元裁判官を対象にしたことから、署名した人は、当然ながら、裁判所を退職し
た者ばかりです。現職の裁判官がこの年齢引き下げにどういう気持ちでいるのか
が分からないのが残念ですし、あるいは、全国の家裁実務を統括している最高裁
の家庭局はどういうスタンスを取っているのかがなかなか見えてこないことにも歯
がゆく思っています。

　この座談会では、家裁のいいところをもっと訴えて、「少年法改正をしたら、日
本の将来を危ぶむことになりますよ」と、皆さんと一緒に考えていきたいと思って
います。

片山 それでは、今、家裁のお話がありましたので、元家裁調査官であった伊藤由紀夫さんから自己紹介をいただけますでしょうか。

●少年事件を 22 年、家事事件を 13 年ほど担当

伊藤 家庭裁判所調査官を38年務めました。退職して2018年3月からNPO「非行克服支援センター」で相談員と理事をしています。併せて、「あめあがりの会」（「非行」と向き合う親たちの会）のお手伝いをしています。

家裁には1980年に入って、少年事件を22年、家事事件を13年ほど担当しました。3年ほどは、全司法本部の専従役員でした。それが私の38年です。

家裁入所後、3年目、1983（昭和58）年が戦後の非行総数の第2次ピークで、70万件弱ありました。その後、1991（平成3）年頃まで少年事件は繁忙でした。

私が初心者だった頃、先輩に、「少年院に二度続けて送るなんてことは絶対しちゃいかんぞ」といったことを言われました。それは何かというと、少年院に一度入れて、どうしてその少年院収容がうまくいかなかったかの検討も含めて、補導委託や在宅試験観察など社会内処遇を実施し、それでもうまくいかない場合は、再度の少年院とするということです。調査官は調査すると同時に、直接処遇に関わって、少年と頑張んなさいというのが現場の指導だった。裁判官もそういうことを大事にしてくれたと思っています。

そうした雰囲気が徐々に失われていくのは、1990年代後半、特に2000年の少年法「改正」以降です。私は、その後、少年法がどんどん書き換えられていくのを見続けてきました。それはとても悲しい体験でした。その中で、この20年、「一定の事件については原則検察官送致である以上、少年の保護相当性を斟酌する余地はない。家裁調査の一環として、補導委託や試験観察をする必要はない」という考え方が家裁実務で強まってきました。今回の「改正」は、こうした傾向をかなり決定的にしてしまうのではないかという思いがありました。2019年秋には、元家裁調査官300名弱による反対意見書も挙げてきました。

片山 それでは、処遇のことが出たので、続けて元少年院長であった八田次郎さんにお願いをしたいと思います。

●少年院・少年鑑別所に 34 年間勤務

八田 私は、法務教官として少年院に12庁14回、長期、短期、男子と女子と一応全部やらせていただきました。少年鑑別所には、東京、千葉、長野など4庁

です。通して34年間勤務をしています。

　退職後は、家事調停委員と参与員、並行して中京大学法学部で10年ほど少年法の講義をしました。それから、昨年亡くなられた少年法の大家である澤登俊雄先生のお誘いがあり少年法研究会に参加するようになりました。その縁で、子どもの人権研究会にも参加するようになりました。

　それから、かつての上司から、「日本司法福祉学会に参加するように」と言われて、理事と監事をやらせていただきました。昨年までは矯正研修所名古屋支所で刑事政策の講師をし、また、名古屋刑務所長が友人だった折に、「篤志面接委員をしないか」と声を掛けられて、名古屋刑務所篤志面接委員として受刑者の面接をしています。

　それから、愛知県弁護士会会長さんから依頼されて、更生保護法人立正園の評議員をしています。退職してからのほうが、いろいろ忙しくやっています。

　今回、少年法の適用年齢の引下げについては、10人ほどの元少年院長と相談して、呼び掛け人になって反対の声明書を作成し、法務大臣と法制審議会部会、その委員・幹事の方々に送りました。元少年院長・元矯正管区長等が87名ほど賛同してくれましたが、名簿がなく、住所も分からず、とても困りました。私のかつての上司である来栖宗孝先生、先生は東京少年鑑別所長、仙台矯正管区長で退官されましたが、あと半年で100歳というご高齢にもかかわらず、葉書にこまごまと賛同と激励の言葉を書いてくださいました。応援してくださっているのだと、とても勇気づけられました。

　この改正については、いろんな団体が反対しています。ちょっと珍しいところでは、日本子ども虐待防止学会とか、ソーシャルワーク関係学会などが反対声明を出しています。いろんな反対が大きくなりましたから、法制審は随分紆余曲折したのだと思います。ダメ押しのように、少年事件を担当された裁判官177名が意見書を出されました。それから、「少年法のあり方について与党プロジェクトチーム」の協議もあって、18・19歳少年を少年法の枠内に留めることに落ち着きました。それで、少しはほっとしたんです。しかし、その後出てきた改正条文を見て、これはとんでもない、ほんとによくない方向になってしまった。騙されたような気持ちになりました。

片山　少年に近いという意味で、弁護士として少年事件の付添人活動をしている川村百合さんから続けて自己紹介をお願いします。

● 2000年少年法「改正」から反対運動に関わる

川村 1997年に東京弁護士会に登録して今に至っています。1997年というのは2000年少年法「改正」の前夜になります。ちょうど弁護士登録した年に東京弁護士会の子どもの人権と少年法に関する特別委員会に所属するようになり、その後何年かして日弁連の子どもの権利委員会にも所属するようになりました。東京弁護士会でも、日弁連でも、2000年の少年法「改正」、その後雪崩を打ったように続いた2004年、2007年、2008年、2014年の都度都度のかぎ括弧付きの「改正」に反対する運動にずっと関わってきました。

さっき森野先生が23期と言われましたが、私はその26年後になります49期です。東弁の子どもの委員会に関わるようになったのは、実は、特に強い理想を持って関わったということではなくて、ある意味、偶然に関わって、その奥の深さを知るにつけどんどん深みにはまって今に至ります。弁護士登録1年目から少年事件の付添人をやることになって、その後もたびたび付添人をやっていく中で間もなく感じたのは、非行と虐待というのは表裏の関係にあるということです。

家庭で虐待を受けるなど家庭環境に問題を抱える少年は、居場所さえあれば非行に至らなかっただろうし、あるいは居場所さえあれば、少年院に行かなくても社会の中で更生できるのではないかと思ったり、あるいは少年院に行ったとしても再び非行に陥らないようにするには帰ってくる先の居場所が必要だなということを感じたりしました。

居場所というのは、物理的な意味の居場所も必要だし、誰かに頼ることができる、誰かが支えてくれるという意味での精神的な居場所も必要です。

少年たちのための居場所をつくる必要があるということで、いろいろな人と協力して、2004年に、日本で初めての子どものための民間のシェルターをつくろうと、カリヨン子どもセンターというNPO法人を立ち上げて、私は最初から法人の理事として関わりました。その後、10代の女の子たちを支援する活動をしている一般社団法人Colabo（コラボ）の理事をしています。

福祉で支援するのか、少年司法手続に委ねることになるのかという、その端境にいるような子たちの支援をずっとしてきています。

少年法の理念は、法律上は少年の「健全育成」ということになっていますが、ちょうど私が弁護士登録した時期が、日本が子どもの権利条約を批准した直後だったこともあって、少年法の理念も、「健全育成」という少年を保護の客体として見るのではなくて、権利の主体として見る必要がある、したがって少年法の理念は少年の「成長発達権保障」であると捉え直す必要があると考えるようになり、

このような理念の転換をあちこちで訴えながら活動してきています。

片山　1997年に弁護士登録されたということですが、くしくも私が社会活動に目覚めたのが1997年で、ひき逃げ事件で私の息子が亡くなった年です。それから、少年法の理念について、私自身も最初は横目で見ながら、「うらやましいな。こういう考え方があるんだな」と思ってさまざまな活動をしてきました。この時期、あらためて、少年法の理念について広く訴えていかなければいけないなということも思い出したりもしました。

　さて、出席者の最後ですが、韓国の出身で少年法を研究されているジョン・ユジョンさんのご意見を伺いたいと思います。自己紹介をお願いします。

●いつの間にか少年問題に関わっていた

ジョン　大学時代を韓国ですごしました。はじめて少年法というものに出会ったのは、大学講義で韓国の少年法を受講したときです。日本に留学することになって修士課程から日本の少年法に少しずつかかわることになり勉強をしました。

　多分、八田先生も参加なさってると思いますが、2007年から少年非行防止政策日韓学術交流大会にずっと携わっていたので両国の少年問題に対して自然な形で興味を持つようになりました。

　個人的な経験ですが、韓国の学生時代のときも少年審判に関わるすれすれの友達が周りにいました。そして、日本に来た後も、大学で学生さんのお悩みの相談をする経験もありました。4年前からは大学で少年法を講義しています。また、法学の科目の中でも一部少年法の内容を扱っています。

　今、振り返ってみると、いつの間にかこんなに少年問題に関わっているんだと気付いてびっくりしているところです。

　今回、少年法改正に反対するきっかけは、日本の少年法改正の動きを見てみると、感覚的に、「これ、ちょっと違うんじゃないのか」という気持ちにどんどんなっているからです

3　18・19歳を「特定少年」とする改正

片山　次のテーマに移りたいと思います。今回の法案では、18・19歳が「特定少年」とされました。これは、今回の最大の改正点です。この点についてどうお考えでしょうか。

● 18・19歳を特別に扱う必要は全くない

森野 これからお話しされる方と共通しますが、この「改正案」には反対です。私は10年以上家裁にいて、数知れない少年と相対して審判してきました。その経験から少し意見を述べたいと思います。

少年審判は、すぐ1メートル前には少年がいます。こちらは法服なしに平服で話していて、いろんな話し方をしますが、18歳・19歳だからといって特別なことも全然ないんです。普通の、それまでの少年の延長なんで、まず、18・19歳を区別する必要性が全くないと思います。

18・19歳の少年に対して、裁判所なり、少年院なり、少年の更生のために一所懸命頑張ってきたわけで、18・19歳を「特定少年」にする必要性が全くないと思います。

また、特に脳科学の知見などによれば、18・19歳は大人とは全く違う、まだまだ可塑性があるということです。

今回の改正に至る経過はもともと選挙法の成人年齢と横並びの発想からきていますが、飲酒や喫煙についてはその心身に与える影響をよく考慮して20歳からに据え置かれたように、犯罪少年の処遇についても特別に扱う必要は全くないと思います。

● 18・19歳の実態を見ていない「改正」案

伊藤 今回の「改正」案で、18・19歳について、少年法の基本理念である健全育成が維持され、全件家裁送致の枠組が残されたことは評価できると思います。3年半の法制審議の中で、日弁連も丁寧に反論してきたし、様々な団体の反対声明、八田先生が言われたように元少年院長の方や元家裁調査官、裁判官も声明書を挙げましたが、その影響はあったと思います。

しかし、今回の「改正」案では、18・19歳を「特定少年」として、少年法の最後に新たな章（第5章）が設けられ、そこに、「短期1年以上の刑に当たる罪については原則検送（逆送）事件」といったことや、「犯情の軽重」といった刑事司法的な事柄が多数書き込まれています。また、18・19歳の保護処分について、監視強化と期間限定された新たな保護観察制度・少年院制度が作られています。従前の、矯正や更生の達成度に合わせて柔軟に行う保護観察や少年院収容とは全く異なっています。

令和元年分までしか出ていませんが、最高裁の司法統計で、2018（平成30）

年と2019（令和元）年を見ると、16歳以上で死に至らしめてしまった原則検送事件は、殺人、傷害致死を合わせても10件ほどです。しかし、今回の「改正」案での原則検送事件になると、18・19歳に限っても、年間300件以上が対象事件となり、30倍以上増加します。そして、現行ではどういう終局処分かを見ると、それなりに重い非行なので、約半数は少年院収容です。しかし、保護観察も相当数あり、刑事処分相当は1割もありません。これが、「改正」されると、少年院収容や保護観察処分であったものの多くが原則検送（逆送）決定に流れていくと思います。そして現場では、「原則検送事件（罪名）なんだから仕方ない」という考え方が不可避的に広がることになります。

　統計的には、非行は16歳が一番多く、17歳以降は減少します。すなわち、18・19歳で非行から脱していないのは、相当多くの問題を抱えており、どう処遇・手当てしていくのかを考えさせる、ある意味、貴重なケースです。そこを「改正」案では、刑事処分優先として保護処分の可能性を狭めてしまう。実務経験者としては、18・19歳の実態を見ていない、そこが一番許せないし、本当は18・19歳の健全育成について考えていないんだなと、非常に悲しい思いを持ってしまいます。

片山　付添人の視点から、川村さんはどうお考えでしょうか。

●改正の立法事実がなく改正の必要がない

川村　私はもともと少年法の改正の必要性は全くないと思っています。民法の成年年齢の引下げも必要ないし、むしろ逆に弊害があると思っています。

　その理由は、民法の成年年齢の引下げのときにも、「18歳、19歳の子は十分に判断能力あるじゃないか」という意見もあったし、確かに成熟度の高い子どもも世の中にいるとは思いますが、非行に至るような少年たちは、成長の過程において十分に成長発達権が保障されていないがために、精神的な発達や人格的な発達が未熟な子たちが多いからです。

　「成長の過程において」と言いましたが、そもそも先天的な資質上・能力上のハンディを抱えている子も少なからずいます。知的に低いとか、発達上の遅れを持っていたり、発達障がいと言われるような発達特性をもった子どももいます。そういう子どもたちに対しては、十分に成長発達できるように支援が必要なはずですが、それが今の社会の中で十分ではない。また、親の養育能力がない場合もあれば、親が積極的に虐待しているケースもあって、そのために精神的・人格的な成長発

達が十分遂げられていない子どもたちが非行を犯しています。世間一般の健全に育ってきた子どもたちを見ている人たちが思っている18歳や19歳の子どもたちとは違う、困難やハンディを抱えた子どもたちがいるんだということを分かってほしい。

18・19歳の子が未熟であるということは、実務に接している人たちの多くが感覚的にもっていると思います。さっき森野先生も触れられましたが、脳科学の発達によって、脳科学の専門家が根拠、言い換えると最近はやりの「エビデンス」をもって、「脳は25歳ぐらいまでは成長していく、変化していく」と主張・立証されるようになってきています（友田明美「脳科学・神経科学と少年」『脳科学と少年司法』〔現代人文社、2019年〕）。

18・19歳で非行をしてしまった少年たちにとっては、25歳くらいまでの間にどれだけ成長発達を遂げられるかというのが最後のチャンスですから、成長発達権保障が今までよりも後退しないような法制度であるべきだと思います。

あとから議論になると思いますが、個別の制度作りのところで、18・19歳の少年を今までの少年とは全く違う扱いにしようとしているところは大問題だと思っています。

この改正の動きは、政治的な動きとして、「少年法適用年齢引下げ」と拳を振り上げてしまったところで始まっています。しかし、実際に法制審の中でも今の少年法はうまくいっているという意見が圧倒的多数でした。

いったん挙げた拳を下ろす先がないので、18・19歳の少年を「特定少年」として、いわゆる厳罰化を進めるということにして、妥協の産物みたいに作られた感じがします。私は、全く改正の必要がない、改正の立法事実がないのに、悪い方向になってしまったと思っています。

4　その他の改正点と少年法の理念

⑴　少年法の保護主義と改正問題

片山　改正案の具体的な検討に入る前に、少年法が持つ保護主義について確認しておきたいと思います。それは成人の場合の刑罰とどう違うのか、それと比較してどんな点が優れているのか。八田先生からお願いしたいと思います。

●少年は成長発達途上で可塑性を有する存在

八田　保護主義の優れている点は、刑罰によって犯罪者としての烙印（スティグ

マ）を押さずに社会に包摂していこうという考え方です。法制審の答申にもあるように、「少年は、まだ十分に成熟しておらず、成長発達途上にあって、可塑性を有する存在」であるから、まさに教育の対象だという考え方です。

　18・19歳という年代は、精神と身体がアンバランスですし、受験・就職などの進路を決めるのにも大きな問題もありますから、大変難しい年代です。少年院に来る少年を見ると、先ほど川村さんが言われたように、生育上も大きな問題があって非常にしんどい思いをしているわけです。そういう少年に対して、「あなたはあちら側の人間です」と、刑罰をもって対処するのではなく、保護主義によって社会に包摂しようという考え方で、大変優れていると思います。

　特に、「子どもは国の宝だ」とか、よく言いますけど、未来の国の担い手ですから、そういう子に対して、「おまえは駄目だ」、「駄目なやつだ」という犯罪者の烙印を押すのは、子どもにとっても国民にとっても大きな損失だと思います。

片山　森野さん、いかがでしょう。保護主義についてどうお考えでしょうか。

●保護主義を見捨ててしまうおそれがある

森野　今、八田さんが言われたとおりですが、結局、若い頃の何がしかの過ちですぐ刑罰を処するということが、その人にとって、これからの人生を、どれだけハードルの高い人生を歩ますことを、みなさん、是とするのですかということを、あらためて問いたいです。

　今、昔よりもっと長く、人生80歳ぐらいがだんだん平均寿命になってきたときに、まだ20歳でも、言ったら4分の1ですね。そういうときに、保護主義を捨ててまで、どうして刑罰優先主義を採るかという点が、私は問題だと思います。

　先ほどの伊藤さんのお話のなかでもありましたが、何とか家裁先議になった点は最悪の事態は免れたことはそうなんですが、こういう立法は、やはり危険なんです。「原則として何々とする」ということになってしまうと、裁判官がそういうことに柔軟に対応してやっていけるならいいですが、おそらく、条文に引きずられてしまい、保護主義をどこかで見捨てるという形になってしまうわけです。

　少し前に、別冊法学セミナー252号の特集「少年法適用年齢引き下げは何をもたらすか」の中で、私の先輩の裁判官であった北澤貞男さんなどが述べていますが、むしろ保護主義をもうちょっと成人に達した人にも及ぼす方向をもっと広くしていく思想を持たないと駄目だと思うのです。

●何で「刑事処分優先」になるのか納得できない

伊藤 少年司法に関する日本と韓国との学術交流に参加して印象に残ったことがあります。韓国側は、日本で言えば法務省の刑事局の局付の検察官が参加してくれました。韓国は検察官先議ですが、刑事局の検察官は非常に保護主義に熱心でした。

今回の「改正」案は、法務省刑事局の人たちが書いたと思いますが、残念ながら、韓国の若手検察官とは異なる感覚のように思います。こんなに保護主義を縮小していいのかという危機感を持っていないのではないか。

現実は統計的にも明らかで、18・19歳の少年院仮退院の再犯率は10％台です。現行の20・21歳で少年刑務所を出所した若年成人の再犯率は30％を超えています。この点から言っても、どうしたら少年非行をもっと減らし、非行少年を立ち直らせ、それによって社会における被害者を減らしていくかを本当に真剣に考えたら、何で「刑事処分優先」になるのか。納得できないのです。

●少年法改正について韓国と日本の考え方の違い

ジョン 韓国と日本の少年法のシステムはものすごく類似していると言われていますが、韓国では少年は死刑になりません。でも、日本は死刑になります。単純な比較ですが、大きな違いとも言えます。現在、韓国でも少年法改正の動きがありますが、流れとしては、日本とすごく類似しているところが多いと思います。2017年、韓国では少年法の改正問題が社会的に話題になりました。韓国には国民請願という制度があります。いわゆる青瓦台（大統領府）に直接、「国民が答えを求めると政府がそれに対して返事をする」という制度です。請願した内容が公開されてから30日以内に20万人以上の国民の同意を得ると、同意が得られた請願の内容について政府及び青瓦台の関係者から答弁を受けることができます。

この当時、少女2人（当時、16歳と18歳）が8歳の子どもを残虐な行為で殺害した事件がありました。その事件で、少年法の問題が浮上して、「少年法を廃止しましょう」という請願まで出てきたわけです。

そのときに、35万人以上の国民がその請願に同意しています。20万超えているので、青瓦台は、大統領や政府関係者がそれに対する意見を出さないといけないですが、そのときに、少年法の改正が検討されて、対象年齢や触法少年などに関する改正案が出されました。それに対して、当時の少年問題に関わっている専門家たちは、年齢引下げの問題は少年司法と福祉など、とても複雑な問題なのですぐに決める問題ではないと反対して、食い止められました。

韓国では、少年問題は単純に年齢引下げとか、厳罰主義、つまり厳罰してそれで少年の犯罪が減るものではないという結論に達しています。

片山　子どものことを信頼できない大人って寂しいなと思います。保護主義は、子どもを守るだけではなくて、社会全体を守るという意味も含まれると思います。当然、大人自身襟を正して、子どもたちに接する態度も本当に優しくしないと、社会全体が変貌してしまうのではないかと、ちょっと思いました。

●保護主義は、刑罰から少年を保護するという意味

川村　保護主義の「保護」という言葉から、保護処分は甘いんだとよく誤解されますが、保護主義は、刑罰から少年本人を保護するという意味だと私は教わりました。

刑罰から保護するというのはどういう意味かというと、刑罰だとかえって少年の更生に反するし、少年の更生に反する結果、少年が再非行に陥いったり、大人になってから犯罪者人生を歩むようなことになってしまったら、それは少年自身の不利益にもなるのですが、社会全体から見ても社会の不利益にもなるので、刑罰というのは決してよいものではないから、その刑罰から保護するのが保護主義だと、私は理解しています。

弁護士としては、「社会防衛」ということはあまり言いたくはないけれども、少年を刑罰から保護することによって、結果的には社会を守ることにもつながるということです。

保護主義に基づく保護処分というのは、私は、時に厳しく、時に優しいものだと思っています。人を殺してしまったような、いわゆる重大事件を犯した少年については、私自身は反対していましたが、でも現実にとっくの昔に厳罰化されているので、今回の対象になるのは、いわゆる重大事件を犯したのではない少年です。その処遇がどうなるかを心配しています。同じ罪名の犯罪をしたときに、成人として裁かれることになると、場合によっては起訴猶予、あるいは起訴されたとしても執行猶予という在宅処分があり得るけれども、少年の場合は一発少年院もあり得て、そこで厳しく処遇されるというのが、もともとの少年法の保護処分のあり方です。

しかも、少年院の教育では、人格にまで立ち入って反省を求め、そして自分の人生の振り返りを求め、犯罪被害者に対する考え方も深めていくというような、内面に立ち入った教育をしていきます。反省しようが反省しまいが懲役刑の満期に

なったら放り出すという刑務所とは違うのです。つまり、刑務所は反省しなくたっていずれ出て行けるのですが、少年院はそうではありません。「反省」という言葉は簡単すぎると思っていますが、今、仮に「反省」と言います。反省していなければ出してもらえない、心から自省しているかどうかという教育をずっと続けるのが少年院なので、それは決して甘い処分ではありません。

　生育歴の中で人格が尊重されてこなかった少年の人格を尊重し、また、安心安全な居場所を提供しているという意味では、少年院はとても温かい場所と思われるかもしれません。しかし、先に述べたように少年院の生活指導を含む教育は、決して世間が思っているような甘い処分ではありません。そういう処分を捨ててしまって刑罰で対応することは、社会全体にとっての不利益だと思います。

片山　これからは、具体的な法案に書かれている内容に踏み込んで、一つずつ検討していきたいと思います。

(2)　起訴後の推知報道禁止の解除

片山　18・19 歳の少年が起訴されたときに、推知報道の禁止が解除されることになるのです。具体的に少年の立直りにとってどんな不利益があるのかなどについて検討したいと思います。

●少年のやり直しの機会を奪ってしまう

川村　これは大問題で、ぜひ阻止したい条文の 1 つです。大きく言って問題は 2 つあります。1 つは、そもそも成人であったとしても、実名・推知報道がされることが当たり前という今の犯罪報道のあり方が正しいのかということです。そこに根本的に疑問を持っています。

　もう 1 つは、起訴された段階で推知報道禁止が解除になってしまうと、公判の結果、いわゆる「(少年法) 55 条移送」と言っている仕組みで家裁に戻る可能性があるのに、いったん報道されてしまえば、それは取り返しがつかないことになってしまうことです。

　今の少年法であれば、刑事処分に付されたとしても推知報道はずっと禁止されたまま手続は進んでいきます。したがって、公判請求されても、また有罪判決が出ても、報道されずに、更生して刑務所から出て社会復帰することは可能です。ところが、61 条が「改正」された場合、どれだけ弊害があるか計り知れません。現在

では、少年法ができた1948年という時代と比べものにならないぐらい、推知報道のデメリットはあると思います。

なぜなら、今は、いったん報道されてしまえばインターネット上で永久に残ってしまいます。「忘れられる権利」を日本の裁判所は認めてくれないので、実名報道の削除要求をしても認めてもらえないまま、永久に残ってしまうということが起こります。

私の経験した事例を紹介します。実際には実名報道をされてはいないですが、ある少年が、本当に頑張って模範囚として刑務所から出てきて、仕事も始めて、とても真面目に働いていたけれども、どこかでその会社に勤めていることがばれてしまって、「ジャーナリスト」と称する人が、「こんな凶悪犯罪をした少年をここで雇っていいのか。ばれたら会社の不名誉になるぞ」と会社に脅しをかけてきたケースがありました。

雇い主はその少年を守ろうとしてくれたのですが、そのことを知った少年は、自分のことがいつどこで知られてしまうか分からない、自称ジャーナリストに少年の勤務先がばれたということは、周りの誰かが自分の犯した犯罪のことも知っているのだろうと、たいへん脅えてしまって、そこにはもう勤められないと考えて、退職するという決断をしてしまいました。雇い主も、「自分たちが守るから頑張ってみようよ」と励ましてはくれたものの、ものすごい恐怖を感じて辞めることになりました。その後、この少年の場合は、私たち元弁護人もフォローしましたので、この一件で身を崩すことはなく、別の会社に入って頑張っていますが、一歩間違えばせっかくの更生意欲が挫かれていたでしょう。

このように報道されていないケースでさえそうなので、いったん報道されてしまって、情報が誰でも見られるということになったときに、せっかく立ち直ろうとしている出鼻をくじくみたいなことになってしまうリスクがすごくあると思っています。

それから、「18・19歳の少年が起訴されたら推知報道禁止解除です」ということになったときに、報道機関が間違って18・19歳の少年を早々に報道してしまうことだってないわけではありません。

実際に、今の推知報道をしてはいけないと規定する61条がある中でも、少年の実名を間違ってマスコミが報道した例があります。法律が複雑になればなるほど間違える確率も高くなってきて、いったん間違って報道されてしまうと、その後に匿名に切り替えても、今のネット社会の中では取り返しがつかないものになります。これでは少年のやり直しの機会を奪ってしまい、少年の人生を駄目にしてしま

うので、絶対阻止したい点だと思っています。

片山　そのとおりだと思います。

●推知報道解除は「立直り」のためによいことは何もない

伊藤　「立直り」支援を実際に行っている人たちは、推知報道解除にしても、資格制限の特例解除にしても、仮にそうなったとしても、必死の思いで変わることなく「立直り」支援をします。しかし、国家資格が取れないとか、川村さんが言ったように実名報道されると、そのサポートはものすごく難しくなると思います。

　私の経験でも、森野先生が少し言われましたが、地方都市だと狭い社会なので、実質は匿名であっても実名と同じになりやすいのです。狭い地域のつながりの中で、少年が立ち直るというメリットが生まれることもありますが、逆に、知れ渡ってしまったために、少年の立直りが非常に難しくなることもありました。

　私も、今回の推知報道解除は、インターネットの影響も含めて、「立直り」のためによいことは何もないと思っています。やめてほしいです。

●ネット社会では、弊害は以前よりも百倍にも千倍にも

森野　川村さんが言われたように、本来、悪いことしたら罰せられるというのは当然ですが、ほんとに犯罪につりあうというか、相応する罰を受ければいいわけで、それ以上に重い罰を受けることは、少年であろうと、20歳であろうが、25歳であろうが、本来、おかしなことなんです。

　昔、浅野健一さんが『犯罪報道の犯罪』（新風舎）で書かれて、実名報道の弊害に警鐘を鳴らしていましたが、残念ながら、それは多数意見にはなりませんでした。

　さらに問題なのは、「悪いことをした人については見せしめ的に何をしてもいいんだ。槍で突こうが、むちでしばこうが許されるのだ。その人の更生についてどんな妨げをしてもいいんだ」という風潮になっています。まして、ネット社会になったら、そのひどさは、以前よりも百倍にも千倍にもなっています。

　そうすると、そういう社会を招来してはならない、そういう社会を皆さんの知恵で防ごうではないかというのが、本来、良識のある人たち、あるいは政治を与かる人は当然それを考えないといけません。今までの少年法61条以上にもっと報道は制限すべきなのに、規定の仕方が、「起訴されたらもういいんだよ」というような、これ見よがし的な規定を作ること自体、本当に問題です。人間の業を放っておい

たらどうしても悪い方向に走るから、これはみんなで知恵を出してやめようではないかという精神を共有しないと駄目だと思います。

片山　今までの話を聞いて、ジョンさんは、韓国の実情と比較してどうお感じになりましたでしょうか。

●推知報道解除は国家権力が報道にお墨付きを与える

ジョン　推知報道ですが、私は、これは大変深刻な問題だと思います。推知報道禁止を解除するという法案が出ていること自体が、本当の意味で少年保護を理解して、今回の少年法の改正に向かっているのか疑わしいと思います。

　私は、講義の中で、「今回の推知報道をどう思いますか」と学生に意見を聞きました。そうしたら、賛成する学生からは、「もう既にネット上に流れています。2ちゃんねるとか、調べたらすぐ出ます。顔写真や住所、家族関係など全部出ています」と言って、「だから、もうすでに、みんな知っているし、推知報道を解除してもいいんじゃないんですか」という答えが出てくるわけです。

　非公式でネット上で広がることも実は大問題ですが、これを法律で認めるということになってしまうとなると、これは次元が違います。非公式で行われる副作用もコントロールができないという問題を抱えながら、推知報道の解除を認めるということは、国家権力がお墨付きを与え、ますますエスカレートして止めようがない事態が出てくる可能性も十分あるからです。中世時代に行われていた公開処刑のような効果を期待しているかもしれないが、今は現代です。つまり、現代化した公開される場所は、地球全体がネットワークで複雑に絡んでいて、無限のデータが飛び交うバーチャル空間で永久的性質を有する場所です。そのようなところで非公式的に事件の情報や個人情報が永久に残されるということもスティグマ（烙印）ですが、マスコミが報道した実名や顔写真が残されるということは、少年が立ち直ったときの将来に甚大な弊害をもたらすと思います。

　一つ韓国の例をお話すると、先週だったと思いますが、韓国は、今は就職先として公務員が大人気です。職業軍人も職業として人気があり、勿論、競争率もとても高いし、志願試験なども難しいと言われています。ある青年が、海軍に志願しましたが、最終試験で落とされたという内容が報道されました。その落とされた理由が問題となったからです。青年の試験や体力試験はとても優秀な成績だったんですが、最終試験で落とされた理由が、彼が、少年院出身だったということでした。

この問題に対して、韓国の国家人権委員会は、これは人権侵害の問題であり、いわゆる職業選択の権利が踏みにじられた事案であるとし、意見書を出しています。

　どんな保護処分を受けても、少年の将来に影響があってはならないです。それが、少年法のとても重要な存在意義だと思いますが、現実ではそうではないしとても厳しいです。一度失敗し間違ったことを反省して新たな道を開こうとしている人に烙印を押して将来の希望を奪うことがあってはならないです。

　先ほど、川村先生が言われましたが、保護という意味は、名称で誤解されやすいんです。刑罰からの保護という意味もあるかもしれないんですが、私が若干感じてるのは、保護というのは「保護」という言葉を借りて、変われる、更生をするという意味です。更生をする、そして変わるということは、本当の意味合いで、罰を受けるよりも大変だと思います。

　人間が変わる、どういうふうに、どんな思いをして変わるかは、ある意味では、刑罰よりも苦しいし、もっと厳しいかもしれません。その点が一般の人にちゃんと評価されていません。

　今回の推知報道がもし解除されてしまうと、何とかして、頑張って頑張ってそこから抜け出して、新しい人生を始めたいと思っている、そういう人々の小さな希望すら全部奪ってしまうということだと思います。

　推知報道解除という話を聞いて、今回の少年法の改正の目的は、少年法の理念をよりよくするためのものではないと感じました。

(3)　虞犯対象から外れる 18・19 歳少年

片山　今回の法案では、18・19 歳の虞犯は保護主義の枠から外れることになっています。そもそも虞犯とは何かという点も含めて、この対象者を保護することの必要性について、主に、川村さん、八田さんのお二方からお話を伺いたいと思います。まず、八田さんからいただきましょうか。

●虞犯は少年の立ち直りのための最後のセーフティーネット

八田　虞犯の問題は非常に難しいです。家庭裁判所の虞犯についての扱いが、ここ 20 年近くで随分変わってきています。多い時には家裁に年間 7,000 人ほどが係属していましたが、2002 年は 1,025 人、2019 年は 163 人になっています。

　虞犯は、「自己又は他人の徳性を害する行為をする性癖のあること」といった虞

犯事由があって、なおかつ将来、罪を犯すおそれがある、これを「虞犯性」と言いますが、この二つで構成されています。虞犯性については、単なる犯罪・触法の可能性でなく、高度の蓋然性が必要であるとされています。具体的にこうこうこうした犯罪を犯すおそれがあるというように、かなり絞られてきました。警察も家裁に送る件数が減ってきて、統計上からも、先に言いましたように虞犯は非常に少なくなってきています。

　ただし、虞犯は、犯罪すれすれのところで、実は、犯罪しているけれども立件できないから虞犯でやろうというケースもあります。少年にとって立ち直りのための最後のセーフティーネットだと、実務家は思っています。

　たとえば、暴力団員に誘われ、事務所に行って電話番をする少年がいます。特に女性は、ああいう人の誘いは非常に巧言を弄して近付いてきますから、寂しい少年たちは、皆くっついていくわけです。

　昔、少年法に造詣の深い森田宗一裁判官は、「思うに虞犯とは、少年法上の難所であり、喜望峰でもある。越えなければならない剣難な場所であり、越えれば少年法の本来の進路がひらかれる地点となるであろう。」と述べておられます。少年の現実を少しも見ないで、ばっさり、「18歳・19歳は虞犯はなしだ」というのは、実務家としては納得できません。

●早い段階で立直りを支援することができなくる

川村　少年法は、刑事訴訟法の特別法であるとともに、児童福祉法の特別法でもあると言われています。成長の過程で、例えば、親から虐待を受けてきた子どもが、児童福祉法の範囲内で児童相談所によってきちんと保護されて施設などで育つことができていればいいけれども、思春期以降になって非行という形で虐待の影響が出てきたときに、児童相談所は「ややこしい、厄介な子ども」だということで、本来だったら児童福祉法によって児童相談所の責任で対応すべきところを、保護しないで放置していることがよくあります。

　そういうときに、居場所がなくなった子がどこに居場所を求めるかというと、「悪い」仲間であったり、暴力団であったりということがあって、その暴力団組織が性風俗産業をやっていて、そこで体を売らされるというような女の子が少なからずいます。

　犯罪として立件できるものはないけれども、実際には例えば売春防止法違反の行為をやっている場合、本来だったら福祉の領域に引き戻したいけれども福祉が何もしないから危なっかしいことをして生き延びている子が、何らかの理由で警察

に補導されることになったとします。しかし、今の少年法であれば、犯罪ではないから、犯罪としてではなくて虞犯として立件するということができます。さっき八田先生が言われたような、その中には、もう最後の最後のセーフティーネットが少年院ですという子が少なからずいます。

　男の子の場合でも、虐待を受けてきて、家から飛び出してきました、そこで、お金がないのでおなかがすいて、コンビニで万引きしました、でも、被害届が出ないから、犯罪として立件されませんでしたというときに、それは虞犯だということで家裁送致されることが、今まではありました。

　それも、児童福祉がちゃんと機能していなかったために、犯罪をしてしまって、それがたまたま犯罪としては立件されなかったけれども虞犯で家裁送致となった少年にとって、最後の居場所が少年院です。あるいは、少年院に行かないで、保護観察や試験観察、補導委託という形で居場所を見つけることができたことによって、最後、ぎりぎり踏みとどまって、非行を二度と犯さなくて済むような処分をすることが今まではできていたのに、それが今回の改正でできなくなるわけです。早い段階でその子の人生の立直りを支援することができなくなってしまうので、これは大きな問題だと思います。

●虞犯は、扱い方次第では人権侵害に直結

森野　虞犯は、大先輩の森田さんが言われたように、裁判官にとっても難しい問題があります。特に、私の経験では、虞犯で来た少年では、決まって親のほうに問題があります。

　それで、虞犯で裁判所に来て、在宅で引き揚げようとして来たときに、少年が、「何も悪いことしてないのに、なぜ鑑別所に入れられるんや」と、大概言います。裁判官はそのときがいわば勝負です。本当は親のほうを入れたいけど、そのことはぐっと呑み込んで、「おまえのために入れるんだ」という趣旨で説得したことがあります。

　そういう子どもは、鑑別所にいる間にだんだん分かってきて、審判の席では、裁判官に、自分を鑑別所に入れた裁判官の気持ちを分かって、「これから決して悪いことをしないと約束します」と言われてほっとしたことがあります。一方、虞犯というのは、扱い方次第では人権侵害に直結しますので、変な裁判官に遭ったら、これは危ないです。

　そうすると、仮に18・19歳になっていて、いまさら虞犯で扱うのは問題がないではないということで、もう18・19歳は、虞犯は黙っておこうかというのも1つの

考えではあるかもしれません。

●虞犯を外すなら福祉の観点から

ジョン　韓国でも虞犯少年を少年保護事件対象から除外するという改正案が出ています。しかし、その目的が、日本とは全く違います。日本の場合、外す目的がはっきりしませんが、韓国は、その理由がはっきりしています。

　どういうことかというと、少年院に入ってきたということで、それをネットで調べられ、周りから「あの子は入ってきたよ」ということで、潜在的犯罪者のようなスティグマ（烙印）を押されるような虞犯少年は、あまりにもその弊害が大きいからです。これを福祉の観点から、よりよい環境で保護をうけて成長できるような制度に改善しようとする改正です。

⑷　職業選択の制限規定

片山　職業選択の制限、前科・前歴について、今までの除外規定が外れると、国家資格が必要な職業につくことができなくなります。たとえば看護師には、看護師法9条の規定により欠格事由にあたるため一定期間なれません。これは社会復帰という面でも大変心配されることだと思います。

●更生にとって大きな足かせに

川村　これもさっきの推知報道と同じような問題です。せっかく刑に服して、これから人生やり直そうというときに、大きな足かせになるのが、この職業選択の制限だと思います。

　私が逆送後の裁判員裁判で弁護人をやった少年で、刑務所に行ってしまったけれども、「川村先生と出会って、弁護士になりたいと思いました」と言ってくれる子もいるのですが、資格制限の特例が適用されなくなると、司法試験に受かっても弁護士になれません。少年院を出て弁護士になっている人はいるわけですが、懲役刑に処せられた場合、弁護士の欠格事由にひっかかり、その道が閉ざされることになってしまいます。刑の執行終了後10年経過すれば可能性が出てきますが、それまで「あなたは資格制限があるから駄目だよ」と言わなければならないとなると、せっかく頑張って立ち直ろうと思っている夢を一つくじくことになってしまいます。これは弁護士という職業に限らず、いろいろな職業で同じことが言えます。

　それから、就職時に履歴書の賞罰の欄で正直に刑罰として書かなければいけな

くなると、採用してもらえなくなります。そうすると、正直にではなく嘘を書くことを勧めるのかという問題になってくるので、これは、更生という意味で大きな足かせになってしまうと思います。

●資格制限について、本当に配慮されるのか心配

伊藤　正確な記録があるわけではないのですが、3,500件以上の少年事件を担当したと思います。そのうち150人くらいは少年院にも送ったと思います。試験観察・補導委託も多数実施しました。そうした中で、私が知りうる限りの範囲ですが、教員免許を取った少年が2人、看護師になった少年が1人います。

　今回の「改正」案では、「資格制限については、個々の法律に任せて配慮する」とされていますが、本当に配慮されるのか心配です。「改正」案のように、バッシングする方向で「改正」を進めた場合、例えば文科省が「前科あっても教員免許取得可能です」ということは不可能ではないかと思います。現代は、過敏すぎるほど資格の時代なので、資格制限の特例措置を適用しなくなるというのは、大問題だと思います。

⑸　検察官送致の対象事件の線引き

片山　改正案では、検察官送致の対象事件の線引きについて短期1年以上の罪（組織的特殊詐欺罪、薬物犯罪などを含むかなど）となりました。これは、法制審議会の中でもあまり詳しく議論になっていないまま決まったという印象を、私は持っています。特に、組織的特殊詐欺や薬物犯罪などが含まれるということで、対象者も非常に多くなってしまったと思っています。

●検察官送致ありきではなく、丁寧な調査・鑑別を

八田　二つお話ししたいと思います。一つは、森野先生が詳しいと思いますが、強制性交罪にしても、強盗にしても、非行態様が非常に広いです。例えば、自転車の買い物籠から引っ張ったところ、手を放さないから引きずり倒してけがをさせると、強盗致傷になります。非常に凶悪なイメージになります。コンビニで万引きして店員に追い掛けられて、その店員に対し暴行したり、ナイフで刺すと、事後強盗にも入るわけで、範囲が非常に広いです。

　組織的詐欺では、少年はほとんどが出し子や受け子で、現在は特殊詐欺として、窃盗や詐欺で立件されていますから、原則逆送の対象ではありません。ただ、

捜査機関がどのように変化するのか、現状のままなのか、組織的詐欺の方向に持っていくのか心配なところです。仮に、組織的詐欺にしても、その役割、態様がすごく広いため、「原則逆送」という言葉があると、どうしてもその言葉に引きずられやすいです。そうすると、どうしても刑事処分のほうに行きやすくなります。

いわゆる特殊詐欺のデータがあります。東京家裁管内で2015（平成27）年に鑑別所に入所した数は255人で、そのうち18歳・19歳は65％です。犯罪に至った経過を見ると、友人・知人に誘われたのは60％で、見知らぬ人に誘われたのは22％。その役割は受け子が78％、紹介役が9％です。こういう数字から見て分かるとおり、実は、組織の実情も共犯者も知らない少年たちが組織の末端にいます。

このように強盗に限らず非行の態様が広いから、その調査や鑑別ではその点をきちんと精査して欲しいし、裁判官も、原則逆送に引きずられないで実態をよく見て判断してほしいと思います。

それからもう一つは、原則逆送の条文には「ただし書」があります。どういう「ただし書」かというと、「犯行の動機及び態様、犯行後の状況、少年の性格、年齢、行状及び環境その他の事情を考慮し、刑事処分以外の措置を相当と認めるときはこの限りでない」と。要するに、この「ただし書」によって原則は検察官送致であるけども、保護処分でいいよというものです。

この「ただし書」をどう使うかというのは、なかなか難しいです。「原則逆送」は、2000年改正法の際に「16歳以上の少年が故意の犯罪行為によって、被害者を死亡させた事件」について新たに追加されたものです。当時、調査記録をずっと読んでいくと、これは保護処分だという感じで書かれていると思ったら、最後のところで、「しかし、これは事件からみて検察官送致にする」と。鑑別にしろ、調査にしろ、この「ただし書」は十分に生かされているとはいえません。原則逆送の縛りがきついのです。こういうことをしていると、少年司法の肝である調査、鑑別機能が劣化してしまいます。

特定少年の場合は、この「ただし書」に「犯行の結果」が加えられました。行為責任の色合いが濃いのです。非行・犯罪の態様は広いですから、条文にあるように始めから検察官送致ありきではなく、丁寧な調査・鑑別をして欲しいと思います。調査や鑑別機能が形骸化や劣化しないように、運用上留意していただきたいと存じます。

森野 短期1年以上というのも、本来の基準となりうるのか疑問があります。地方裁判所の刑事事件の取扱いに関して裁判所法では法定合議事件は短期1年以上とされています（26条2項）。そうすると、例えば、運転免許証の偽造は公文書偽造で短期1年（刑法155条）ですから、合議になりますが、違和感を拭えません。人の生命はもとより身体も傷付けたりしていないわけですから。

次に組織的な詐欺の場合に、「組織的」ということで特別法が制定され1年以上になったわけですが、検察官送致事件に組み入れる目的や必要性がどこにあるのか分かりません。八田さんが言われたように、少年の場合には、末端であるとか、幇助的なもので、それをすぐ検察官送致にすることは問題です。

何より、少年事件というのは、弾力的な形で運用するのが一番いいのに、そういったことをシャットアウトすることになります。その点でも、こういう決め方で少年保護を形骸化していくことが一番の問題だと思います。

(6)　全件家裁送致が維持されたことをどう受け止めるか

片山 全件家裁送致の点については、「踏みとどまった」と言ってもいいんでしょうか。それをどう受け止めていられますか。

●家裁が少年ために最大限頑張って欲しい

森野 これは、結局のところ、川村さんがさっき言われたように、何か落としどころにしたというか、少なくとも家裁の面目を保った面があるという見方もあるかもしれません。立法の議論の過程とかを見ても、家裁がまだまだ大丈夫だというか、少年の保護のために一所懸命頑張ってくれる所だから、全件家裁送致を維持したのではないかという含みがあると、希望的にみるのもありかなと思います。

しかし、こういう立法は非常に危険です。例えば、いいか悪いかは別にして、裁判員裁判の立法化の過程で、裁判官1人、裁判員4人という裁判員裁判（小合議体）もあるんだと、これはおそらく公明党が最後に言い出して、それも抱き合わせに入れたら、裁判員6人、裁判官3人に賛成するとか、「どさくさ」と言ったら非常に語弊があるけれども、そういう決め方は、私はあまりうれしくないです。

その意味では、これを家裁が砦を守ったように受け取るのは気を付けたほうがいいと思います。しかし、原則はどうであれ、維持された以上は、取りあえず家裁がまずその少年ために最大限頑張れるという部分はありますので、徳俵として残

されたという読み方をしてもいいとは思います。

●要保護性よりも犯罪事実の重視は危険

八田 これはよかったなと思いました。でも、気になるところもあります。特定少年の審判に当たっては、「犯情の軽重を考慮し、相当な限度を超えない範囲内」という言葉が入っています。これはいったい何だろう。この文言は、従来の少年司法は、行為者主義です。非行少年という行為者について調査や鑑別をして審判にあたり、非行少年の健全育成のためにどうするかというのが、従来の行為者主義です。

　ところが「犯情の軽重を考慮し」というのは行為責任です。これは行為責任を考慮したもので、行為者主義を重視した従来の少年司法とは明らかに違うのではないか。このような条文はちょっと理解に苦しみます。それに、「罰金以下の刑に当たる罪の事件」の保護処分は、6月の保護観察に限るとしています。だから、家裁への全件送致にしても、最初は大いに喜んだけれども、要保護性よりも犯罪事実の重視を徹底しており、「羊頭を掲げて狗肉を売る」ところがあります。

片山 家裁調査官は、全件家裁送致をどう受け止めますか。

●原則検送する実務が広がる可能性が高い

伊藤 繰り返しますが、法制審議の中で、18歳以上の検察官先議が撤回され、家裁への全件送致主義が維持されたのは、とりあえずよかったと思っています。しかし、「だから、家裁実務は今までとあまり変わりはない」といった楽観論はあり得ないと思っています。

　先ほど、森野先生が言われましたが、全件家裁送致にしても、可能な限り家裁での保護処分を行うという態勢ではないと思うからです。全件家裁送致は、本来は、少年法の健全育成理念、保護主義を徹底するためにできた制度だと思います。しかし、今回の「改正」案ではそこを徹底するのではなくて、一応形式的には全件家裁送致を維持するけれど、「一部事件は原則検送事件」として拡大します。その背景には、18・19歳は全件刑事罰でよいといった誤った思潮があるのですが、それに抗しきれない現場では、粛々と原則検送する実務が広がる可能性が高いと思います。積極的に検送するようにとは言わないけど、補導委託や在宅試験観察、さらには新たなダイバージョンといった調査調整の志向は乏しく、とても残念な気がします。

片山 全件家裁送致になったからには、家裁調査官は今以上に少年のために頑張る必要が出てくるのではないでしょうか。

●少年院について十分悉知した上で処遇選択を

伊藤 本来ならその通りです。粛々と原則検送とするのではなく、非行経過や非行態様、被害程度や被害者対応等に応じて、原則検送にすべきか保護処分とすべきか、場合によっては補導委託や試験観察を活用して調査・審判していければよいと思います。

しかし、今回の「改正」案では、第5章に刑事事件の特例を適用しないことが列挙され、さらに「犯情の軽重を考慮して」という従前の少年法になかった刑事司法の考え方が明記されています。これは少年法の基本理念に関わる問題で、1つの法律としては捩じれすぎている、亀裂が走っていると言わざるを得ません。

繰り返しですが、原則検送事件であるなら、補導委託も在宅試験観察も実施しなくなる可能性の方が高いと思います。「頑張って調査しよう」といった現場を作るよりは、そもそも保護相当性を斟酌する余地がないし、被害者理解も得られにくいから等々の理屈が優先し、あとは、再犯リスク要因や非行メカニズムといったものを調査・分析して、「再犯危険性が高い」「刑事処分を否定するほどの保護相当性は無い」として、原則検送相当とする実務になりやすいと思います。

家裁調査官の調査は、過去の出来事の分析だけではなく、少年の将来的な処遇を見据えて調査し、処遇を選択するものだと思います。ですから、私は、2000年「改正」の時、「原則検送された少年がどういう裁判を受け、どういう少年刑務所へ行くのか」を予め悉知しておくべきだと思いました（少なくとも、家裁調査官は少年が収容される少年院について十分悉知した上で処遇選択しています）。それを知らなければ、責任をもって刑事処分相当という意見は書けないと考えました。しかし、現実には、原則検送後の裁判員裁判がどのようなものか、拘置所や少年刑務所がどんな所か、それが一般の少年院とどれほど異なるか、もっと知るべきだと思うけれど、知らない調査官がおそらく大半だと思います。

私も片山さんと同じく、現場の家裁調査官に少しでも頑張ってほしいと思いますが、今回の「改正」が入ってしまえば、現実的にはすごく難しくなると思います。

片山 付添人として、この点についてどう受け止めていますか。

●「人を見る」から「行為を見る」に変わる

川村　私も少年法の理念が確実に変容してしまうし、調査も審判も劣化していくことを心配しています。もちろん、「改正」後も調査官、裁判官が頑張ってくれれば、付添人もまた頑張ります。裁判官が少年法の理念に忠実に頑張ってくれれば、「ただし書」を使って保護処分にすることができるはずです。最高裁は、これまで2000年以降の少年法「改正」のときも、「少年法の理念は変わらないんだ」と、建前ではずっと言い続けてきたけれども、実際には、家裁の実務は大きく変わってきてしまったというのがこれまでの歴史です。今度の「改正」によってもやっぱり変わってしまうだろうと思います。

この2000年以降の少年法「改正」の際に、反対してきた弁護士、それから、「反対」とは言ってはくれないけれども、「改正しなくていいのに」と内心では思ってくれていた裁判官も当時はいたと思います。また、調査官は全司法という立場では反対をしてくれていて、その都度、例えば、法律の審議の過程で少年法の理念を何とか守れるような答弁を引き出したり、あるいは附帯決議をしてもらえるよう国会議員への働きかけを頑張ってきた人たちがいます。そういう経過を知っている人たちは、それを生かしたうえで、運用の面で今までと違わないように頑張ろうと思っていたと思います。

けれども、その歴史を知らない人たちは、与えられた条文がもう大前提になってしまうのが怖いのです。所与のものとして「改正」後の条文があるということになったときに、どういう経緯があって、今、この条文になっているか。そして、そこでどういう運用が望まれるかということを知らない裁判官、調査官。そして付添人がつくり出す審判廷というのは、もうおのずと今までの審判とは違うものになってくると思います。

現に、2000年の「改正」で、いわゆる「原則逆送」の条文ができて、あれは、「原則」って書いてはいないのに、何か「原則、原則」って言い慣わしていることが問題のようにも思うんだけれども、皆、そういう前提で受け止めてしまって、その原則逆送制度というのが所与のものになってしまっているように思います。

本当は「ただし書」に当たる事由があるかどうかを十分に調査することになっていたはずですが、昔に比べると、調査もたくさんの情報を収集しなくなっていると思うし、また、その収集した情報を調査票にきちんと書いているかというと、書かれなくなってきているのが現実かと思います。

この間、最高裁は、「簡にして要を得た」調査票の書き方を打ち出してきて、伊藤さんは、昔は、多分、長い調査票を書かれていたと思いますが、そういうのは「よ

ろしくない」ということになって、「ただし書」に当たるような事情をきちんと拾えていない、書いてくれていない調査票が出てきて、それがスタンダートになった。

　また、さっき、八田先生も言われたことですが、この条文は、「犯情を重視する」という傾向に拍車をかけると思っていて、犯罪行為そのものに着目することが進んでいくことになります。

　私が昔学んだ少年法は、犯罪行為そのものではなくて、「人を見る」、「人に注目する」というものだったと思います。「人を見る」ということから、「行為を見る」ということに変わってきてしまった。それが一層進むだろうと思います。犯罪行為そのものに着目して、いわゆる犯情を重視して行為責任を問うという傾向が進んでしまうことをおそれています。

(7)　更生教育と改正問題

片山　特に矯正を中心とした更生教育の流れは今後どう変化していくのか、これが大変気になるところです。これについて、八田さんの考えを伺いたいと思っています。

●当初から教育期間を確定するのは困難に

八田　特定少年の少年院送致は、犯情を考慮して3年以下の期間、収容することになっています。これは、二つの問題があります。一つは「犯情」ということ。これは先に述べましたが、非行事実を前面に押し出したもので、要保護性を後退させるものです。調査や鑑別がどうなるか危惧されます。もう一つは、期間を3年以下として、その延長が認められないことです。そもそも、教育期間を最初から確定できるのでしょうか、矯正教育はそのようなものではないはずです。現在、収容継続申請は年間600人ほどです。保護観察が必要だとして、期間の延長を申請することもあります。収容期間は、執行機関が少年の改善の程度・必要性によって司法の規制を受けて柔軟に対応してきました。これがほとんどなくなります。なぜ、これを変更しなければならないのか、再犯防止上も問題があります。

　また、「第五種少年院」が設置されることになりました。これは、特定少年の保護処分として2年の保護観察少年が遵守事項を遵守せず、その程度が重く、少年院において処遇をしなければ少年の改善、更生が図れないときに、家裁の決定により送致する少年院を新たに第五種少年院としたものです。以前、2007年改正法において条文化されたものを、特定少年に対するものとして定めたものです。

つまり、保護観察中に所在不明となり大きな事件を起こしてはならないし、保護司の指導に従わないのでは困りますから、保護観察の実効性を高めるためのものです。ただ、少年院送致を匂わせて威嚇として用いる狙いがあるかもしれません。

　現在の少年院も以前と変わりがありませんが、指導方法などはできるだけ科学的な裏付けのあることをしたいようです。時代の流れでしょうか、若干マニュアルっぽくなってきているのではないかと思います。そこのところは原点にもう一遍返って、人間と人間との触れ合うことを大事にしてほしいと思っています。

(8)　法制審で出された「少年法不要論」

片山　法制審議会委員である被害者団体代表の武るり子さんから、以下のような「少年法に絶望」したという少年法不要論とも受け取れる意見が出ました。「たとえ少年事件であっても、きちんと刑事裁判をして、罪に合った罰を与え、加害者は被害者にきちんと謝っていると思っていました。多くの人たちは、今もおそらくそう思っています。でも、事件に遭って経験したことは、当然あるべきものが何もないということだったのです。（中略）今回、年齢引下げが認められなかったことで，民法改正で18・19歳が大人になるのに、罪を犯したときだけ少年として扱われるという、この大き過ぎる矛盾にまた苦しまなければならない被害者が生まれることを心配しています。到底納得できる結果ではありません（法制審議会少年法・刑事法〔少年年齢・犯罪者処遇関係〕部会、第29回会議議事録〔2020年9月9日〕7～8頁）。被害者遺族としての気持ちを率直にあらわしただけに、きちんと受け止めて、批判すべきはきちんと批判する必要があります。

●被害者・遺族への支援と同時に加害者・加害者家族への支援も

伊藤　同趣旨のご発言は、2000年「改正」前から始まっています。少年事件で息子さんを亡くされたという大きな悲しみ、その際の家庭裁判所の調査・審判で一切被害者対応がなされなかったことへの怒りのあらわれだと思います。

　武さんは、ある意味で一番純粋に、18歳以上は検察官先議とすべき、その根拠は大人としての自覚を持たせることが第一で、刑事裁判にしたほうが再犯防止につながるという主張です。ただ遺憾ながら、過去の犯罪研究から見ても、その主張は科学的根拠がない主張です。そして、法制審議会ではどなたもそれにきちんと反論していません。

　法制審議の最終段階で、「改正」の在り方について与党プロジェクトチーム（P

Ｔ）案が出ました。すると学者の先生方は雪崩を打ったように、今まで主張されたことと違って、今回の答申案の方向に動きました。その中で唯一、武さんだけは、18歳以上は検察官先議にすべきと一貫して主張されました。根底にあるのは被害者遺族としてのやりきれない気持ちだと思います。

　私は、被害者及び被害者遺族への支援は絶対に必要と思いますが、それと同時に加害者及び加害者家族への支援も必要だと思っています。武さんは刑事罰を拡大することを「適正化」と言われますが、その主張には「あなたは被害者遺族の側に立つのか、加害者の側に立つのか、どちらだ」という二者択一を迫るところがあると思います。

　私は、法を作ったり、運用をしたり、社会全体のことを考える場合、被害者遺族の支援と同時に加害者及び加害者家族の支援も考慮すべきで、そこに苦しみや葛藤が生じるとしても、少年法の適応範囲だけを狭めれば解決するということは適正ではないと考えています。

●犯罪被害者給付金制度に対する少年事件の被害者がもつ根強い不満

片山　少年事件に限って言うと、被害者を出してしまった少年も被害者ではないかと思います。被害者、加害者と明快な峻別がなかなかできにくいのが、少年事件です。

　少年事件の経済的な損失に関しては、成人が被害者になったときよりも、手厚く保護されないという側面があります。例えば、犯罪被害者給付金制度についても、少年が被害者になった場合は、大人が被害者になったときよりも、びっくりするぐらいに給付額が低いという現状があります。これが、多くの少年事件の被害者にとって、根底的に根強い不満となっていると思います。

　それが、厳罰で大人として責任を取らせるんだというところに流れが向いてしまっていると受け止めています。

　少年も被害者なんだということを受け入れてもらえないのは残念なことです。この点について、どなたかほかに補足がありますか。

●振り子が被害者側に振れ過ぎるとひずみも出てくる

森野　少年事件に限らず、刑事事件も含めて、被害者問題というのは、もう一筋縄でいかないと言うとちょっと語弊があるかもしれないが、困難な課題を持ち続けると思います。

　刑事事件も少なからずやりましたが、昨今の裁判を見て考えることがあります。

刑事裁判における被害者の権利を尊重、充実すべきことはもちろんですが、それによって、被告人、あるいは少年が、本来有すべき当然の権利とか、人権とかがことさらに弱体化されるような形で進むべきではないと思います。

　刑事裁判では、弁護人は「被害者がどう言われようが、実はこういう事情があるのです」ということを言うべきです。そのことは被害者にも聞いてもらいたいと思っています。そういうのがあってこそ健全な社会が維持できると思います。あまりにその振り子が被害者側に振れ過ぎると、ちょっとひずみも出てくるのではないでしょうか。

片山　おっしゃるとおりだと思います。それはなぜかというと、少年は立直りが必要なので、少年審判が事件直後に行われることもあって、それが影響を与えていると思います。

　被害者、特に遺族は、ある程度、心の安定をするためには時間が必要です。

　少年事件では、当初は理解できなかったものの、実際に少年と出会い、立直りをする姿を見ていくと、「ああ、これでいいんだ」と理解ができるようになりました。少年事件の被害者たちには、その点をご理解いただけていないことなのかなと思います。

　被害者の方にも、一遍でも二遍でも、少年院に行って、そこでの立直り教育をみてもらいたい、子どもたちの悩みを聞く立場に立ってもらいたいと思います。そうすると、見えてなかったところが随分見えてくると思いました。

　　　　　　　　　　　●世間は、被害者についてステレオタイプな像を作りがち

八田　これは片山さんに教わったことですが、被害者感情は多様だということ、これをいつも自分に言い聞かせています。被害者の感情も、被害者との関係がどうであったかによって、随分違います。被害に遭うまでの人生が、どういう人生であったかによっても異なります。

　ここに大分バスジャック事件の被害に遭われた山口由美子さんの講演録「少年犯罪被害者になって」（熊本法学第149号〔2020年7月〕）があります。これを読むと、武さんとは全く違う気持ちや考え方があるんだということが分かります。被害者が多様であるというのは、片山さんの言葉だけど、よくよく頭に入れときたいと思います。

　もう一つ、私が言いたいのは、世間の人、社会の人は、被害者についてステレオタイプな像を作りがちです。「被害者は厳罰を望む」とか、「死刑を望む」とか、

そういうステレオタイプみたいな被害者像を持っています。それを少しでも緩和解消するためには、マスコミがその点をきちんと汲んで報道していただくことを望みます。

　それから、もう一つ、捜査段階、司法段階などの報道を見ていると、加害者の「謝罪の言葉」がないというのを耳にします。「謝罪、謝罪」とよく聞きます。かつて、日本には謝ったら赦すというような文化があったからでしょうか。けれども、最近のこの謝罪はともかく謝れという、いわば「強制された謝罪」です。しかし、被害者が望んでいるのは、「心からの謝罪」のはずです。それは簡単なことではありません。加害した少年は、「何で俺だけ、アンチクショウ、コンチクショウ」との思いがあります。今まで自分が受けた屈辱、差別などの怒り、加害少年の被害者性です。そういう思いが解消、受容されないと「心からの謝罪」はできません。少年院は、そういう点では、外部から保護された状況ですから内省を進めやすいと思います。

5　まとめ

片山　座談会のまとめに移りたいと思います。これまでお話ししていただけなかったこと、少年法に期待すること、心配することでも結構ですが、なるべく明るい話題で終わりたいと思っています。お一人ずつ発言いただいて、座談会を終わりにしたいと思います。

●裁判官も調査官と一緒に少年保護を担っていく気概を

森野　少年法そのものに期待するというよりは、私は、少年法を担っている裁判官や調査官にまだまだ期待をしたいところです。

　冒頭で申し上げましたが、私が少年事件を最初に担当したのが、27歳ぐらいです。裁判官になって4年目、まだ若かったんです。私がまだ若いから、調査官は、「この若造はどれだけ少年のこと分かっているか」あるいは「そもそも人間や社会のことを分かってるか」というように、いろいろ試してきます。それに対して、こっちが、「若いけれども少年事件も頑張りたいと思います」というような形で話したことがあります。

　そして、その頃は、試験観察を多用したり補導委託を活用し委託先に調査官とともに出向くことがよくありました。私もそういうとこへ行くのが好きだったから、積極的に行きました。それを「牧歌的」な時代と言わたられそうかもしれないけど、

裁判官も調査官も一緒に、「この少年を更生するのにどうしたらいいか」ということを真剣に考えていました。調査官と一緒に少年保護を担っていこうという気概がありましたが、残念なことに、それが今薄れているような気がします。

　話が少し飛びますが、ある裁判所に勤務しているとき原則逆送事件が来たことがありました。調査官の調査票を見ると、原則逆送の内容で、さっき川村さんが言われた「ただし書」があるかどうかの中身を見ると、それなりに調査しているけれども、「一目瞭然」と言ったらおかしいけど、もう「結論ありき」です。

　「結論ありき」ですらっと書いて、熱がこもってないというか、心が入っていません。私は、それなりに少年事件やってきたから、「あんた、何のために調査官になったの？」って一言がつんと言いました。そうしたら、それが効いたかどうか分かりませんが、そういう言う裁判官がいなかったのか、その調査官はびっくりして、「もう1回考えてきます」と、調査票を持ってかえりました。

　家庭裁判所の裁判官や調査官になって、少年事件を担当することになったら、そのぐらいの意気込み、希望を持ってやっていこうという人がまだいることを期待したいです。この座談会もまた彼らの目に止まって、その裁判官なり調査官が今の現状をもう少しプラスの方向に受け止めてくれて、実務に生かしてくれたらと思います。

●少年と関わることによって、弁護士、調査官、裁判官、法務教官も成長する

八田　1970年代の少年法改正要綱で「青年層」が出てきたときに、法制審で喧々諤々やったことがありましたが、それをちょっと思い出しました。そのときの議論と比較して現在一番足りないのは、18・19歳はどんな少年かという議論です。確か、精神科医の小此木啓吾さんかな、「18歳はオトナか」（宮沢浩一編著『少年法改正』1〔有斐閣、1973年〕）という論文を書かれていたと思います。

　今回は、18・19歳が精神的に、肉体的に、社会的に、経済的にどういう存在であるかという議論を全部抜きにしています。当初は、「国法上の統一」と言ったけども、「それはおかしいじゃない？」とみんなに批判されると、今度は、民法上の成年になるからというだけの理由です。ですから、底が非常に浅いものになっています。

　また、高度情報社会になって、子どもと日々接触していると、子どもの考えは随分変わってきたなと感じます。その議論は全然やっていません。福井大学の友田明美先生が脳科学の視点から縷々述べておられますが、「ああ、そういう話もあったな」程度で終わっていて、ひどいものです。法改正が誠実ではないように思いま

す。

　私は、森野先生の言われたように、少年事件に関わる方たちが、本当に少年のために一所懸命やるということで、いい少年司法を創っていって欲しいと思います。九州の弁護士さんでしたか、付添人を一所懸命やられて、子どもたちの成長を見るのが楽しいと言われていますし、名古屋にも付添人を、「パートナー」と言っておられる弁護士がいます。失礼かもしれないけれど、このことは付添人として成長する、弁護士としても成長する、少年と関わることによって、裁判官としても成長する、調査官も法務教官も同様です。そういう気持ちで少年司法に関わる人々がやっていただけることを願っています。

●欧米と比べても、現在の日本の少年法は本当に優れている

伊藤　私の話は悲観的過ぎたかもしれませんが、実際に明るい話を見つけ出すのが大変です。私は、少年についてだけではなく、その保護者との関係も考慮して処分を検討する、それが刑事裁判と違う少年審判・調査の肝だという気がします。いい形で職権主義を使って関わって、その中で少年が変わる、保護者も変わるという体験を持てるようにすることが調査官の調査・調整活動の重要事です。そうした試みを少しでも残せれば、希望につながるかなと思っています。

　あとは、川村先生が言われていましたが、少年の成長発達権の保障は、国連の子どもの権利条約とか、今年で75周年になる児童憲章でも謳われています。そういう世界の動きの中で少年法を位置付け、見直す努力も必要です。欧米の動向と比べても、現在の日本の少年法は、私は本当に優れていると思います。最高裁の家裁調査官補の研修課程には子どもの権利条約等のテーマが入っていませんが、世界の動きに合わせながら少年法の良さをもっと勉強していく方向性が生まれてくることを期待しています。

●今回の改正に慎重に臨んで欲しい

ジョン　最後に明るい話題を提供させていただきます。今回、韓国の場合、とてもよかったなと思った見直しが実現しました。少年院で給食にどういうものが出ているのか、そして、給食に幾らかけているのか。それを比べてみたら、外の社会とかなり差があることがわかってきました。このため、この水準を引き上げようと、福祉的支援が動き出しています。日本の場合は、そういう実態調査やそれに基づく研究が全く見えてこない中で、訳が分からない論理で、18歳・19歳を特別扱いしようとしていることは残念です。目指しているところが見えてこないので、もう少し

慎重に今回の改正に臨んだほうがいいと、私は思っています。

片山 韓国から私たちがまだ学ぶべきことが非常にいっぱいあるように受け止めました。特に、死刑制度については、韓国は日本より数段進んでいるような気がします。少年事件についてもそういうことだということがよく分かりました。

●裁判官を変えるためには、社会の声を変える必要がある

川村 さっき、暗いことを言いましたが、期待するとすれば、少年法の理念は変わっていないのだから、その担い手がどれだけ頑張れるかによって、その理念を生かしていくことができるということです。

裁判官が、2000年改正前からの少年法バッシングによって、司法が社会の理解を得なければいけないことをすごく意識するようになりました。それがこの20年ぐらいの大きな変化だと思います。

司法というのは、民主主義社会の中での少数者の人権保障の最後の砦で、社会からはみ出したような人たちを本来は体を張って守る役割を担うものです。しかし、そういう気概がない人が出てきてしまって、社会の空気を読むようになってきたかなと、裁判官に対して失礼な言い方かもしれないですが、そう思うところがあります。

その裁判官を変えるためには、マスコミを通じて表れてくる社会の声を変えていく必要があると思っています。2000年の「改正」前は、凶悪な少年事件を犯すような人は、「モンスターだ」というバッシングが報道も含めて社会の中にすごく強くあった。それは今もあるけれども、一方で、マスコミの記者の中にも私たちの話に耳を傾けてくれる人たちが少なからず出てきています。冒頭に話したように、「非行の背景に虐待がある」ということを一生懸命取材し、記事にしてくれる人もそれなりに出てきています。

民間のいろんな団体の中に、虐待と少年事件が表裏だということを分かったうえで、いろいろな支援をしていこうとする人たちも増えてきているように思います。そういう人たちと連携しながら、社会にもアピールしていきたい。

非行をしてしまう子も実は私たちと全く変わらないんだ、ちょっと成育環境が悪いことによって、社会から見ると、一見凶悪な事件を犯してしまっているけれども、冒頭、森野先生も言われましたが、「一歩間違うと、私もそちらにいるかもしれない」ということを社会の中で理解してもらって共感を得られるように、私たちも発信していく必要があります。

そして、その発信したものをマスコミに取り上げてもらうことを通して社会を変えていくことができれば、裁判官の意識も徐々に変化していくのではないか。裁判官が逆送するときに、「社会の処罰感情が強いから、これは保護不適です」という理由から脱して、「社会の処罰感情、そうでもないな」と思ってくれれば、保護処分相当という判断をしてくれる可能性があると思います。その意味で、司法の中だけで頑張るのではなくて、社会のみんなの意識を変えていくことが必要と思います。

●少年保護の担い手がネットワークをつくる

片山　私も同感です。少年法の厳罰化は紛れもない事実で、それはさまざまな部分で少年たちに押し寄せてきていると思います。でも、私たちは厳罰化に歯向かう、あるいは保護主義が大事だと少しでも語り続けることによって、少年保護の担い手がネットワークをつくるなどして、やる気を少しでも出していくことがとても大事ではないかと思います。

　今日は長時間にわたり、さまざまな視点から意見を寄せていただきましてありがとうございました。私個人としては、非常によい座談会ができたのではないかと思っています。これで座談会を終わります。

(了)

第1部
18・19歳非行少年の現状と少年法改正

少年法はなぜ改正されるのか
新倉 修

日本社会における若者像と「厳罰化」の意味
―― 18・19歳を社会から切り離してはならない
佐々木光明

「特定少年」への「犯情」の導入と家裁調査官の調査
伊藤由紀夫

18歳・19歳非行少年の矯正と少年法改正
八田次郎

推知報道禁止の一部解除をどう見るか
――メディアは匿名維持を原則に
佐々木 央

少年法はなぜ改正されるのか

新倉 修 弁護士・青山学院大学名誉教授

にいくら・おさむ
1949 年生まれ。早稲田大学法学部卒業。國學院大學法学教授をへて青山学院大学法学部教授（2001 年～ 2017 年）。主な著作に、『少年「犯罪」被害者と情報開示』（現代人文社、2001 年）、『導入対話による刑法講義（総論）』（第 2 版、不磨書房、2003 年）などがある。

1　少年法がこう改正される

　いよいよ少年法の改正案が現れた（2021 年 2 月 19 日閣議決定）。重要法案の改正には、法務大臣が法制審議会に諮問して、その答申を経て、法案がつくられる。少年法も 1948 年に制定されてから数えて、5 度目の改正になる。今回の改正は、これまでの改正と重要な点が違う。それは、18・19 歳の少年をまるのまま少年法の対象から外そうという狙いがあった。またこのような意図にもかかわらず、結局、狙い通りにはいかなかった。このようなブレがあったものの、少年法の在り方という重要なポイントについて大きな問題が残った。それは、「厳罰化（処罰範囲の拡大）」という不毛の地に向かって、しかも少年法の実務を担っている現場の意向を聞かずに、さらに大きく踏み出そうとしている点にある。

2　「三段跳び」論法と補助ロケット・本体ロケットの「合わせ技」

　そもそも出発点に波乱が潜んでいた。つまり、2017 年 2 月 9 日に、（金田勝年）法務大臣は、法制審議会に諮問したが、これがそもそもすっきりした内容ではなかった。

　まず、踏まえるべき前提として、先行する法律改正と紐づけられていた。

　つまり、①「日本国憲法の改正手続きに関する法律」（国民投票法）における投票権が 18 歳以上の国民にあたえられるとされ、②「公職選挙法」における選

挙権も、①にあわせて、20歳以上から18歳以上に引き下げられ、さらに③「民法の定める成年年齢に関する検討状況等を踏まえ」について、権利行使の最低年齢が20歳以上から18歳以上に順次引き下げられきた。これが、いわば「三段跳び」であって、「少年法の適用年齢の引下げ」は、その最後の着地点になる。これを「三段跳び」論法と呼ぼう。一つひとつのステップやジャンプについて賛否が分かれるだけでなく、それぞれの結びつきや少年法改正との関係についても、意見が分かれる。一番大きな問題は、少年法を担っている現場の要望と一切かかわりがなく、実務の動きも少年法の適用年齢引下げを求めたわけではないのに、改正を強行しようとした点にある。また単純な刑罰化ではなく、むしろ少年法のもっている役割の一部を残そうという「工夫」（ネットワイドニング）が施されていた。要するに、法務大臣の諮問には、形式的には①から③までのステップを踏まえて、少年法の適用を受けない者の年齢も18歳以上にそろえた上で、内容的には少年法の非刑事的な処分（保護処分）に匹敵する「新しい処分」を用意するという「総合治安対策」の発想があった。

　細かく見ると、②の公職選挙法等の一部を改正する法律によって、投票年齢（選挙権年齢）を18歳に引き下げ、その際、附則11条で「国は、国民投票（略）の投票権を有する者の年齢及び選挙権を有する者の年齢が満18年以上とされたことを踏まえ、……民法……、少年法その他の法令の規定について検討を加え、必要な法制上の措置を講ずるものとする」とされた。この書きぶりによれば、まだ少年法の適用年齢の引下げに直結する効果は、生じていないものの、③2017年に法制審議会が答申した民法の「成年」規定の引下げが理由となっている。たしかに、民法4条「年齢20歳をもって成年とする」が「18歳」とあらためた民法改正が2022年4月1日から施行され、18・19歳は、親の監督を離れ、自分の責任で経済的な取引をして、未成年を理由とした「取消」を主張することはできなくなる。家族法でも、「成年に達しない子は、父母の親権に服する（民法818条）とあるので、18・19歳は「父母の親権に服さない」ことになる。親権の内容はいろいろあるが、ここで重要と思われるのは、居所の指定（民法821条）と懲戒（同822条）である。懲戒とは、子の利益のために子の監護および教育をする権利を有する親権者（同820条）が、その「監護及び教育に必要な範囲内でその子を懲戒する」ことである。とはいえ、少年法は、民法や家族法とは異なり、18・19歳の年齢層に限ってみても、全員に差別なく適用されるわけではなく、一定の罪を犯した者だけが対象となるものであり、そもそも民法と横並びに改正する必要があるとは限らない。実際にも、民法改正の諮問を行った（上川陽子）法務大臣

は、少年法改正問題とは別だという見解を明らかにしていた[1]。

　しかしいずれにしても、少年法をめぐる新しい法制の整備がこのような内容や方向性をもっていること自体について、少年法の実務を担っている現場の要望や意向が確かめられた事実はまったくない。いわば全体として国政の基本に関わる事項として囲い込まれ、家庭裁判所や少年鑑別所、少年院などの現場は、上から降り来る指示に従えという「空気」に満たされている。弁護士会は反対の意見を出したが[2]、最高裁判所も検察庁も意向を明らかにしていない。法務省は推進する立場をとり、少年警察を担う警察庁もこれに追走する気配であった。メディアでは、意見は割れていた。「三段跳び」論法は、実は破綻していた。

　次に、審議の対象は少年法だけに絞らずに、「近時の犯罪情勢、再犯の防止の重要性等に鑑み」と言って、犯罪者の処遇全体に及ぶとされている。少年法の適用年齢の引下げが本体問題とすれば、犯罪者全体の処遇制度の在り方は、別々の問題であるにもかかわらず、これに結びつけられ、いわば「合わせ技」の仕掛けになっている。この2つの問題は、一見して関連性が薄い。その意味では、違和感がある。実際にも、少年法改正の必要性について実益がほとんどなく、いわば理念をめぐって激しく賛否の議論が交わされる展開（空中戦）が予想された。ところが、犯罪者全体の処遇制度の在り方を探る中で、「18・19歳の者に少年法を適用しなくても可能な新しい制度の在り方」を探り、いわば「落としどころ」を用意したうえで、「18・19歳の者」に対する新しい制度設計を展示するという仕掛けがとられた（部会長や事務方の狡知）。つまり、少年法の適用年齢問題が「本体」とすれば、移転先の犯罪者処遇制度の地ならしや整備が「補助」となって、議論が進められた。

　要するに総合してみると、「少年法適用引下げ」が本体にあたるとすれば、「犯罪者処遇の在り方」は「補助」として組み込まれ、これが「合わせ技」となり、本来なら両者が一体となって「法律案」に仕上げられるという流れが予定されていた。ところが、法制審議会では、このような大掛かりな「合わせ技」が3つの要綱（骨子）にまとめられたにもかかわらず、今回、国会に提出されるのはその一部にすぎない。つまり、少年法とその関連法だけが改正法案となり、「合わせ技」のうち片方だけが切り出され、いわば「片肺飛行」の格好になった。この点も、これまでの法制審議会の審議例としては、前例がない。

1　上川陽子法務大臣は、2018年5月30日参議院本会議での答弁で「それぞれの法律の立法目的などを考慮する必要がある」と発言している。
2　日本弁護士連合会2015年2月20日の「少年法の『成人』年齢引下げに関する意見書」など。

こう見てくると、少年法適用年齢引下げという当初の狙いは失敗したと言ってよい（大きな成果！）。ところが、18・19歳の者も少年法の適用がある「少年」として維持しつつ、「特定少年」として区別したうえで、当初の狙いに含まれていた「刑罰適用の拡大」というもうひとつの狙いがしぶとく生き残り、少年法の中に「刑事事件の特例」と「保護事件の特例」として規定されることになった（要注意！）。これと関連して、「特定少年」が正式起訴された場合には、少年法61条に定める「推知報道の禁止」が緩和され、少年法が掲げてきた「光」の部分が、この場面では欠ける（全面解禁ではないので、「雨降りお月様」効果と呼ぼう）。

3 法制審議会の「答申」と「少年法等の一部改正に関する法律案」との関係

少年法を改正する理由について、2021年2月19日の閣議決定に際して、添付された「少年法等の一部を改正する法律案の概要」の内容を調べてみよう。ここには、法制審議会の答申と法律案の概要との違いが、見られる。

一番大きな違いは、「18歳及び19歳の者」に対する少年法での位置付けや呼称について答申は、「国民意識や社会通念等を踏まえたものとすることが求められることに鑑み、今後の立法プロセスにおける検討に委ねる」としていたのに、少年法改正法案は、「少年法上の『少年』とする」と決めた点にある。このような扱いになった理由は明らかにされていないが、きっかけとなったのは、2020年7月30日付の与党・少年法検討PT「少年法のありかたについての与党PT合意（基本的な考え方）」にある。そこでは、18・19歳の者の位置付けについて、次の3点について「合意」が記されている。

まず、「本改正の方針」として3点を列挙している。

◎　18歳及び19歳の者にふさわしい刑事司法制度を整備

◎　「社会における権利・責任」と「保護・教育的処遇の活用」のバランスを指向

◎　様々な立場からの議論を踏まえた内容（＝多様な分野の有識者・専門

3　正確に言えば、「罪を犯した者」として犯罪少年に限定し、「ぐ犯」の場合を適用除外する。少年法の規定でいえば、3条1項の「非行少年」の規定のうち、1号「罪を犯した少年」だけに絞られ、3号のぐ犯事由があって「その性格又は環境に照らして、将来、罪を犯し、又は刑罰法令に触れる行為をする虞（おそれ）のある少年」は適用されない（少年法等改正法案62条1項）。

　そのうえで、法律案の概要として、「18歳及び19歳の者の位置付け」と「特定少年の取扱い」とに分けて、6点について改正のポイントをあげている。

　まず、18歳及び19歳の者の位置付けについては、「特定少年」という新しい言葉をつくるが、ぎらつくような表記は避けたうえで、独立の章（少年法第5章）を立てるなど、工夫しているが、微妙な問題がある。というのも、そもそも少年法2条が「少年とは20歳に満たない者」としている規定に手を付けないのに、新設の62条で「特定少年」という規定をつくって、この「特定少年」について「刑事事件の特例」と「保護事件の特例」という例外規定をあたらしく少年法にはめ込むという構造をとっていた。つまり、1条の基本原則が「特定少年」を含む「少年」全体に及ぶという基本構造は維持しつつも、かなり重要な部分について、「特定少年」を別扱いにする「特例」を組み入れた。しかも、犯行時年齢と処分時年齢との区分けが不明瞭になった。

　そこで、「特定少年」の性格付けがかえってあいまいになってしまった。すなわち、少年法にいう「少年」とは「20歳に満たない者」であって、これは現行法の規定を継承するとしつつも、このなかに「18歳に満たない少年」（非特定少年、本当の意味での少年）と「特定少年」という2種類の少年を含むという構図になっている。しかも、「特定少年」を「少年」全般から区別する理由となるのは、「選挙権を有し、民法上の成年となる」という点で20歳以上の者との共通性をもちつつ、他面、「十分に成熟しておらず、可塑性を有する存在」として18歳に満たない者との共通性をもつと規定している。要するに、20歳以上の者と18歳未満の者という両端に挟まれた年齢層の者として、その両方の性格がまじりあっている存在としている。このような「両義性（アンビバレンス）」は、実はわかりづらい。それだけではなく、この「両義性」がキーワードとなって2つの相反する処遇原理の混在ないしは干渉という構造をもった制度として設計されている。ひとつは成人の刑事責任の基本原則とされる「行為責任」の原理があり、他方に、少年法が本来基礎としてきた「保護主義」の原理があって、これが、原則と例外との微妙な組み合わせとなって、「特定少年」に対する新しい規定を形作っている。「行為責任」の原理は、条文上「犯情に照らして」という言葉に表されている。他方、「保護主義の」の原理は、条文上「本人の性格又は環境に由来する問題性」を調整すると規定されている。この2つの原理は、場合によっては衝突し、そのどちらが優先されるかによって、少年法の運用は相当に違うことになる。そこに、深刻な問題がある。

つづいて、「特例少年の取扱い」を6点にわたって規定している。これが先に紹介した「本改正の方針」のうち「社会における権利・責任」と「保護・教育的処遇の活用」のバランスを指向するということを具体化したものとみることができる。

① 家庭裁判所への全件送致：犯罪の嫌疑がある限り、全件を家庭裁判所へ送致する。【少年法42条】
② 原則逆送事件の拡大：原則逆送の対象に「死刑、無期又は短期1年以上の懲役・禁錮に当たる罪の要件」を追加する。【少年法62条2項】
③ 家庭裁判所の保護処分：家庭裁判所の処分は、犯情を考慮して相当な限度を超えない範囲で行い、「ぐ犯」は対象から除外する。【少年法64条・65条1項】
④ 刑事事件の特例：検察官送致（逆送）決定後は、原則として、刑事事件の特例に関する規定を適用しない。【少年法67条】
⑤ 推知報道の制限：起訴（公判請求）された場合には、推知報道の禁止を解除する。【少年法68条】
⑥ 関係法令の整備：更生保護法、少年院法等の関係法律について、所要の整備を行う。

さらに、これに付け加えて、検討事項として、改正法の施行5年後に検討することを付記している。

◎ 施行後5年を経過後、施行状況、社会情勢・国民意識の変化等を踏まえ、罪を犯した18歳及び19歳の者に係る事件の手続・処分・処遇に関する制度の在り方等について検討を加え、必要があるときは、所要の措置を講ずる。【附則8条】

つまり、今回の改正は「厳罰化」に向かって、まだ一里塚にしかすぎない。

4　原点から考えよう

大きな方向性に疑問が生じると、まず原点に戻って考えることが大事である。
少年法の原点は、敗戦から4年ないし5年の間に推進された日本の民主化・人権保障・平和主義と福祉国家の樹立という大きなうねりの中にある。つまり少

年法は、1949年に、日本国憲法から2年経って誕生し、教育基本法や児童福祉法と同じ方向の考え方に立つ。それは、子どもがかけがえのない存在であることを認め、その正当な利益や権利を認めた上で、社会に参加できるように支援し、見守り、育てるという福祉の思想である。だから、20歳未満の人を「少年」と呼び、罪を犯した場合にも、「少年全体の健全な育成」を実現するために、刑罰ではない取扱いをする（ダイヴァージョン）。つまり、犯罪少年に対して懲らしめ（刑罰）ではなく、少年自身がかかえている問題性を発見し、それを克服するための援助（性格の矯正）を行い、同時に、少年をとりまく環境にも働きかけて（環境の調整）、社会から排除するのではなく、社会の中で温かい人間関係を築きながら、社会の一員として迎え入れる（包摂）ことをめざす。さらに、刑罰法規に触れる行為をした14歳未満の少年（触法少年）や犯罪を行うおそれのある少年（虞犯少年）もいっしょに扱う。そのために刑事裁判所ではなく、家庭裁判所によって、懇切で和やかな雰囲気の中で、非行少年の立直りをめざす工夫と言える。

　この大きな理念は、「家庭に光を、少年に愛を」という標語（最近は「家庭に愛を、少年に希望を」と読みかえられているそうである）にも表れている[4]。これが、激動ともいえる社会の大きな変動の波にあっても、家庭裁判所の運用を支えてきた。

　ところが、今回の少年法改正は、少年の行った犯罪という行為の侵害性に焦点をあてて、被害者への性急な謝罪をもとめる風潮に煽られて、少年の内面的な成長を育て、社会と自発的な関わりを結びなおすという方法ではなく、刑罰で脅しながら社会に順応させるという「強面の少年法」を生み出すことになる。

4　仙台家庭裁判所所長の草野真人判事（司法研修所35期）が就任の挨拶に「家庭に光を、少年に愛を」という標語を紹介している。

日本社会における若者像と「厳罰化」の意味
——18・19歳を社会から切り離してはならない

佐々木光明 神戸学院大学教授

ささき・みつあき
1954年、青森県生まれ。中央大学法学部卒業。2004年より現職。専門＝刑事法・少年司法。日本犯罪社会学会監事。日韓学術交流・日本少年非行政策フォーラム事務局長。主な著作に、『市民と刑事法——わたしとあなたのための生きた刑事法入門』（共編著、日本評論社、2016年）、『少年法ハンドブック』（共著、明石書店、2000年）などがある。

1　はじめに

　少年法は、いま、18・19歳の刑罰化に大きく舵を切ろうとしている。そこにいかなる意味が与えられているのだろうか。日本社会は、18歳、19歳を含めて、若者、青年をどのように捉えてきたのか。歴史のなかで考え、少年法「改正」への批判的視点を確認、共有しておきたい。

(1)　焦点化されてきた年長少年（18・19歳）

　少年法制定時、立法提案を行う政府委員は、次のように力説する。

　「最近における犯罪の傾向を見ますと、20歳ぐらいまでの者に特に増加と悪質化が顕著でありまして、この程度の年齢の者は、未だ心身の発達が十分でなく環境その他外部的条件の影響を受け易いことを示しているのでありますが、このことは彼等の犯罪が深い悪性に根ざしたものではなく、従ってこれに対して刑罰を科するよりは、むしろ保護処分によってその教化を図る方が適切である場合の極めて多いことを意味しているわけであります。政府はかかる点を考慮し，この際思い切って少年の年齢を20歳に引上げたのでありますが、この改正は極めて重要にして、かつ適切な措置であると存じます」（1948年6月25日参議院司法委員会）。

こうして、少年法は制定時に適用年齢を旧少年法の18歳から20歳未満に引き上げた（1949年1月1日施行）。

　一方、この後、法務・検察は、起訴時成年、控訴時少年の措置や成人事件として係属中の案件処理等、慌ただしく通達や少年法適用に関する判決の情報を発している（S26.4.9東京総室第29号東京検事長発、同5.26記少7号札幌検事長発等）。そうしたなかで、「少年法等に関する調査について」（S26.10.24検務第39250号通達・刑政長官発）が全国に発出され、「年令引き上げは、少年犯罪の司法的措置として真に実情に即したものであるかどうか、仮りに則していないとすれば、それが如何なる方法がもっとも適当であるか等の問題については、いまだ結論を見出すに足る十分な実証的根拠を得るに至っていない」とし、国会論議を経た制度の変更に強い不信を示している。そして、高検管内での少年係検事会同を通じ、「今後の少年法運用若しくは少年法改正の資としたい」と多岐にわたる調査項目を例示しながら、準備を指示している（検察月報32号〔1951年〕84頁以下）。

　少年法制定当初から、年齢引上げに批判的かつ、18、19歳への刑事政策として少年司法への再関与の機会を構想していたことになる。法務・検察にとっては、制度の出発時からターゲットとして焦点化した18・19歳であった。

(2)　少年法改正要綱時の認識と表出

　こうした法務・検察の底流にある少年法制への不信は、旧少年法下でも「検察先議」であり、刑事司法、刑事政策の主たる差配官である検察の地位を少年法が年齢により切り崩したことにあった。この意識は、1966年の「少年法改正に関する構想」、1970年の「少年法改正要綱」に明確に現れることになる。18、19歳ないし23歳までの「青年」層としてくくり、「少年」と区別し刑事司法に接近させる構想を示した。注意すべきは、改正趣旨として「公共の安全」「国家の将来」を考慮するとき検察官関与は不可欠だとした点である。これは通奏低音のごとく現在に脈打つものだ。なお構想の内容の一部は運用のなかに取り入れられ、また2000年の第1次から第4次に及ぶ改正の中で刑罰化の契機となる原則逆送制度の導入、14歳への逆送年齢の引下げ、検察官関与制度の導入・拡大と抗告申立権の容認等、種々刑事司法化を図ってきている。この間、適用年齢引下げの議論で登場してきた「案」はかつての構想・要綱の内容をほぼなぞるものであった。

2 「期待される若者」像と歴史的役割

⑴ 若者像の表裏

　若者、青年という一群の世代には、何かしらの社会的期待、心象が込められてきた。それゆえ社会のあり方や時代とともに、その世代への評価が変わることも容易に想像ができる。

　2000年前後、経済的停滞の中でイノベーションやグローバル社会での世界に羽ばたく若者へのメッセージとして、「起業」が積極的に叫ばれ、政府は資金援助による誘因政策も採り若き「起業家」像を造り出したこともある（2001・チャレンジャー支援プログラム）。若者への期待は、民法の成年年齢の引下げをめぐる論議時にも、「18歳、19歳の者を独立の経済主体として位置づけ、経済取引の面で、いわば一人前の大人として扱う」（2018年5月11日衆院法務委員会・上川法務大臣）と経済社会の担い手としての役割が強く意識されている。消費者・契約主体としての自覚を求めつつ、また「若者の積極的な社会参加、これを促し、社会を活力あるものにするとともに、18歳、19歳の若者が自らの……人生を選択することができる環境を整備する」（6月12日同）としている。なお法務大臣は、大人といってもいまだ成長の過程にあり、社会的支援が必要との視点も重要と答弁している。若い世代への期待は、いつも変わらぬものだろうが、今後どのような社会を構想するかによって「期待される」若者像が透けて見えてくる。

　他方で、社会的に非難される非行少年のその年代については、これまで教育の機会、やり直す機会を保障する社会的姿勢を少年司法制度として示してきた。

　成人後の治安対策を含めて刑事政策として、また教育的処遇機会の確保としても有効に機能していると（改正答申をした法制審ですら認め）広く認知されている少年法である。しかし、あえて改正するという。それも、「少年」の枠組みに置きながら、あらためて、18・19歳を「特定少年」として刑罰化の範囲を大きく拡大し厳罰化する（少年司法の現場は激変するだろう）。「少年法」の適用年齢、理念は変えないとの形式をとってみせるが、実質的には少年法の運用を大きく変え、家裁のあり方をさらに変えていく契機になるだろう（2000年改正の原則逆送制度とその運用が家裁の現場にもたらした問題は伊藤論文参照）。

　この世代が、なにゆえに焦点化されるのか。その背景を探りながら、本来必要なこと、何が求められるのかを考える。

⑵　創り出された「青年」

　若者、青年ということばの中でも「青年」という用語は、歴史的、社会的文脈のなかで使われてきた。教育学の和辻光大郎は、明治後期1890年代から日露戦争をへて大正期への日本社会で、「青年」は社会的状況のなかで創出され、変容していった概念だと指摘する（和崎光大郎『明治の〈青年〉』〔ミネルバ書房、2017年〕）。国会の設立や衆議院選挙が実施された1890年代、「新日本」を担う存在として若者を「青年」と呼んで鼓舞した。この野心的「青年」は、その後1900年代に登場する「学生青年」、日露戦争後の全国的に拡がる青年団の主体になる「田舎青年」（「少年」という用語も登場）と、象徴的イメージは大きく変わっていく。新時代の建設者としての野心的「青年」の革新性は徐々に衰退し、学生「青年」は、心理的精神的発達・成長の文脈で「青年期」概念が成立していくとともに、その心象を変えていく。

　同時代的にみれば、学制の枠組みが成立していく過程でもある。師範学校令（1886〔明19〕年）から高等学校令（1918〔大7〕年）にかけて整備されていくが、対象年齢はおおむね18歳から23歳前後である。近代学校に求められた社会的期待は、そのとき表出する「不良青年」等の言説のなかに消えていく。精神的煩悶を抱え、風紀問題の当事者とされたのである。和辻は、「青年を期待ではなく、対処すべき存在と捉えていた」とする。近代日本における「青年」は、新世代としての位置付けが消失すると同時に政治的それも消失し、さらに「青年期」という特別な発達段階に位置けられることによって、学校に順応すべき存在として語られたのである。

　内田樹は、青年の特徴は、機動性と架橋性だという。新しい価値や組織に敏感ですぐ近づく機動性。そして、そうした「新時代の先端」と「旧時代の遺物」の間を往還する宿命を負う架橋性とする。「欧米に伍して、世界の大国の一隅を占め」んとする明治政府の国家的事業において、明治40年代、日露戦争後における帝国日本の経済発展のために「青年の造形」は国家的急務だったという。軍隊はプロシア、イギリス、法はフランス等西欧からの借り物で近代化した日本には「列強に伍す」任務が担えないゆえに、維新で捨て去った旧時代の「『日本オリジナル』をどこかで国家の柱に据えないと済まされない」。近代と伝統、西洋と東洋といった新・旧の架橋の役割を担ったのが青年であり、そうした青年を旧制高校といった教育機関が創出した。内田は、こうして「特殊な歴史的使命を期待された世代」は出現したという。そしてこの「青年」は、日本経済の発展、1930年から続く長い戦争の「尖兵」となっていく。（内田樹『困難な成熟』〔夜間飛行、2015年〕）

ときどきの社会において、この世代18歳から23歳歳前後の「少年」「青年」が、経済的成長と国家の基盤形成の役割を背負わされてきたことがわかる。時代の要請のなかで創出される若者「青年」像から、いかなる社会を見通しているかが問われる。

現代においてこの世代はどのように位置づけられているか確認しよう。

3　経済的成長戦略の基盤としての「規範意識」

(1)　競争力強化と「遵法精神−秩序意識」

バブル経済破綻後の90年代半ばから経済団体は、将来構想から政府への具体的政策要求を掲げ、企業経済活動および国家の将来を担うべき人材、若者像を提起し始める。

経団連は、『創造的な人材の育成に向けて —— 求められる教育改革と企業の行動』（1996年）で、「国民・起業自らが自己改革を図り、自己責任原則の下に新たなチャレンジを行おうとする気風を養わなければならない」とし、「豊かで魅力ある日本を築くため」に「主体性」「自己責任の観念」をもった創造的人材が必要とする。高い「社会規範・倫理に関する意識」を持ち「我が国の将来」を担えるのが創造的人材だという。

経済同友会は、『現代日本社会の病理と処方』（1994年）において「権利は自ら主張し、課せられた義務は自ら果たす姿勢」で「社会の主役として……自発的に行動する」「当然自分の行動の結果に重い責任を負い、……自己責任原則の徹底が求められる」と日本社会や企業経済活動の将来を担う、期待される若者像、個人像を示す。また、『意欲あふれる起業挑戦者が倍増しベンチャー起業が活躍する産業社会を目指して』（1999年）では「わが国の経済社会の活力」に貢献する人物像を描く。

政府の経済審議会による『経済社会のあるべき姿と経済新生の政策方針』（1999年）でも起業を促す環境整備が説かれ、それを選択し自己実現をめざす個人の自由の保障が重要だとする。なお一方で、競争による経済成長と生活の楽しさを追求するためには、「その社会の構成員として尊ぶべき共通の感覚、『公』の概念というべきものが不可欠である」とし、自己責任とともに公益への自覚を求めている。

持続的な企業成長に不可欠な人材、それも組織ルールを尊重・把握し執行に邁進する「規範意識」を強く持った人材を排出することが、社会的教育的価値と

して重視されはじめる。「遵法精神」が、日本の競争力を高める基盤とされたのである。それは、教育の重点政策として展開され、規範意識の薄弱な者への厳しい制裁は「社会的価値を棄損した自己責任」として厳罰化の正当化根拠ともされる。

(2) 教育への基本的要求──刑事政策と教育政策を連動させる「規範意識の覚醒」

このような経済界からの担い手像の提起は、教育の基本政策と連動している。

たとえば、18、19歳が主体となる大学における基礎教育の基本にしても、2000年代（2008年）に入り大きく見直されている。一部の高等教育機関の学生向けの幅広い教養を意味した非職業的分野・リベラルアーツ中心の教育という20世紀社会におけるものから、大学までの一連の学校教育全体での学習を通して行うすべての学生に対して必要なものとし、21世紀社会の「グローバル経済における成功のためおよび知識ある市民としての行動のために不可欠」なものへとその目的を改訂している。「自己の良心と社会の規範やルールに従って行動できる」指標が示される（中央教育制度審議会大学分科会「学士課程教育の再構築に向けて」）。

こうした文脈の中で、教育改革として日本型の「伝統と道徳」を基礎にした規範意識の強化による「善き市民」の育成が具体化されてきていることは、周知の通りである。

その一方で、子どもの貧困と教育格差の問題は、いっそう深刻さを増し、中学、高校での学びのステージからこぼれる状況が続いている。いじめや学校内暴力は徐々にその数を増やしている。つまり、18・19歳の非行の実情は、一連の教育と経済的家庭環境の問題と切り離せないことがわかる。

4 新たな規範確立に向けた「刑罰」論の危うさ

規範意識を欠く存在への厳罰化と社会的価値の維持

少年司法における「厳罰化」、すなわち刑罰化、重罰化は、経済的な発展・成長を確実なものとする価値秩序の形成、維持のために欠かせないとされてきた。その基盤を危うくしかねない存在への刑罰による威嚇と制裁のわかりやすい方法だからである。この「厳罰化」は、1990年代から強調されはじめる。日本でのバブル経済が破綻し、世界的な経済不況の中で「豊かさの再興」が説かれるときである。経済的成長・発展にとり、最良または選択の余地なしと人々に思い込ませ

るような刑罰化政策を繰り出し続ける、いわゆる新自由主義の政策の一環といってもいい。

　こうしたなかで、持続的な企業成長に不可欠な人材、それも組織ルールを尊重・把握し執行に邁進する「規範意識」を強く持った人材を排出することが、社会的教育的価値として重視されはじめる。「遵法精神」が日本の競争力を高める基盤とされたのである。それは、教育の重点政策として展開され、規範意識の薄弱な者への制裁は、社会的価値を棄損した自己責任として厳罰化の正当化根拠ともされる。

　まさにこの対象として想定されたのが、「非行少年」であり、地域の不安を高める「外国人」であった。その観点から、2000年の少年法第一次改正以降、年長少年を中心に刑事罰化と犯罪行為重視（犯情論・規範侵害の結果責任）の傾向を強める改正が進むことになる。

　近年の刑罰論において、機能的な刑罰のあり方を示す「敵味方刑法」観が拡がりをみせている。新しい規範を確立するために見せしめ的に処罰する刑法が社会統制的な点から注視されているのだ。犯罪者は、この社会の担い手としての市民とは見なされず、社会を危険にさらし危機におとしめる「敵」と見なす。テロ犯罪は社会の敵だというだけでなく、社会で共有すべき規範をもたない人物への排外的効果をもつ刑法観である。既存の規範意識を共有しないとして非行少年や外国人は、「規範覚醒」の政策対象にしやすかったと考えられる。

　しかしこうした少年司法制度の構想は、基本的に規範秩序の回復を結果的に得にくいことは、現状が示している。成人後の犯罪化や再非行を抑止し、少年法の運用が効果を維持していることは、広く指摘され認知されてもいる。家裁における非行の事実認定の過程や少年の抱える問題性の発見（要保護性の調査）、少年院処遇での教育的支援は、「排除の論理」（社会的放逐）ではなく「社会的包摂」として維持発展されるべきものだろう。18・19歳を社会から切り離してはならない。

5　むすび

「不安」社会と刑罰による「制裁」、自己責任という切り捨て

　コロナ禍での社会生活の制約や就労環境の悪化が続くなか、一方で人々の懲罰意識が高まっているように思われる。息苦しさや「不安」がその下地にあるのではないだろうか。日常の暮らしで豊かさを実感しにくく、格差の拡大のなかで閉塞

感とストレスから、不安を惹起しがちな存在への処罰要求をぶつける。ルールを守り生活するが充足感・幸福感を感じられず、割りに合わないとの鬱積した心象が顔をのぞかせる。若者の社会的失敗に対しても「もう大人だから」との自己責任を言うとき、社会から放逐する自らも痛みを覚え傷つきがちである。改正は社会的分断を強めることになる。

　いま求められることは、世代をくくるかたちの制裁論ではなく、少年事件の個々の分析から集積した家裁・鑑別所・少年院・保護観察所の経験値の集積と新たな処遇の指針の提示が求められる。その基礎として家裁の事実認定・調査機能のいっそうの充実が必要である。今回の改正案は、それに逆行するものだ。

「特定少年」への「犯情」の導入と家裁調査官の調査

伊藤由紀夫 元家庭裁判所調査官

いとう・ゆきお
1955年生まれ。早大教育心理専修卒。1980年〜2018年、家庭裁判所調査官として勤務。現在、NPO非行克服支援センター理事・相談員。少年や若年成人及び家族の立ち直り支援を行う。

1　はじめに

　2021年2月19日、閣議決定された少年法「改正」案は、上川法相の記者会見によれば、「18・19歳は民法上で『成年』となる一方、成長途上で更生可能性が高いとして、立ち直りを重視する少年法の適用対象に残し」「その上で、18・19歳を『特定少年』と呼んで17歳以下とは異なる位置付けにし、重大な犯罪を犯した場合などは、20歳以上の扱いに近づける特例を設ける」ものとされた。

　法務省が示した「改正」案を見るなら、「『特定少年』の事件は、少年法の基本理念である『健全育成』が適用され、家庭裁判所への全件送致が維持されること」、ただし、「『特例』として、強盗、強制性交、放火、特殊詐欺、組織的薬物非行などについては、『原則検送』対象事件に拡大し、成人同様の刑事司法手続が適用可能とされること、本来少年法に規定された虞犯（ぐ犯）事件、不定期刑の適用、資格制限の特例等は一切適用除外となり、起訴後には18・19歳の推知報道が可能になること」が明らかにされている。また、『特定少年』の保護処分については、監視強化と期限設定された新たな保護観察制度、少年院制度が新設され、少年審判・調査の在り方については、「犯情の軽重を考慮する」「（行為）責任の範囲内で」といった刑法の基本理念を上限として導入しつつ、「従前の調査官調査、試験観察等は基本的に維持される」とされている。

　少年法1条には基本理念として、「この法律は、少年の健全な育成を期し、……保護処分を行うとともに、少年の刑事事件について特別の措置を講ずることを目的とする」と書かれている。すなわち、少年の「健全育成」のために、20歳未

満の「可塑性」等に対応する柔軟で即応可能な司法手続を重視し、「捜査手続段階の特則」「刑事裁判の特則」を設けてきた。しかし、この「改正」案では、刑事処分の拡大とともに、18・19歳に「特則」の適用はほぼしなくてよい（少年法50条と55条を除き）といった「刑事事件について特別の措置を講ずる」とは反対の姿勢しか見えない。18・19歳について、単に「形式的」に少年法の適用範囲に残したと言わざるを得ない面が大きいのではないだろうか。

　筆者は、この「改正」案はそもそも立法事実がなく、18・19歳の社会的実態と乖離しており、過去の犯罪統計等の研究結果（山口直也著『脳科学と少年非行』〔現代人文社、2019年〕、Zane, S. N. et al. 2016, Juvenile Transfer and the Specific Deterrence Hypothesis. *Criminology & Public Policy*, 15: 901-925.など）をふまえるなら、若年者犯罪の増加を招く危険性が高く、社会の安全安心を毀損する法案と考えている。虞犯（ぐ犯）事件や資格制限の特例の適用除外、推知報道の解禁なども、18・19歳の立ち直り・更生をいっそう困難にし、再非行率を上昇させ、若年者犯罪に直結することは明白である。

　本論では、上記問題意識をふまえた上で、「改正」案で導入される「犯情」「行為責任」の考え方が、少年法の「健全育成（健全な育成を期す）」理念にどう影響するか、特に家庭裁判所における家裁調査官の調査の変容について、過去の経緯も含め考えてみたい。

2　要保護性調査とは何か

　「家庭裁判所は職権で（＝家裁自らが）少年・保護者・当事者に労をとる裁判所である、その労をとる役割は主として家裁調査官が負う」（佐竹洋人元家裁調査官・調査官研修所教官。佐竹洋人＝中井久夫共同編集『意地の心理』〔創元社、1987年〕）。そう教えられ、自ら言い聞かせながら、退職までの38年、家裁調査官を勤めてきた。

　刑事裁判であれば検察官が不起訴、起訴猶予にしてしまうような中程度以下の事件でも、家裁調査官は少年と保護者を家庭裁判所に呼び、調査を行う。少年審判・調査では、多くの少年・保護者が一度は家裁の門をくぐるのである。仮に、事件が軽微な事件であったとしても、必要に応じて、時に介入的な保護的措置（教育的措置）が実施されることがある。少年審判の審判対象は、非行事実（犯罪）と「要保護性」の2つであり、少年の性格・行動傾向、家庭環境等に緊急の課題があれば、それに応じた手当が必須だからである。

少年の「要保護性」については、①再犯危険性、②矯正可能性、③保護相当性の3点から考えられている。再犯危険性が高ければ施設収容の必要が高まるであろうし、少年の具体的な矯正（教育）可能性に適した処遇選択が必要である。また、少年が抱える困難に応じて、どう保護すべきかが検討されなければならない。「要保護性」調査とは、少年の「健全な育成を期す」ための必須の検討作業であり、今まさしく成長発達過程にある少年について、その生育歴や家庭環境から生じた負因、発達特性上の問題、家族関係等への愛着、被虐待やイジメなどによるトラウマ等が、当該非行とどのように関係しているか、その背後にあるものを調査し、その上で、少年の成長発達権を保障しつつ、少年の主体的な生育（立ち直り）への援助（ケースワーク）を実施することにある。すなわち、「要保護性」調査は、単なる分析・判断だけではなく、「この少年に必要なものは何か」等、少年の将来の処遇を具体的に想定しながら行う、動的な調整活動を含む調査である。だからこそ、家裁調査官は家庭裁判所の外へ出て、家庭や学校、職場、関係機関等を訪問調査する。少年法に定められた試験観察制度や補導委託制度を実施し、少年の社会適応の可能性を観察し、具体的な社会調整活動を行うのである。

　刑事裁判と異なり、少年審判・調査では、こうした「要保護性」が調査・認定されることから、「教育主義」「人格主義」と呼ばれてきた。時には強力な教育的措置対応がなされることで、世界的に見ても際立って、日本の20歳未満の少年非行は抑制されてきたし、若年成人犯罪の抑止にもつながってきたと考えられる。

3　1990年以降の子ども・少年観の変化

　元来、少年法は東アジア・太平洋戦争の敗戦後、戦災孤児らが貧困や教育を受けられない社会情勢下にあり、犯罪に加担せざるを得ない存在として理解されるなか、日本国憲法、教育基本法と並行して制定された（1948年）。そこでは、子ども・少年の「健全な育成を期す」ために社会・大人は何をなすべきなのかが問われていた。これは、「行為責任」「犯情主義」といった考え方と対局のものであり、こうした感覚は、戦後の第1次非行ピーク（1964年前後）から1970年頃まで基本的に維持されていたと考えられる。

　その後、高度経済成長を経て経済大国となった日本では、1980年頃から「遊び型非行」といったことが喧伝され、第2次非行ピーク（1983年前後）を迎える。非行は、経済や教育の問題ではなく、非行少年自身の責任であり、その少年を監護指導できない家庭力の弱さにあるといった見方の台頭である。実際、1990年

前後から、非行総数が減少する中、少年院送致といった保護処分率は上昇し、逆に家庭裁判所の試験観察や補導委託の減少は顕在化した。家庭裁判所の審判・調査実務のなかに「行為責任」「犯情主義」といった考え方が浸透しやすくなり、この傾向は、バブル経済が崩壊した1990年代後半から強調される「自己責任論」によっても動かし難い傾向となった。

4　2000年「改正」における原則検送規定(少年法第20条2項)の影響

　こうした傾向の中で、少年法の2000年「改正」による原則検送（原則逆送）規定が、「要保護性」の考え方に決定的な変更を迫った。被害者が命を奪われた重大事件の被害者遺族の声を反映し、殺人、傷害致死といった事件については、非行事実（犯罪）の重大さが絶対であり、「要保護性」への斟酌は不要、特に保護相当性などは検討に値しない、原則刑事裁判にかければよいという論理が導入されたのである。少年法の「（全ての少年たちの）健全な育成を期す」という理念に捩じれが生じたと言ってよい。

　この原則検送規定について最高裁は、少年法20条2項には、「ただし、調査の結果、犯行の動機及び態様、犯行後の情況、少年の性格、年齢、行状及び環境その他の事情を考慮し、刑事処分以外の措置を相当と認めるときは、この限りでない」という「但書」があり、「健全育成」の理念に変わりはないと繰り返した。他方で最高裁は、原則検送事件の検送率が下がることに懸念を持つような統計解説も繰り返した。現実には、少年たちによる殺人・殺人未遂は過半が親殺しや嬰児殺といった家族内事件であり、その背景には長年にわたる親による虐待行為等が存在していることも少なくない。すなわち、マスコミで報道される全く落ち度のない第三者に対する事件は実は極めて少数である。結果的に、統計上は一気に原則検送率が高まることはなく、一見、現場の調査・審判が大きく変わったようには見えなかった。しかし、「要保護性」調査に関する変化は避けがたかった。

　すなわち、原則検送事件であっても「要保護性」調査は実施されるが、その調査は不可避的に制限されたものになる。現実に試験観察や補導委託が実施されることは皆無である。前記したように保護相当性について検討を深めることは難しく、「刑事処分を不相当とするほどの要保護性は認められない」といった、「行為責任」重視、「犯情」重視の非行解説の調査意見が広まることとなった。

　こうした変化は、原則検送事件以外の調査にも影響を及ぼし、「要保護性」調査のうち再犯危険性が重点化（再犯リスク要因分析）されやすく、試験観察や補

導委託等の調整活動を含む調査の実施についてはいっそう減少が続き、ここ数年、最高裁（家庭局）は危機感を持ったのか、試験観察実施を強く奨励する事態が生じている。特殊詐欺事件や強盗傷害事件といった事件については、保護処分歴が一切なくても、刑事処分相当とされ、少年刑務所での矯正教育に期待するかのような意見が散見されてきた。今回の「改正」案の先取り的な実務である。

5　今回の「改正」案で何が起こるか

　今回の「改正」案でも、2000年「改正」時と同様、少年法の基本である「健全育成」理念は維持されたが、「特定少年」が規定され、少年法の理念と異なる刑事司法の論理が大幅に導入されている。少年法の「（全ての少年の）健全な育成を期す」理念に捩じれ以上の大きな亀裂が生じている。それでもなお、「犯情の軽重を考慮する」「（行為）責任の範囲内で」といった上限がありつつも、「（従前の）調査官調査、試験観察等は基本的に維持されている」とし、「特定少年」の保護処分は、家庭裁判所の「要保護性」調査が尽くされるなら、十分可能と言われるのかもしれない。

　しかし、少年法の条文に「犯情」という刑事裁判用語が明記されることの意味は重大である。「犯情」とは、刑事裁判でいう「情状」（被告人の生い立ち、性格、人間関係、職業関係、家族関係、被害者の状況、被害の回復状況、弁償、被害感情、被告人の後悔や反省の状況、被告人の身柄引受等々）とも異なり、「犯した犯罪行為の経緯・状況（被害者との関係、動機、犯行の手段・態様、被害者の人数・状況、被害の程度、犯行の回数・地域、犯行の軽重、共犯関係（人数、役割、直後の状況（逃走経路、犯行隠蔽））」など、犯罪行為そのものの要素である（司法研修所『裁判員裁判における量刑評議の在り方について』〔法曹会、2012年〕6頁参照）。今後、「特定少年」の調査・審判、処遇はこの「犯情」が重しとなって決められる。従前の経緯から見て、家裁の調査実務が、「行為責任」「犯情」に基づいた分析調査にいっそう傾きやすくなることは明らかと考えられる。

　2018（平成30）年と2019（令和元）年の司法統計（**表1・表2**、本稿末尾掲載）を見ると、18・19歳による原則検送事件（少年法20条2項）の総数は10件未満であるが、今回の「改正」案で拡大される原則検送事件総数は、約300〜400件（基礎となる統計数が不足しているので未確定な面がある）あり、30倍以上の事件数である。現在、それらの事件の過半は少年院収容もしくは保護観察

になっているが、今後はこの中の少なからぬ事件が刑事処分相当とされる。この統計数字の大きさから見ても、「行為責任」「犯情」に基づく分析調査の影響は、2000年「改正」の原則検送規定以上の影響力を持つと言わざるを得ない。その影響は17歳以下の少年への調査にも及んでいく可能性は低くない。

　例年、犯罪白書・司法統計では、日本での少年非行数は17歳を過ぎると著しく減少している。すなわち、18・19歳で非行を起こしている少年には「要保護性」の問題が多く残されており、その「要保護性」の詳細な分析調査と調整活動が、17歳以下の少年の調査・審判に多くの知見をもたらし、17歳以下の非行抑止にも効果をあげてきた。比較するなら、米・独などの先進国では、18歳から21歳の若年成人層の犯罪が最も多く、近年、少年法の適用年齢を21歳程度まで引き上げる検討が開始されている。繰り返すが、今回の「改正」案で、18・19歳を「特定少年」とし、「要保護性」調査の宝庫から外すことは、若年成人犯罪の増加につながる危険性があると言わざるを得ない。

　さらに指摘するなら、ポピュリズムに迎合する情緒的な厳罰化「改正」は、再犯リスクを高める。2007年版犯罪白書では、「少年時（20歳未満）に刑事裁判で有罪判決を受けた者3561人を対象として、その後の再犯状況を見ると、約60%の者が再犯に及んでいることが分かる。これは、成人の初犯者がその後再犯に及ぶ比率（約3割）と比べて相当高い」と指摘されている。そして、若年成人については、「20歳代前半で1犯目の犯罪を犯した者の41.0%、20歳代後半で1犯目の犯罪を犯した者の28.2%が、その後再犯に及んでおり、他の年齢層に比べて、2犯目以降を犯す比率が高い。特に、20歳代前半で1犯目の犯罪を犯した者の再犯傾向が強いことは、その5年以内の再犯率が概ね25%前後と、他の年齢層と比べて相当高い状態が続いていることからも確認される」とも指摘されている。近年の脳科学の知見をふまえるなら、少年法適用年齢を25歳程度まで引き上げることを検討すべきと考えられる。

6　おわりに──少年に寄り添う「要保護性」調査を再構築しよう

　現在、少年院に収容されている少年の半数以上が18・19歳であり、貧困（約7割）、被虐待（約4割）、発達障害（約4割）といった環境負因を抱えている。こうした少年が、社会的に未成熟であり、刑事責任追及だけでは何の解決にも至らないこと、その後の社会復帰についても、医療的・福祉的援助なしには復帰不能であることは、「立ち直り」支援に関わる人には周知の事実である。近年では、児

童自立支援施設や自立援助ホームといった児童福祉法に関わる分野では、その適用年齢を20〜21歳程度に引き上げる運用も検討されてきた。たとえ少年法がどのように「改正」されたとしても、支援に関わる人は日々の努力を変えることはない。問題を抱えた少年に対し、新たな「人との出会いと居場所の確保」を試みながら、少年らの「可塑性」の高さによる「立ち直り」を進め、ともに喜ぼうとする。

　今回の「改正」案は、「成年年齢」を強調するあまり、こうした18・19歳の実態、ある面で被害者性を抱え込んだ加害少年という実像を捨象した思考に陥っている。その結果、「虞犯（ぐ犯）や資格制限の特例等は一切適用除外、起訴後には18・19歳の推知報道が可能」といった「立ち直り」を直接阻害することも厭わない結論に至っていると言わざるを得ない。

　1990年代以降、我が国では経済格差と教育格差は拡大の一途である。前記した子どもの貧困や被虐待の他、自殺、イジメ、引きこもり、不登校等の問題も改善を見ていない。そうした中、ＳＮＳによる影響は大きく、性非行を起こしたり、ネット依存から薬物依存やギャンブル依存となり、特殊詐欺等の共犯に勧誘されることも少なくない。こうした社会的現実があるにもかかわらず、「行為責任」「犯情」主義に基づき、調査・審判過程で繰り返されやすい。「そうした環境にあっても、健全に成長し、非行化しない少年もいる。だから非行化した少年は自己責任である」と指摘するのであろうか。その発言は、自己肯定感を育めず、自己否定の地獄に陥っている少年を、さらに幾重にも地獄に突き落とすものであり、非行臨床に関わる者には許されない発言である。

　「行為責任」「犯情」がいっそう重しとなる家庭裁判所の調査実務では、粛々と検察官送致相当の意見構成が進められる可能性は高い。しかし、それゆえにこそ、少年法制定時の初心に帰り、いかに子ども・少年が社会問題の影響を受け、健全な育成が困難になっているか、それに対して、社会的支援の態勢は十分なのかといった「要保護性」調査の視点を再認識・再構築すべきではないかと願っている。仮に保護不適の概念を認めるとしても、それは規範的判断によるもので、家裁の裁判官が行うものであって、家裁調査官は視野を広げ、子ども・少年に寄り添った「要保護性」調査を行うのが基本のはずである。

　少なくとも、調査官意見として検察官送致（刑事処分）相当と結論するのであれば、刑事処分の実際は家裁調査官の職務外であるとしても、結論を書く責任として、例えば次のような点への顧慮は不可欠ではないだろうか。1つには、検察官送致となり、裁判員裁判になった場合、実際に裁判員裁判が開始されるまでの時間がどのくらいか、その間の拘置所での生活がいかに当該少年の「可塑性」を

奪ってしまうか、今回の「改正」案で推知報道された後に少年法55条移送がなされた場合の問題等を悉知すること、2つには、刑事処分後の、少年刑務所と少年院の規模と処遇の相違、少年刑務所での個別改善指導の実際を悉知すること等。こうした点への実態把握と想像力を働かせるなら、今回の「改正」案の問題点と危険性は明らかと考えられる。

表1 2018（平成30）年：非行別終局処分別統計
（うち非行時 18・19 歳統計を併記）

（令和元年司法統計少年事件編より）

非行名	総数	検察官送致総数	刑事処分担当	年齢超過	保護処分総数	少年院送致総数	第1種	第2種	第3種	保護観察	児自施設送致

（被害者の生命を奪った事件：原則検察官送致事件とほぼ同じ）

非行名	総数	検察官送致総数	刑事処分担当	年齢超過	保護処分総数	少年院送致総数	第1種	第2種	第3種	保護観察	児自施設送致
殺人（既遂）	6	4	4	0	2	2	2	0	0	0	0
18・19歳	4	3	3	—	1	1	1	0	0	0	0
傷害致死	4	2	2	0	1	1	1	0	0	0	0
〃	2	2	2	—	0	0	1	0	0	0	0
強盗致死	6	4	4	0	2	2	2	0	0	0	0
〃	3	3	3	—	0	0	0	0	0	0	0
強盗・強制性交等致死	0	0	0	0	0	0	0	0	0	0	0
〃	0	0	0	—	0	0	0	0	0	0	0
強制性交等致死	0	0	0	0	0	0	0	0	0	0	0
〃	0	0	—	0	0	0	0	0	0	0	0
集団強姦致死	0	0	0	0	0	0	0	0	0	0	0
〃	0	0	0	—	0	0	0	0	0	0	0
（小計）	16	10			5						
（18・19歳小計）	9	8			1						

非行名	総数	検察官送致総数	刑事処分担当	年齢超過	保護処分総数	少年院送致総数	第1種	第2種	第3種	保護観察	児童自立施設送致

（今回の法改正で問題となる主な事件）

非行名	総数	検察官送致総数	刑事処分担当	年齢超過	保護処分総数	少年院送致総数	第1種	第2種	第3種	保護観察	児童自立施設送致
殺人未遂	17	1	1	0	14	9	8	0	1	1	4
18・19歳	6	1	1	−	4	4	3	0	1	0	0
強盗致死	79	4	2	2	73	56	53	2	1	17	0
〃	37	2	2	−	34	29	27	1	1	5	0
強盗・強制性交等	0	0	0	0	0	0	0	0	0	0	0
〃	0	0	0	−	0	0	0	0	0	0	0
強制性交等	107	4	4	0	97	63	62	1	0	27	7
〃	34	4	4	−	29	19	19	0	0	10	0
集団強姦	2	0	0	0	2	0	0	0	0	2	0
〃	0	0	0	−	0	0	0	0	0	0	0
強盗	85	4	2	2	71	38	37	1	0	32	1
	34	2	2	−	31	20	19	1	0	11	0
詐欺	910	49	14	35	662	310	301	7	2	350	2
	424	13	13	−	348	163	155	6	2	185	0
放火	40	2	0	2	27	11	10	0	1	14	2
〃	11	0	0	−	9	4	3	0	1	5	0
（小計）	1240	64			946						
（18・19歳小計）	546	22			455						

（今回の法改正で18・19歳には認められなくなる事件）

非行名	総数	検察官送致総数	刑事処分担当	年齢超過	保護処分総数	少年院送致総数	第1種	第2種	第3種	保護観察	児童自立施設送致
ぐ犯	210	0	0	0	136	48	43	0	5	59	29
18・19歳	32	0	0	0	24	8	8	0	0	16	0

※一般非行総数
　　21,625件 ＝ 刑法犯 17,724件 ＋ 特別法犯 3,691件 ＋ ぐ犯 210件
※うち18・19歳総数
　　6,525件 ＝ 刑法犯 4,890件 ＋ 特別法犯 1,603件 ＋ ぐ犯 32件

（作成：伊藤由紀夫）

表2　2019（令和元）年：非行別終局処分別統計

（うち非行時 18・19 歳統計を併記）

（令和２年司法統計少年事件編より）

非行名	総数	検察官送致総数	刑事処分担当	年齢超過	保護処分総数	少年院送致総数	第1種	第2種	第3種	保護観察	児童自立施設送致

（被害者の生命を奪った事件：原則検察官送致事件とほぼ同じ）

非行名	総数	検察官送致総数	刑事処分担当	年齢超過	保護処分総数	少年院送致総数	第1種	第2種	第3種	保護観察	児童自立施設送致
殺人（既遂）	8	1	0	1	6	5	3	0	2	1	0
18・19 歳	2	0	0	－	2	1	1	0	0	1	0
傷害致死	3	1	1	0	2	2	2	0	0	0	0
〃	1	1	1	－	0	0	0	0	0	0	0
強盗致死	0	0	0	0	0	0	0	0	0	0	0
〃	0	0	0	－	0	0	0	0	0	0	0
強盗・強制性交等致死	0	0	0	0	0	0	0	0	0	0	0
〃	0	0	0	－	0	0	0	0	0	0	0
強制性交等致死	0	0	0	0	0	0	0	0	0	0	0
〃	0	0	－	0	0	0	0	0	0	0	0
集団強姦致死	0	0	0	0	0	0	0	0	0	0	0
〃	0	0	0	－	0	0	0	0	0	0	0
（小計）	11	2			8						
（18・19 歳小計）	3	1			2						

非行名	総数	検察官送致総数	刑事処分担当	年齢超過	保護処分総数	少年院送致総数	第1種	第2種	第3種	保護観察	児自施設送致

（今回の法改正で問題となる主な事件）

非行名	総数	検察官送致総数	刑事処分担当	年齢超過	保護処分総数	少年院送致総数	第1種	第2種	第3種	保護観察	児自施設送致
殺人未遂	12	0	0	0	12	4	4	0	0	6	2
18・19歳	3	0	0	—	3	1	1	0	0	2	0
強盗致死	76	8	4	4	66	42	39	3	0	24	0
〃	30	4	4	—	26	20	18	2	0	6	0
強盗・強制性交等	2	1	1	0	0	0	0	0	0	0	0
〃	0	0	0	—	0	0	0	0	0	0	0
強制性交等	121	3	2	1	95	37	36	1	0	38	20
〃	18	2	2	—	16	10	9	1	0	6	0
集団強姦	0	0	0	0	0	0	0	0	0	0	0
〃	0	0	0	—	0	0	0	0	0	0	0
強盗	71	6	3	3	50	33	32	1	0	17	0
〃	39	3	3	—	28	20	19	1	0	8	0
詐欺	714	43	13	30	456	171	168	2	1	284	1
〃	316	12	12	—	237	96	92	2	0	143	0
放火	35	0	0	0	30	9	8	0	1	16	5
〃	6	0	0	—	5	2	2	0	0	3	0
（小計）	1031	61			709						
（18・19歳小計）	412	21			315						

（今回の法改正で18・19歳には認められなくなる事件）

非行名	総数	検察官送致総数	刑事処分担当	年齢超過	保護処分総数	少年院送致総数	第1種	第2種	第3種	保護観察	児自施設送致
ぐ犯	182	0	0	0	124	44	38	0	6	47	33
18・19歳	32	0	0	0	28	10	9	0	1	18	0

※一般非行総数
　　19,589件　＝　刑法犯 15,764件　＋　特別法犯 3,643件　＋　ぐ犯 182件
※うち18・19歳総数
　　6,190件　＝　刑法犯　4,523件　＋　特別法犯 1,635件　＋　ぐ犯　32件

（作成：伊藤由紀夫）

コラム①

少年とその保護者の間にたって

森野俊彦 弁護士・元裁判官

●忘れられない少年事件

少年事件を担当していた時のことで、忘れられないことがある。

ある少年に少年院送致をいい渡したとき、「お前が悪いからだ」というどなり声が審判廷に響いた。一瞬、私に向けられたのかと思ったが、そうではなく、すぐ後ろにいた母親に対する怒号であった。少年は母親に対しいまにも掴みかからんとしたが、鑑別所職員に制止されて事なきを得た。詳しい事情は忘れたが、長く放任され、欲した時に愛情を注いでもらえなかったことから、折々に抱いた憎しみや怒りが心の奥底にたまり、それが少年院送致の告知を受けたときに爆発したのかもしれない。子と母親との確執なり亀裂は調査票から多少は窺えたものの、これほど深いものであったのかと嘆息するしかなかった。

●微妙な付添人弁護士の立場

少年とその保護者の間にたって、働くのは付添人である。国選付添人の場合は別として、親から頼まれた付添人弁護士の立場は微妙で、ときに、民事でいう利益相反的立場に直面することがある。

ずいぶん昔のことであるが、親が経営している会社の顧問弁護士が、親からその息子の付添人に選任され、担当の裁判官である私に面会を求めてきた。付添人は、私に対し、親と被害者との間で示談ができたので、早々に少年を鑑別所から出してほしいといってきた。事案は、進学校に通う高校生が腹立ち紛れに、エスカレーターのかなり上の方から、中年女性を突き落とした悪質事犯であった。幸い、途中で他の屈強な人にひっかかって怪我の程度はたいしたことがなかったものの、非行内容からして、この際少年の要保護性の度合いを調査、鑑別するのは当然だし、少年の将来の更生を図るためにも綿密な調査が必要不可欠と思われ、観護措置の取消しは論外というほかなかった。しかし、その付添人は、不必要な身柄拘束を続けるのは人権侵害だというではないか。普段は、温厚な（？）私もこのときばかりは、少し気色ばんで付添人を諌めた覚えがある。

●はじめての付添人経験

弁護士になってかなり経過したものの、少年事件を受任する機会に恵まれず、「少年事件は遠くなりにけり」と思っていたところ、昔ある研究会で知り合い、それ以降年賀状の挨拶を続けていた大学の先生から、「息子が裁判所から呼出しを受けた。私立中学の生徒なので、学校に知られては困る。どうしたらいいか」と相談を受け、付添人となった。事案はスーパーでの被害額が1,300円程度の万引きという軽微なものであるが、少年はその前にやや悪質な万引きを敢行していた。ただしそれについては警察未発覚のまま被害弁償したうえ学校に連絡したため、学校から謹慎処分を受けて、本件はその謹慎中の非行であった（調査官は、手口は単純ながら、挑戦的ともいえる事案だと評した）。親としては、家裁に係属したとはいえ、軽微な非行ゆえ、調査官の書面審理で一件落着と思っていたのに、調査官から呼出しを受けたことに驚愕し、当然ながら学校にも連絡され、ひいて退学の危険さえあると心配して、わらをもつかむ思いで私に連絡してきたのである。

　私は早速、家裁にいって記録を読み、担当調査官とも会って、学校照会の有無をきいたところ、私立中学校の場合、それはしないとのことだった（私が在職中のときと取扱いは変わっていなかった）ので一安心。早速、少年の両親に連絡すると、ともに安堵した様子である。そうとすると、事案の中身からして、私の役目は終わったも同然なのだが、折角だからと、少年の話をじっくりきいてみることにした。少年は、無口であまりしゃべらないのだが、突っ込んで聴くと、ところどころ、親に対する不満を述べ、最大のそれはスマホを取り上げられたことだという。私は、少年に対し、スマホを買ってもらっても、勉強を怠らないかいと尋ね、その確約を得たので、親に対し「スマホ取上げはちょっと厳しいと思う」、スマホを与えても心配ないし、全面禁止はかえって逆効果と思う旨進言し、その方向で解決した。

　肝心の処遇については、少年が「万引き被害を考える講習」の受講を拒否するなどしてややてこずらしたので、調査を終えた調査官との面談の際には、審判開始のうえ裁判官から注意してもらうのもやむをえないかもしれないと、述べたところ、調査官は、はっきりした口調で、「先生、『不開始』で大丈夫ですよ」といってくれるではないか。今度は私が安堵する番となり、一件落着となったが、あとは、少年が自分の人生をたくましく切り開いていくのを祈るだけだ。

　本件は、少年の要保護性が高くなく、付添人として苦労したケースとはいえないが、仮にも、こうした何気ない親子関係の調整が今回の少年法改正で後退させられるとすれば、少年実務に携わるものとして看過することは許されない。

（もりの・としひこ）

18歳・19歳非行少年の矯正と少年法改正

八田次郎 元小田原少年院長

はった・じろう

1945年、三重県生れ。1971年岐阜少年院（法務教官）、東京少年鑑別所、多摩少年院首席専門官、松山学園長等（少年院12箇所14回、少年鑑別所4箇所勤務）、小田原少年院長で退職。家事調停委員、中京大学非常勤講師（少年法担当）、矯正研修所名古屋支所講師、名古屋刑務所篤志面接委員を務める。子どもの人権研究会代表世話人、少年法研究会運営委員、日本司法福祉学会名誉会員。

1　はじめに

　法制審議会は、法務大臣の諮問により、2017年から3年余りの刑事法・少年法部会の審議の後、少年法適用年齢について答申をまとめた。2021年2月19日「少年法の一部を改正する法律」（案）は、閣議決定され、国会に上程された。それによると、家裁への全件送致主義は維持したものの、18歳19歳（以下「特定少年」という）は、1年以上の罪の事件は原則検送（原則逆送）となり、虞犯は適用外とされ、不定期刑の廃止、推知報道の禁止の解除及び資格制限などが定められている。この年齢は家裁の処分時年齢であり、事件の発覚が遅れたり、多数の共犯など複雑な事件は、家裁送致までに時間がかかる。犯行時17歳後半から適用となるおそれもある。ただし、原則逆送の規定は犯行時の年齢である。

　制定経過、推知報道等については、別の方が寄稿されるので、本稿においては、法（案）（以下「改正案」という）に基づいて矯正関係を中心に記すこととする。特定少年の保護処分、少年院の現状、収容少年の特性と処遇・矯正教育、及び原則逆送を巡る問題、虞犯を取り上げる。特殊詐欺については、少年院で様々な処遇が試みられているのでそれを紹介する。

2　特定少年の保護処分

　特定少年の保護処分は、①6月の保護観察、②2年の保護観察、③少年院送

致、の3種類とされた。保護処分は、「犯情の軽重を考慮して相当な限度を超えない範囲内」とし、「罰金以下の刑に当たる罪」は①に限るとした。「犯情の軽重」とは、事件の重大性を示しているもので、行為責任を問うものとなり、行為者主義の少年法とは性格が異なるのではなかろうか。

　また、②においては、2年の保護観察中の少年が遵守事項を遵守せず、その程度が重く、少年院において処遇をしなければ改善、更生が認められないときは、保護観察所の長の申請に基づき、家庭裁判所の審判によって1年以下の範囲内において第五種少年院に収容するとされた。これは、保護観察の実効性を確保するために、2007年改正法において追加されたものである。これに該当した少年は、2014年こそ20人であったが、その後4年間は4〜9人であった。

　さらに、③については、少年院の収容期間を3年以下とし、期間の延長は認められないとした。特定少年以外であれば、23歳までの収容期間が認められ、精神に著しい障害があり、医療に関する専門的知識及び技術を踏まえて矯正教育が必要なときは、家裁の決定により26歳までの収容が認められている。現在、収容継続申請は、最近5年間、年平均607人に及び、当初から教育期間の確定が困難であることを示している。この決定には、面前告知が必要なため、多くの場合裁判官が少年院に赴き審判を行っている。このことで裁判官は少年院の実態や矯正教育の現状を知り、少年院も家裁の考え方を知ることができる。収容期間は、司法の規制を受けて執行機関が少年の改善の必要性に応じて柔軟に対応している。改正案は、それをなくすのである。

3　少年院の現状

(1)　収容少年の特性

　2019年に新たに少年院に送致された人員は、1,727人（男1,594人、女133人）であり、2009年3,942人（男3,544人、女418人）の43.8%で、10年間で半分以下になっている。これは非行が激減したからであって、現行少年法が有効に機能しているゆえんである。年齢は18歳398人、19歳521人、計919人で、全体の53.2%を占めており、年齢が引下げられれば、これらの少年は矯正教育の機会を奪われることになった。次に、保護者は、実父母564人（32.5%）、実母682人（39.5%）、義父実母204人（11.8%）、実父153人（8.9%）、その他である。つまり、実父母の比率は、1/3に過ぎず、少年が年少の頃、家庭で何らかの問題が生じたことがうかがえる（矯正統計年報〔令和2年版〕）。

また、少年の入院時の学歴は、中学在学が121人（7.0%）、中学卒業421人（24.4%）、高校在学311人（18.0%）、高校中退693人（40.1%）、高校卒業116人（6.7%）、大学短大高専在学中退が19人（1.1%）、ほかである。中卒・高校中退合わせて1,114人（64.5%）を占めており、短大・大学進学率が50%を超える現在、低学歴であり、就業において厳しい状況に置かれる可能性がある。これらの多くの少年は、家庭の状況によって勉強に動機づけられておらず、知的能力に比し、学力が低い。ちなみに、私が担当した少年の中にも、知能偏差値が63〜65にもかかわらず、通知表は1と2であった。

　さらに、精神状況は、知的障害116人（6.7%）、発達障害202人（11.7%）、その他の精神障害95人（5.5%）である（前掲・矯正統計年報）。また、被虐待体験は、男子は身体的暴力など34.6%、女子は身体的暴力等54.9%の者が受けているが、これは本人の入院時の申告によるもので、実態は遥かに多いだろう（犯罪白書〔令和2年版〕）。ちなみに、2001年、法務総合研究所における調査では、身体的暴力（軽度）64.9%、同（重度）48.3%、不適切な保護態度8.2%、性的暴力（接触・性交）3.6%となっている。被虐待体験は人との信頼関係を築く上で支障が生じ、関係ができても長続きしない。無力感が強く、自己肯定感や自尊感情も持ちにくい。今回の改正において、日本子ども虐待防止学会が反対されたのも、このような実態を踏まえてのことであろう。

⑵　少年院の種類、処遇・矯正教育

　少年院は、収容する少年の年齢、特性・問題性に応じて、次の四種類がある。①第一種（心身に著しい障害がない、おおむね12歳以上23歳未満の者）、②第二種（心身に著しい障害がない犯罪的傾向が進んだおおむね16歳以上23歳未満の者）、③第三種（心身に著しい障害があるおおむね12歳以上26歳未満の者）、④第四種（少年院において刑の執行を受ける16歳未満の者）があり、これに先に記した第五種が加わる。さらに、長期・短期処遇、矯正教育課程等により細分化され、分類処遇が徹底されている。

　在院少年は、要保護性が大きく、単に「ここが悪い」から「ここを直そう」といったたぐいの教育では効果が上がらない。法制審においても「成長発達途上にあって可塑性を有する存在」としているように、現在の少年、その人全体に対して働き掛け、成長を促し、再非行を防止し、社会適応力を付けることが必要である。少年院は、このような少年に対し、長い間、様々な処遇と教育方法を培ってきた。まず、処遇の考え方として、①処遇の個別化を図る、②教官と少年の信頼関係を

重視する、③少年集団の教育的機能を活用する、④カウンセリング、集団討議、役割活動、内観等の教育的・心理的技法を活用する、⑤保護者との関係改善を図り、出院後の進路の調整を図る、などが挙げられる。教官と少年、少年相互の濃密な人間関係の中で、教官が少年に寄り添い、信頼関係を作って処遇をする。これが少年矯正を貫く心棒である。また、少年集団の教育的雰囲気を醸成し、相互に支持的な関係を培い、自尊感情の回復を図っている。

　こうした処遇の基盤のもとに矯正教育（生活指導、職業指導、教科指導、体育指導、特別活動指導の五領域）が実施される。生活指導の一つとして、特定生活指導があり、被害者の視点を取り入れた教育、薬物非行防止、性非行防止、暴力防止、家族関係、交友関係の指導などが実施される。また、高校卒業認定試験の受験を勧め、積極的にその支援をするとともに、危険物取扱者、溶接技能者など就業に有利になる資格取得に力を注ぎ、社会復帰支援を充実している。なお、2015年、少年院法が大幅に改正施行され、在院生の人権保障と処遇・矯正教育の充実が図られた。

4　原則逆送及び短期1年以上の罪の事件

(1)　原則逆送

　まず、原則逆送は、いわゆる2000年改正法によって、新たに少年法第20条に第2項が加えられ、「故意の犯罪行為により被害者を死亡させた罪の事件であって、その罪を犯すとき16歳以上の少年」は、検察官送致にしなければならないとされた。今回の改正案は、これを特定少年について、「1年以上の罪の事件」に拡大したものである。ところで、第2項には「ただし書」があり、「調査の結果、犯行の動機及び態様、犯行後の情況、少年の性格、年齢、行状及び環境その他の事情を考慮し、刑事処分以外の措置を相当と認めるときは、この限りではない」とされる。

　では、実務の運用はどのようであろうか。2014年から5年間、122人中、検察官送致81人（66.4%）、第一種（中等）少年院送致32人（26.2%）、第三種（医療）少年院送致4人（3.3%）、保護観察4人（3.3%）、不処分1人（0.8%）である（「家庭裁判所事件の概況──少年事件」『家庭の法と裁判』No.27〔2020年〕）。おおむね、刑事処分が2/3、保護処分が1/3であり、「ただし書」が適切に運用されているようにみえるが、現場の声を聞くとあながちそうでもない。それは、調査や鑑別において、保護処分相当と思料しても、「原則」の縛りがきつくて、

そうした意見を出しにくいようである。当初から検察官送致ありきで進められることもある。最初から検察官送致ありきでは、「ただし書」に調査の結果とあり、法の趣旨と異なり、調査や鑑別が生かされない。改正法は、対象を拡大するもので、少年司法の肝ともいうべき、調査鑑別の機能が形骸化し、劣化しないか危惧される。

⑵　1年以上の罪の事件

　次に、「1年以上の罪の事件」には、どのようなものがあろうか。少年事件に関係するような事件を列挙すると、①殺人、②傷害致死、③遺棄等致死、④強盗、⑤強制わいせつ等致死傷、⑥強制性交等、⑦放火、⑧危険運転致死、⑨組織的詐欺・恐喝、⑩覚せい剤の営利目的所持・譲渡、などが挙げられる。これらは、一見すると凶悪犯の仕業に見えるが、殺人でも「嬰児殺し」のように追い詰められ切羽詰まっての犯行もある。さらに、強盗にしてもコンビニで万引きをして咎められ暴力を振るったり、自転車の籠から荷物をひったくり、怪我をさせると強盗致傷になったりする。恐喝との線引きが難しい事案もある。強制性交罪にしても、被害者感情が一様でなく、現在保護処分に付され、成人では起訴猶予になることも少なくない。このように犯罪の態様、状況は様々であり、一律の規定は馴染まない。であれば、現行20条においても検察官送致ができるのであって、変更する必要はない。なお、「ただし書」に、犯行の「結果」が加えられ、被害の重大性によって行為責任を問うものになっている。少年司法の刑事司法化を進めたものといえよう。

5　特殊詐欺少年の特性と矯正教育

　近時、少年院に送致される少年の中に、特殊詐欺に加担したものが少なくない。いわゆる組織的詐欺ではなく、詐欺や窃盗として立件されている。少年の場合、「受け子」や「紹介役」など、組織の末端にいるものが多く、共犯の名前すら知らないものも少なくない。一方、ある程度実情を知って関わっているものもいる。

　2015年、東京管内の少年鑑別所に収容された同事犯255人の内訳は、18・19歳が166人（65.1%）、無職126人（49.4%）、学生・生徒63人（24.7%）である。また、友人・知人に誘われた少年は153人（60.0%）で見知らぬ人55人（21.6%）を大きく上まっている。その役割は、「受け子」198人（77.6%）、紹介役22人（8.6%）の順であった。また、少年院在院者118人に対する調査では、

関与の動機は、金欲しさ65人（55.0％）、断れなかった18人（15.3％）となっている。そして、件数は10件以下が79人（66.9％）と多いが、21件以上も19人（16.1％）を占めている。報酬額は20万円以下が49人（41.5％）を占め、逆に100万円以上も32人（27.1％）と少なくない（山口雅敏「特殊詐欺少年に対する鑑別及び矯正教育の充実強化に向けた取組『刑政』平成29年5月号）。

　特殊詐欺の少年237人に対し、法務省矯正局が開発したアセスメントツールMJCAを用いて、クラスター分析を行ったところ、①生活全般問題タイプは、早期から非行を累行する少年と同じような傾向がある、②家庭機能不全タイプは、家庭との情緒的な交流に乏しく、非行の直前に学校や職場で何らか躓きをしている、③生活全般低調タイプは組織的詐欺事案までは大きな問題はないが、自律性、主体性に欠け、学業や就業も中途半端である、の3タイプに分けられた（前掲・山口雅敏論文）。少年院では、「特殊詐欺少年に対する指導の手引き」を作成し、面接、課題作文、グループワーク等を用い、警察等の協力を得て、自らの行為について反省を深めさせている。特に、「受け子」や「出し子」などの末端を担っており、被害者と直接対面しておらず被害者を実感できなかったり、「被害者は金持ち」とか、「上の人に断るのが怖かった」などと、犯罪の合理化を図るために罪悪感が乏しい。被害者の事情や心情を考えさせ、罪悪感の覚醒に務めている。特殊詐欺は、組織的詐欺とは紙一重であり、今後の捜査機関の動向を見たい。

6　虞犯の適用除外

　特定少年については、「虞犯」を非行少年から外している。虞犯は、「犯罪性のある人若しくは不道徳な人と交際し、又はいかがわしい場所の出入りすること」などの虞犯事由と、将来罪を犯す虞があるという虞犯性によって構成される。虞犯性については、犯罪・触法行為の単なる可能性でなく、高度の蓋然性が必要とされ、近時は具体的な犯罪を犯すおそれとして厳格に運用されている。それゆえ、虞犯の家裁終局処理人員は、2002年には1,025人であったが、2019年は164人に激減している。古くは7,000人（1965年）を超えたこともあった。

　少年非行は減少しているが、不登校、引きこもり、いじめ、自殺、虐待は著しく増加し、貧困、競争の問題もある。少年らの生活環境は、良好とはいえず、むしろ生きづらい社会になっている。抑圧が強く、少し外れると同調圧力によってバッシングされる。居場所を失った少年に、大人が甘言を弄して近づき、犯罪に誘っ

ていく。虞犯は、少年らの生きづらい社会のセーフティネットとして機能しており、最後の砦である。

　森田宗一元裁判官は、「思うに虞犯とは、少年法上の難所であり、喜望峰でもある。越えなければならない剣難な場所であり、越えれば少年法の本来の進路がひらかれる地点となるであろう」と、説かれる（『砕けたる心――青少年明暗50年　下巻』信山社、1991年）。少年法の指導原理は、司法福祉主義であり、司法と福祉が車の両輪である。ところが、長い間徐々に司法が肥大化し、福祉が縮小して歪んだ両輪になってきた。少年法における福祉的側面の復興を図りたいものである。虞犯の適用除外は、生きづらい社会に生きる少年の実態を考慮しないものである。

7　おわりに

　改正案は、法制審の答申までに紆余曲折があり、その間、多くの団体が反対した。家裁への全件送致主義は維持されたものの、少年司法の根幹に関わる改正である。これを、一言でいえば年長少年の少年司法から刑事司法への傾斜ということができる。

　以前、1970年、法務省が「少年法改正要綱」を法制審に諮問したときのこと、その折も、年齢を20歳から18歳に引き下げ、青年層を設置するなどの議論が喧々諤々なされた。当時は、18歳は大人かなど、18歳の少年の身体的精神的、社会的な成熟の程度などが、精神医学者等を含めて議論された。ところが、今回は2022年4月から民法の成年年齢を18歳に引き下げることを所与として、18歳の身体的精神的あるいは社会的状況について十分な議論がなされなかった。18歳はまだ高校生・大学生も多い。経済的自立はもちろんのこと、高度情報社会における生身の人間関係の乏しさなど、精神的な成熟においても十分ではない。さらに、最近の脳科学の知見によれば、脳は20代後半までは緩やかに成長するとされる。虐待やいじめ、不登校等で生きづらい社会で傷付いた脳を回復しなければならない。

　かつて、1949年新少年法制定時、適用年齢を現在と逆の18歳から20歳に引き上げるに当たって、戦後の混乱で少年犯罪が激増する中で法務行政長官佐藤藤佐は、「彼らの犯罪が深い悪性に根ざしたものでなく……刑罰を科するよりは保護処分によってその教化を図る方が適切」と述べている。現在ではよりいっそう通用する言葉ではないだろうか。

改正案は、年長少年について刑事司法化を進めたもので、少年らの成長発達権を保障し、健全に育成するための配慮に欠けたものである。少年らは成長発達途上であって、少年らの自己実現のために支援することこそが大人や社会の役割ではないだろうか。

推知報道禁止の一部解除をどう見るか
──メディアは匿名維持を原則に

佐々木 央 共同通信編集委員

ささき・ひさし
青森県（むつ市）生まれ。早稲田大学法学部卒、1982年共同通信入社。福井支局、仙台支社を経て、社会部や編集委員室で主として教育問題や少年事件、子どもの問題を取材してきた。著書に『未来なんか見えない──自傷する若者たち』（共同通信社、2002年）、編著書に『岐路から未来へ』（柘植書房新社、2015年）。

1　はじめに──本稿の限界

　少年法改正案に盛り込まれた「推知報道の禁止の一部解除」について考えたい。

　通信社記者として、子どもや若者に関わる問題や少年事件について比較的長く取材してきたが、少年法の理念や理想に即して論じるほどの見識はない。もちろん、当事者や支援者に成り代わるようにして語ることもできない。あくまでも記者の視点から、報道の実務として、推知報道の禁止の一部解除が何をもたらすか、メディアはそれにどう対応するべきか考えたい。

2　実名原則──報道における主体・客体の重要性

　記者として入社したとき『記者ハンドブック』（共同通信社刊）を手渡された。それは今に至るまで、記事を書くとき、最も頻繁に参照する一冊となっている。最新版を開く。

　最初の方に「記事の書き方」という項があり、記事の中心となるのは「いつ（WHEN）どこで（WHERE）誰が（WHO）なにを（WHAT）なぜ（WHY）どのように（HOW）の『6要素（5W1H）』だ」と述べる。記事に限らず、なにごとか事実を記録するときの基本要素であろう。続く文章。

「『5W1H』のどれが一番重要かはニュースによって異なるし、どんな記事にも必ず6要素が含まれるというわけでもない」

6要素の重要度は、ケースバイケースとして示さない。だが、その問いに自分の言葉で答えるなら、最も重要な2つの要素は「誰」が「何をしたか、されたか」である。

情報の受け手から見ても同じだろう。見出しに有名人の名前があるとき、あるいは何か大きな異変・異常を伝えているときは、目が吸い寄せられる。

本稿執筆中の2月上旬、ミャンマーで政変があった。新聞夕刊の1面トップの見出しは「スーチー氏　国軍が拘束か」。登場人物は「スーチー」と「国軍」であり、行為は「拘束」であった。

これを公式化すれば、報道価値（ニュースバリュー）の大きさは「主体または客体に対する社会の関心度」と「行為の重要度や珍奇性」の積によって決まる。

歴史的な例を挙げる。1964年、米通信社UPIのメリマン・スミスは米報道界で最も権威のあるピューリッツアー賞を受けた。受賞対象はたった2語の速報「Kennedy shot」（ケネディが撃たれた）である。見事に客体と行為だけで成立している。

私が関わったニュースに当てはめると、1993年の現天皇の結婚は婚約内定からパレードや祝宴に至るまで、最大級のニュースであり続けた。彼が無名の一青年であったなら、報道されることもなかっただろう。

神戸支局デスクとして遭遇した1997年の連続児童殺傷事件は、発生段階ではまれに見る残虐性（行為の特異性）ゆえに世間の注目を集め、1カ月後の容疑者逮捕のときには、14歳の少年という主体への驚きによって、社会を震え上がらせた。

3　実名原則の例外——少年と精神障害者

このように、主体や客体はニュース要素として決定的な重さを持つ。社会の関心が「それは誰なのか」という点に集まるからだ。批判や反対はあり得るとしても、メディアの実名報道原則は、そこに実質的な根拠を持つ。

それにも関わらず、メディアが最初から実名を放棄している分野が存在する。再び『記者ハンドブック』を開く。「人名・年齢の書き方」の中に【名前を伏せる場合】という項があり、例外的に匿名にする場合として、7類型を示している。

その①は「未成年者の犯行・非行」、②が「精神障害者と家族の住所、氏名」、

さらに③「性犯罪の被害者」、④「感染症の患者など」……と続く。

　対象が行為であったり、人であったりして、未整理な記述だが、ここでようやく少年事件の「推知報道の禁止」にたどり着く。①の類型がそれである。

　付言すれば、報道の実務の感覚として、①と②は加害者を匿名とする２大カテゴリーである。そして、この両者に当てはまる事件は、ニュース価値がぐんと下がる。主人公が匿名となり、人間に迫ることが難しくなるからだ。

　推知報道の禁止について考えるために、まず根拠条文を引く。

　　　　少年法61条　家庭裁判所の審判に付された少年又は少年のとき犯した罪により公訴を提起された者については、氏名、年齢、職業、住居、容ぼう等によりその者が当該事件の本人であることを推知することができるような記事又は写真を新聞紙その他の出版物に掲載してはならない。

　この規定は特異であると言わなければならない。言論・表現の自由を最大限尊重する趣旨からか、現行法制ではマスメディアを直接の名宛人として、特定分野の報道を禁じる法令は、他にはない。名誉毀損罪もわいせつ表現の規制も、すべて一般的な禁止であり、報道機関のみを直接の対象にしたものではない。

　匿名にする場合の第2の類型、精神障害者にしても、実名報道を法が禁じているわけではない。刑法上、本人に帰責することができず、犯罪が成立しないことから、メディアが自主規制しているのだ。

　実はこの精神障害者の扱いから、メディアの実名報道は、社会の関心に応えるという以上の意味を持つことが示唆される。単に事実を記録する意味しかないなら、精神障害者であっても事件の重大性に応じて、名前や行為を書いてもいいはずだ。ところがそれをしない。なぜか。

　「新聞沙汰」という言葉がある。犯罪行為を実名とともに報じることは、その人を断罪することになる。国家でさえ法的な責任が問えない場合に、報道機関がそれをしていいのか。精神障害者の事件の匿名原則には、そういう論理が伏在していると思う。

4　匿名報道を徹底した「協会方針」

　推知報道禁止の規定については、戦前の旧少年法にも同趣旨の規定があり、しかも罰則付きだった。戦後の少年法から罰則が消えたのは、表現の自由への配慮

からとされる。

　現行少年法は1948年に公布されたが、61条は当初よく守られたとはいえなかった。そのため1958年、「新聞協会の少年法第61条の扱いの方針」（以下「協会方針」）が成立する。新聞協会には、新聞だけでなく主要放送局も加盟しているから、「協会方針」は多くのメディアにとって規範の意味を持つ。全文を掲げる。

　　　少年法61条は、未成熟な少年を保護し、その将来の更生を可能にするためのものであるから、新聞は少年たちの"親"の立場に立って、法の精神を実せんすべきである。罰則がつけられていないのは、新聞の自主的規制に待とうとの趣旨によるものなので、新聞はいっそう社会的責任を痛感しなければならない。すなわち、20歳未満の非行少年の氏名、写真などは、紙面に掲載すべきではない。ただし
　　　　1　逃走中で、放火、殺人など凶悪な累犯が明白に予想される場合
　　　　2　指名手配中の犯人捜査に協力する場合
　　など、少年保護よりも社会的利益の擁護が強く優先する特殊な場合については、氏名、写真の掲載を認める除外例とするよう当局に要望し、かつこれを新聞界の慣行として確立したい。

　驚くべきことに、「協会方針」は但し書きで、61条に従わない場合があることを明言する。公然と不服従を表明したのは、少年法への無理解か、時代のなせるわざか。

　実際にはこの「協会方針」以降、推知報道禁止に反する実名・顔写真報道は、ほとんどなくなった。週刊誌や写真週刊誌はたびたび少年の実名や写真を掲載したが、協会会員社ではない。協会会員社に限れば、ルールはよく守られてきた。

　ただ最近では、長良川リンチ殺人事件や光市母子殺害事件で、死刑が確定した時、多くの報道機関が実名報道に切り換えた。それは今回の改正の問題性につながる論点を含んでいる。これについても、あとで触れる。

5　実名解禁はメディアの失地回復か

　このたびの少年法改正案によって、18歳・19歳の少年が検察に逆送され起訴された時点で、推知報道禁止は解除される。つまり、実名や写真の報道を法的には許容されることになる。これはどのような意味を持つのか。

改正を検討してきたのは、法制審議会少年法・刑事法部会であり、その中でメディア関係の委員は読売新聞西部本社編集局長、大沢陽一郎氏ただ1人だった。取りまとめ案を審議した2020年9月の最後の部会で大沢氏は次のように発言している。

　「報道機関にとって、実名報道というのは原則です。（中略）この取りまとめの方向で仮に法改正がなされた場合、18歳、19歳のとき罪を犯した人が公判請求された場合に、その事案を取り上げるかどうか、また、実際に実名の選択をするかどうかに関しては、個々の報道機関が、今申し上げたように様々な要素を考慮して、それぞれ判断をしていくことになると思っております」（議事録から抜粋引用）。

　改正後は、個別の事案ごとに、個々の報道機関が主体的に判断することを強調している。実名報道の禁止領域（失地）を取り戻したとみているようだ。

　しかし、少年法61条の禁止から外れたとしても、そのまま新聞協会の「協会方針」からも自由になったと考えることはできない。

　前述した通り、「協会方針」はまず「新聞は少年たちの"親"の立場に立って、法の精神を実せんすべきである」と基本姿勢を述べる。この法の精神によれば、18歳・19歳が「協会方針」の「少年」から当然に外れると考えることは妥当でない。

　改正で18歳・19歳を「特定少年」と呼ぶことになっても、少年であることに変わりはない。改正の答申で法制審総会は18歳・19歳について「選挙権等を付与され、民法上も成年として位置付けられるに至った一方、いまだ成長発達途上にあって可塑性を有する」と位置づけ、明確に"少年性"を認めている。であれば、18歳・19歳で起訴された少年についてだけ、「協会方針」の埒外に置くことはできないと考えるのが自然だ。

　加えて、「協会方針」はもともと、法をそのまま墨守せよというつくりになっていない。「少年保護よりも社会的利益の擁護が強く優先する特殊な場合」には実名報道を選択すると留保している。衡量要素は「少年保護」と「社会的利益の擁護」であって抽象的だが、だからこそ多様な場面に適用できる。大沢氏の言う「個別の事案」について「個々の報道機関」が判断していく場合の判断基準としても、なお有効であろう。

　さらに近年の情報環境に照らして、現実的で実効的な「少年保護」を考えるとき、匿名報道の要請はますます高まっているとみるべきだ。インターネットの発達により、いわゆるデジタルタトゥーが更生の障害となる危険が増大している。いっ

たん実名や写真が報じられれば、半永久的にネット上に残り、彼を社会的包摂の外に置くことになりかねない。社会にとっても損失であり、再犯の危険も高まる。

6　名大生事件によるシミュレーション

　具体的に判断を迫られるのは、どのようなケースか。

　近年の少年事件の中で19歳による重大事件として、名古屋大女子学生による殺人・殺人未遂事件があった。この事件が改正後の発生だったとしたら、どう扱うべきか、シミュレーションしてみたい。

　女子学生は2015年1月、19歳のとき、殺人容疑で逮捕された。高校時代の毒殺未遂や放火も明らかになった。検察に逆送され、2015年10月、起訴。法改正によれば、この時点で推知報道が解禁される。

　特異な動機や犯行態様が注目を集めたが、精神発達上の問題も明らかになり、医学的対応の欠落も指摘された。家裁が保護処分とする可能性もあり得た事件だったと思う。「協会方針」に立ち返って考えたい。

　実名や写真を報じてもよいケースについて、一般論として「少年保護より社会的利益の擁護が強く優先される特殊な場合」と述べる。例として示されるのは①逃走中で、放火、殺人など凶悪な累犯が明白に予想される場合、②指名手配中の犯人捜査に協力する場合——である。①は実際に新たな犠牲者を生みかねないケースであり、いわば緊急避難に近い場合である。②はやや緩いが、指名手配中ということは、捜査の手を逃れているのだから、①に準じるケースとみるべきだろう。

　①②を通じて、少なくとも凶悪性や重大性、それによって増大する社会の「知りたい」という欲求は、「社会的利益」とはみなされてない。これに照らす限り、改正後に名古屋大生の事件が起き、起訴されたとしても、匿名を維持するべきだ。

　もう1つの観点を示したい。

　メディアは常に社会の関心のありかと、その多寡を意識して動いている。そして、プライバシーに関する訴訟の判例でも、社会の正当な関心事であるかどうかが、違法性判断の重要な要素となっている。そこで、社会の関心を量的なものとして捉えつつ、時間軸の中に置いて考えたい。

　一般的に、重大な事件に対する社会の関心は、事件発生時（この事件であれば女子学生の逮捕時）からある程度の期間はかなり高いが、起訴—初公判—判決—控訴審……と、時を経るに従って、逓減する。実名によってその人を特定し、

非難したいという社会の欲望も、時とともに減衰する。

　名古屋大生の事件でいえば、初報から起訴まで8カ月半が経過している。それほど時日が経過してから「被告は○○と分かった」と報じるのは、ニーズが下がったところにいきなり踏み込むことになる。唐突で、社会の関心に見合っていない。

　現在の報道の実務において、少年が逆送・起訴されても、またその過程で成人しても（名大生は起訴時点で20歳）匿名を維持しているのは、明白に意識されていないとしても、ここにも理由があると考えられる。

　起訴時点での実名切り換えについて、限界的な事例とみられる名大生事件でさえ、匿名維持が妥当だとすれば、それよりも社会の関心が低く、少年保護の必要性が高い事件において、メディアがどうあるべきかは、自ずから明らかだろう。

7　死刑確定時の実名切り換えと55条逆送

　同じことは、犯行時少年の死刑確定時点での実名切り換えにも当てはまる（本稿5参照）。実名にする理由として、メディア各社は①更生（社会復帰）の機会が失われた、②国家が人の命を奪う死刑の対象が誰なのかは重大な社会的関心事となる——などと説明する。

　①に対しては、更生は社会復帰だけを意味しないというのが、本質的な反論となろう。人は生きている限り、より良き生を求める権利がある。より良く生きるという希望は、死刑執行の瞬間まで奪ってはならない。

　②が死刑確定者への社会的関心を「重大な」と形容するのは誇張ではないか。前述した通り、一般に時間の経過に従って社会の関心度は下がる。

　また、死刑になる人の名前を記録する必要性を強調するメディアもあるが、それは死刑執行時点で報じれば十分だろう。確定後に冤罪と分かったり、恩赦を受けたりすることもあり得るのだ。

　死刑確定者に冤罪や恩赦の可能性を指摘しなければならないのと同様に、少年法改正後に起訴された18歳・19歳についても、後に冤罪が明らかになる可能性と並んで、裁判で保護処分が妥当とされ、再び家裁に送られる場合（55条移送）を考慮しなければならない。そこで再度匿名に戻しても、回復できないスティグマを負わせる結果になることをおそれるべきだ。

　このように報道の実務と社会意識とを総合して考えたとき、今回改正されても、起訴時点で機械的に少年を実名に切り換えるといった対応は、合理性を欠くというべきだろう。

コラム②

「特定少年」の「特例」はエビデンスがない

浜井浩一 龍谷大学法学部教授　龍谷大学矯正・保護総合センター長

　発達心理学者のエリク・エリクソンは、人が人として成長していくためには、発達段階ごとに獲得すべき発達課題があるとし、思春期・青年期には、共同体のなかに自分の居場所を見つけ、「自分はこういう人間だ」といったアイデンティティーを確立することが重要だと指摘している。これによって自分で選んだ価値観を信じ、それに対して貢献しようとする「忠誠」という力が獲得できる。

　そして、成人期には、結婚して家族を作ったり、就職したりして長期的・安定的かつ親密な人間関係を構築することで、「愛情」を獲得することになる。日本の刑務所の中で青少年がこうした発達課題を獲得することは不可能である。

　エリクソンは、適切に発達課題を獲得できない場合、他者との関わりを避けたりコミュニーションを適切にとれなかったりすることになり、心理社会的危機を乗り越えて愛を得ることができず、「孤立」してしまうと指摘している。ここに、前科者・刑務所帰りというスティグマが加わることになる。孤立とスティグマは再犯を防止する上で克服しなくてはならない二大障壁である。

　犯罪対策を含む社会政策において(科学的)エビデンスを提供しているキャンベル共同計画は、少年司法における刑罰等の正式な処分とダイバージョンによる措置とのどちらが再犯をより有効に防ぐことができるかについてについて系統的なレビューを行い、そのエビデンスを公表している。それが、「少年の公的システムによる措置——非行への影響[*]である。結論としては、正式な処分と治療プログラムやカウンセリング等を実施する非公式なダイバージョン措置とを比較した結果、非公式な措置のほうが再犯防止には有効であると結論づけている。つまり、行為責任主義に基づいた正式な刑事処分よりも、現在日本の家庭裁判所が行っているような審判不開始や不処分を含めた非公式な問題解決型の介入のほうが再犯防止には有効だということである。

　もし、本当に再犯を防止したいのであれば、「特定少年」なるものがその答えでないことは明らかである。　　　　　　　　　　　　　　　　（はまい・こういち）

[*] Anthony Petrosino, Sarah Guckenburg, Carolyn Turpin-Petrosino, 2010. "Formal system processing of juveniles: effects on delinquency." the Campbell Systematic Review. (＝岡邊健訳『龍谷-キャンベルシリーズ　キャンベル共同計画　介入・政策評価系統的レビュー第12号』〔龍谷大学・2018年〕に収録)。

古希を迎えた少年法

内山絢子 元目白大学人間学部教授・元科学警察研究所研究官

　1948年に制定公布された少年法は、2018年に古希を迎えたことになる。刑法犯少年数の推移のグラフを示そう。少年犯罪の主要な部分を占めるこの数値は多くのことを教えてくれる。もちろん刑法犯少年数の推移により、少年犯罪の増減を伝えてくれるだけではない。社会や政治の動きと連動させれば、戦後の日本近代史を語れる。また、自分の年齢と重ね合わせれば、自分史を語ることが可能である。具体的な事件を時代時代でひとつずつ挙げていけば、おおよその犯罪の特徴の把握も可能である。

　なぜ、このようなことができるかといえば、少年の定義が、14歳以上20歳未満と変わらず一貫しているからである。せっかく古希を迎えた少年法、この先、喜寿、傘寿、米寿、白寿と迎えてほしい。

（うちやま・あやこ）

少年・成人別刑法犯検挙人員

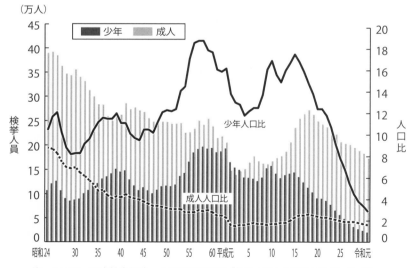

注　人口は、国立社会保障・人口問題研究所「推計人口」（単位：千人）による。
　　出典：警察庁生活安全局少年課「令和元年中における少年の補導及び保護の概況」

第2部
Q&A
18・19歳非行少年の
立直りと少年法

　非行少年の立直りが大事だという視点に立つと、罪を犯した18・19歳の少年たちは、これからはどのように扱われるのでしょうか。もう大人として扱っていいのだから、犯罪をすれば、ばしっと厳しい罰を受けさせるべきだ、と単純に考えていいのでしょうか。私たちは、有権者として、またみんなにとって居心地の良い社会が望ましいという願いをこめて、この問題をどのように受け止めたらよいのでしょうか。

　この章のQ&Aは、「少年法等の一部改正に関する法律案」を正面からとらえて、これを批判的に検討し、多くの人が疑問に感じる項目を選びました。改正法案は、何が書いてあるのかを理解するだけでも、たいへん難しく、少年法が引き続きこれまで同様、18・19歳の少年にも適用されるとして安心していいどころか、よく吟味しなければならないような複雑な構造になっています。率直に言えば、「特例」によって少年法の「増築」が企てられ、本来、少年法が立っているはずの「健全育成」の敷地をはみ出して、「行為責任」を厳しく問う「刑罰」の隣地にまたがっています。しかも、建物の構造にも、「行為責任」の壁がつくられ、少年法の構造全体にゆがみができています。

　さらに少年法のことを深く知ると、さまざまな疑問がわいてくるでしょう。ここでは、16の項目にまとめましたが、みなさんも、オンリーワンでもよいので、疑問に思うことをまとめてみましょう。少年法は、お役人の専有物ではないのです。

新倉 修

Q 1

改正案では、18・19歳の少年は、18歳未満の少年とも20歳以上の成人とも違うとして、「特定少年」と名づけて、刑事処分となる犯罪の範囲を広げましたが、このような改正は本当に必要ですか。

A 1

今回の少年法改正は、18・19歳の少年が死刑又は無期若しくは短期1年以上の懲役若しくは禁錮に当たる罪を犯した場合に、原則として、検察官に送致して、刑事裁判所に起訴するような場合を規定します（原則逆送の範囲拡大）。さらに、これまでは少年に刑を科す場合でも、刑期を確定した年月に固定するのではなく、長期と短期を定める不定期刑（たとえば、15年以下の懲役ないし5年以上の懲役）が利用されてきました。これは、できるだけ早期に刑務所から解放することをめざしたものですが、今回の改正では18・19歳の少年に対して不定期刑の方法が使われなくなり、その結果、18・19歳の刑事被告人に30年以下の懲役又は禁錮を言い渡してもよいとされます。もちろん、これまでも18歳以上の少年に対して死刑や無期の懲役又は禁錮を科することができるとされていることから「厳罰化」には当たらないという考え方もあり得ますが、少年の可塑性（立ち直る大きな可能性）を理由として特別につくられた不定期刑という制度が、根本から否定されて、適用を排除されるのは、まさに18・19歳の「少年」に狙いをつけた「厳罰化」にほかなりません。

さらに言えば、このような18・19歳に狙いをつけた原則逆送の範囲拡大によって、犯罪に対する法定刑の重さに応じて、刑事処分のために検察官に送致される入口が広がりますので、家庭裁判所による保護処分（保護観察所の保護観察または少年院収容）ではなく、刑罰を科せられるケースが増えるとともに、有罪の場合に比較的刑期の短い不定期刑ではなく、長期の定期刑が科せられる可能性が増えます。そのいずれの点から見ても、「厳罰化」であることは明らかでしょう。

今回の少年法改正は、民法で大人として扱われる年齢がこれまでの20歳から18歳に引き下げることにあわせて、犯罪を行った18・19歳の少年に対して、18歳未満の少年とも20歳以上の成人とも違うとして、「特定少年」と名づけ、原則として刑事処分となる犯罪の範囲を広げました。また、これまでは原則として刑事処分となるのは生命にかかわる重大な事件だけが対象ですが、改正案は罪名だけをもって範囲を広げており、これまで個々の事情を十分考慮していた流れとも異なるものです。それだけではなく、保護処分にする場合でも、その人の「犯情の

軽重に照らして相当な範囲内での保護処分」にするという規定を設けました。この「犯情の軽重」という言葉は、内容がはっきりしなくて、わかりにくいのです（詳しくはＱ３参照）が、犯罪の態様や結果に関わるものなら、刑事処分の対象とすることを意味するので、この点も含めて「厳罰化」と言っても間違いではありません。

　大事なことは、1948年に制定された少年法では、もともと16歳未満の少年について検察官に送致することは予定していませんでした。ところが2000年の改正で14歳以上（刑法41条の刑事成年）の場合にも刑事処分が相当と思われる場合に検察官に送られることになり（保護処分が原則で刑事処分は例外とされました）、さらに16歳以上の少年が、傷害致死事件のように、故意の犯罪行為によって被害者を死亡させた場合には原則として検察官に送致されること（原則逆送制度の導入）になりました。今回の改正は、これまでの仕組みを維持しつつ、さらに一歩厳罰化を進めることになります。

　新たに対象となる犯罪は次のようなものです。

「死刑又は無期若しくは短期１年以上の懲役又は禁錮にあたる罪」のうち新しく原則逆送の対象となる罪一覧

【刑法】内乱関係（77条1項2号・78条）、外患援助関係（82条・88条）、逃走関係（101条）、騒乱首謀（106条）、放火関係（108条・109条・110条1項・114条）、激発物破裂（117条）、浸害関係（119条・120条・121条）、往来危険関係（125条・126条1項・2項、127条）、あへん煙関係（138条）、水道関係（146条・147条）、通貨偽造関係（148条・149条）、文書偽造関係（154条・155条・158条・159条3項・161条の2の3項）、御璽偽造（164条）、強制性交・準強制性交（176条・177条・178条の2・181条）、略取関係（225条・225条の2・226条・226条の2の3項・4項・227条2項・4項）、強盗関係（236条・238条・239条・240条・241条）

【特別法】刀剣類を用いて傷害した場合（暴力行為等処罰法1条ノ2）、常習特殊強窃盗（盗犯等防止法2条）、航空機の強取（航空機強取等処罰法1条）、加重人質強要（人質による強要行為等処罰法2条）、組織的詐欺・恐喝（組織的な犯罪処罰法3条1項113号・14号）、営利目的での麻薬等の所持等・輸入（麻薬及び向精神薬取締法64条の2・3、65条）、覚

> せい剤の輸入・営利目的所持等（覚せい剤取締法41条・41条の2）。

Q2
改正案で18・19歳を「特定少年」として、厳罰化する目的はどこにあるのですか。

A2

　まず、少年法には、第1条で少年の健全育成を目的とし、その人を成長発達させることを想定しており、本来厳罰化はそのような本流の考え方とは異なる傍流の流れであり、改正法案はこの傍流の流れを太くしてしまうことになります。厳罰化は必要でないばかりか、有害です。

　改めて少年法の目的を考えれば、犯罪や犯罪を行うおそれのある少年（非行のある少年）に対して働きかけて、少年の健全育成を実現することにあります。その方法は、家庭裁判所調査官による社会調査や指導を実施し、少年鑑別所の技官によって少年の資質を科学的に調べ、鑑別を行うなどして、「性格の矯正及び環境の調整に関する保護処分を行う」ことです。これは刑事手続とは根本的に違います。というのも、刑事手続では、犯罪事実を証拠によって確定し、法律に定める刑罰を適用することを目的とするので、少年法の目的と方法とは、重要な点でまったく異なります。担当する裁判所も、刑事事件を担当する地方裁判所や簡易裁判所ではなく、多くの場合は庁舎や敷地も違う家庭裁判所です。ここでは、非行事実の確認だけではなく、非行に至った少年の問題性を発見して、その解決にむけて少年に対する指導などの働きかけを行い、同時に、問題性をはらんだ少年の環境（家庭環境や地域社会）の改善調整を行い、非行を克服するにふさわしい手続が予定されています。

　ところで、厳罰化の流れは、2000年の改正で先鞭がつけられました。すなわち、刑事処分が可能となる年齢は、これまで16歳以上とされていたのを14歳以上に引き下げられました。また2つの場合が用意され、①死刑、懲役または禁錮にあたる罪の事件では、罪質および情状に照らして刑事処分が相当とされる場合に、検察官への送致を認めることになりました（少年法20条1項の逆送）。さらに②16歳以上の少年は、故意の犯罪行為により被害者を死亡させた罪の事件について、原則として、検察官に送致されることになりました（原則逆送）。この場合であっても、例外的には（犯行の動機および態様、犯罪後の情況、少年の性格、年

齢、行状および環境その他の事情を考慮し、刑事処分以外の措置を相当と認めるとき)、家庭裁判所でそのまま審判を継続し、保護処分の対象となるように変わりました (少年法 20 条 2 項)。

　今回の改正は、18・19 歳について、先に述べた原則逆送となる範囲をさらに拡大し、法律に定める刑が短期 1 年以上の懲役または禁錮である罪とするよう改めるわけです。そこで対象となる犯罪は、強制性交 (刑法 176 条) などの刑法上の犯罪にとどまらず、たとえば、18・19 歳の少年が「出し子」として関与するような組織的詐欺・恐喝 (組織的な犯罪処罰法 3 条 1 項 13 号・14 号) も含まれます。

　これらのケースは一見すると悪質な犯罪のように思われますが、必ずしもそうではありません。たとえば、強制性交では、相手方が同意していたかどうかがあいまいな場合があり、慎重な判断が望ましいケースが多く見られます。また、組織的詐欺では、巧妙な組織的犯罪に巻き込まれ、被害金の受取りや ATM からの預金の引出しに、監視の目をかいくぐるため、18・19 歳の少年が利用されたり、友達をリクルートする役割を振り当てられたりするケースもあり、一律に処罰が相当とは言えない場合があります。

　また逆にこのような改正の必要性についても疑問があります。つまり、死刑、懲役、禁錮に当たる罪は、罪質や情状に照らして、刑事処分が相当と判断される場合には、これまでも検察官に送致する (少年法 20 条 1 項) ので、これを適切に運用すれば、本当に必要な場合には十分対応できるはずです。

　ところが、あえてこれまで例外・傍流とされていたものを原則に格上げして、いわば「強面」のしくみを少年法の中に取り込むというのが、今回の改正の狙いです。実際、例外として扱う場合には、丁寧に事情を調査して、できる限り家庭裁判所の審判の中で少年の立直りを図るために力を合わせるという報告もあります。ところが主客逆転して、検察官に送るのが当たり前となれば、家裁調査官の調査もほどほどになり、犯罪をした少年の生育環境や地域社会の調査も深く掘り下げることがためらわれ、その少年が少年鑑別所の「先生」(鑑別技官) と接する中で反省を深め、立直りに向けて努力するという可能性が乏しくなります。

　このようなマイナス効果を考えると、今回の改正による「厳罰化」には大きな疑問があります。

Q3
　改正案では、保護処分か刑事処分かの選択を「犯情の軽重」で決めるとされていますが、「犯情の軽重」とはどういう意味ですか。

A3
　今回の改正は、①調査・鑑別における考慮事項として「犯情」を入れたことだけでなく、「ただし書」に「犯行の結果」を忍ばせて、全体として刑事法的なものを入れ込んでいること、②保護処分は、「犯情の軽重を考慮して相当な限度を超えない範囲」とし、少年院送致は３年以下として、期間の延長を認めないことという新しい規定を設けました。これは、少年法の根本的なやり方を無視するもので、その影響は計り知れません。

　まず、18・19歳の「少年」（特定少年）が罪を犯した場合、家庭裁判所に全件が送られてきて、保護処分か刑事処分かの選択が問題になるとき、「犯情の軽重に照らして」決めるわけです。要するに、本流の手続（保護手続→保護処分）から傍流の手続（検察官送致→公訴の提起→刑事処分）への切替えスイッチとして使われます。

　少年法の適用年齢の引下げについて審議した法制審議会少年法・刑事法（少年年齢・犯罪者処遇関係）部会での議論を見ると、この議論の背景はわかりにくいのです。つまり、少年法でも18歳を成人として扱うとなると、保護処分は、未成年者に対する親権者（両親などの保護者）の監護責任・監護義務の代わりとして、国が親代わりとして未成年者を監護・懲戒するという考え方（国親思想）に基づくとされていますので、刑事処分(刑罰)に一本化するほかはないはずです。ところが、保護処分にはそれなりの効果があるので、残した方がよいという欲が出ました。となると、刑罰とは違う「新しい処分」（詳しくはQ13参照）を想定して、この両方を使えるようにしたいけれど、その根拠となる考え方はどうするのかという難問にぶち当たります。根拠となるのは、刑事処分を基礎づける「行為責任」の原理のほかには見出しにくいとされました。

　そうこうしているうちに、与党の少年法問題担当者の話合いで、18・19歳も少年法上の「少年」として扱う方針が出たので、これを受けて法律案を作成したところ、18・19歳の罪を犯した少年も少年法の適用を受けるとしつつ、刑事事件の場合と保護事件の場合について、少年法の原則的な規定（本筋）に対して特例（脇筋）として位置づけることになったわけです。

　そこで「犯情の軽重」とは、犯罪を行う意思内容や意思方向をもとに、犯行の

態様や犯罪の結果などを含むすべての事情を包括するもので、刑事責任の基礎となる考え方（行為責任の原則）に基づくものということになります。これは、少年法の本来の在り方をゆがめることになります。というのも、少年法は、非行少年の問題行動が少年自身の性格に原因がある場合や少年を取り巻く環境に大きな誘因がある場合を含み、この両者を総合して科学的に調査して、少年の「健全育成」に役立つような処分を行うものです。非行少年の処遇を選択する場合でも、「要保護性」（保護処分の必要性、相当性及び妥当性）を中心に考え、少年自身の「行為責任」を直接問題にするという扱いをあえて避けています。要保護性を中心に考えれば、犯罪の結果が重くても、これを凌ぐ要保護性や改善更生の余地が大きければ、保護処分を選択すべきであり、犯情が軽く要保護性も少ない場合には、早期に手続から解放するため適切な対応（審判不開始や不処分の処置）が行われることになります。犯情が軽く要保護性が大きい場合には、少年法の本来の役割である手厚い保護手続を行い、必要な保護処分を尽くすことになります。

　ところが、このような手続の流れに「犯情の軽重」が切替えスイッチとして組み込まれると、少年保護手続そのものが「犯情の軽重」に焦点をあてた運用に傾斜することになり、処分の選択や手続の進行でも、「犯情の軽重」で決定する方向がつくられます。少年はちょっとしたきっけでも劇的に変わることがあるという実例を家裁調査官や鑑別所技官の経験談から聞くことがあります。このような「大化け」をするケースは、いずれも「犯情の軽重」に絞った処遇を追及した結果ではなく、人格的な感化や感銘力によるものであったり、言い分を初めてまともに聞いてもらったという「個人的な感動体験」であったり、叱られるかと思ってびくびくしていたら、意外と優しく諭されたという受容体験であったりします。「犯情の軽重」を通して少年を見るという「眼鏡」をかけるようになると、このような貴重な実例が生かされないという懸念は否定しがたいです。

Q4

18・19歳の少年が犯罪をすれば、これからは刑事裁判所で処罰されることが多くなるので、少年院に収容される人も減ることになります。そうなると、現在のようにたくさんの少年院は必要でなくなりませんか。

A4

　現在、少年院は、全国29都道府県に49施設（1つの施設で併設されている例もある）ありますが、最近では、少年院に収容される少年が著しく減少したので、

山形県（置賜学院）、神奈川県（小田原少年院と神奈川医療少年院）、北海道（月形少年院）、鳥取県（美保学園）が閉鎖され、さらに帯広少年院が2022年に廃止されることになりました。

少年院は、収容される少年の性質に応じて第1種から第4種までに区別され、第1種少年院は、心身に著しい障害がないおおむね12歳以上23歳未満の者を収容するもので、全国に40施設あります。第2種少年院は、心身に著しい障害がない犯罪的傾向が進んだおおむね16歳以上23歳未満の者を収容するもので、全国に14施設あります。第3種少年院は、心身に著しい障害があるおおむね12歳以上26歳未満の者を収容するものですが、東日本矯正医療・教育センターと京都医療少年院がこれに当たります。第4種少年院は、少年院において刑の執行を受ける者を収容するもので、全国に6施設あります。これに今回の少年法の改正に伴い少年院法も改正され、あらたに「第5種少年院」が設けられることになりました。ここに、18・19歳の少年が2年の期間について保護観察所の保護観察に付されるけれど、同時に1年以下の期間について少年院に収容される可能性があることを言い渡される場合（「特定保護観察処分少年」と名づけられます）に、遵守事項を守らないなどの不行跡があると、保護観察所の長の申請によって家庭裁判所が少年院に収容する決定をする場合があります。このような保護観察の遵守事項違反によって少年院に収容される少年は、2014年には20人ほどでしたが、その後4年間は4〜9人となっています。

また現行少年院法でも、保護観察中の少年に対して、保護観察所の長が新たに「ぐ犯」事由があると認めて、家庭裁判所に通告した場合に、その少年が20歳以上であるときには、更生保護法62条は、例外的な取扱を認めるために、少年法2条1項の「少年」とみなして、少年法第2章の「少年の保護事件」に関する規定の適用を認めています。要するに、保護観察の対象となっている少年について、少年院に収容してかなり濃密な個別の指導をしなければ、犯罪を行うおそれがある（ぐ犯）と認められる状態にあるので、本来ならば少年院に収容する年齢を超過しているにもかかわらず、特別に「少年院収容ができる少年」とみなすわけ

1　ぐ犯事由とは、少年法3条1項3号のイ〜ニに列挙されており、さらにぐ犯性とは、「性格又は環境に照らして、将来、罪を犯し、又は刑罰法令に触れる行為をする虞がある」場合に、少年法上の保護事件として、観護の措置や観察のほか、少年院収容などの保護処分ができる仕組みになっている。ぐ犯事由には、「イ　保護者の正当な監督に服しない性癖のあること。ロ　正当の理由がなく家庭に寄り附かないこと。ハ　犯罪性のある人若しくは不道徳な人と交際し、又はいかがわしい場所に出入することニ　自己又は他人の徳性を害する行為をする性癖のあること。」が列挙されています。

です。

　18・19歳の少年は、現在の制度では、年長少年と分類され、非行の程度に応じて、中等少年院か特別少年院かにわけて収容されますが、18・19歳の少年たちが、いわゆる少年法の適用から外されたり、刑事処分の対象とされたりする割合が高くなると、少年院に収容される場合が減って、少年院は必要なくなるとされる可能性があります。ところが、2000年の少年法改正によって、14歳以上16歳未満の少年も、刑事処分（懲役又は禁錮）に処せられる可能性ができたため、少年院に収容する「弥縫策」（少年院収容受刑者）が試みられました。このようなケースは数が少ないのですが、将来、このような形で、少年受刑者も少年院を利用して、矯正教育を充実させたり、外部通勤制度と組み合わせて居住場所として活用したりするなど、バイパスが利用されると、少年院がただちに大幅に不要になるという事態はないのかもしれません。

Q 5
**　改正案は、少年犯罪による被害者の権利保護を増進するという意見もありますが、少年犯罪の被害者にとって本当にプラスですか。**

A 5
　今回の改正は、18・19歳の「少年」が罪を犯した場合に、一応はすべて家庭裁判所に送致されて、家庭裁判所調査官による調査や少年鑑別所による資質鑑別（少年の心理的な特性や精神的な成長の程度や精神的な特徴を調べるもの）を受け、審判の過程でも家庭裁判所から被害者にそれなりの説明や聞取り調査が行われる可能性があります。その意味では、検察官のところで起訴されて刑事事件として扱われ、不起訴の時にだけ一定の要件を設けて家庭裁判所に送致して、保護処分を課するという当初構想されていたような手続が避けられたのは、ある意味で朗報です。しかし今回の改正によると、被害者にとって最適なシナリオだけではなく、最悪のシナリオとなってしまうようなおそれも否めません。

　いくつか問題になるポイントを紹介しましょう。

① 　家庭裁判所では、前記のとおり、家庭裁判所調査官による調査のほか、被害者が意見を陳述したり、少年の審判がどのように施行されたか、あるいは、家庭裁判所の決定がどうなされたかの通知を受けたり、審判を傍聴することができます。家庭裁判所からの審判の施行状況についての説明は、家庭裁判所の裁判官によって指名された家庭裁判所の書記官や家裁調

査官が行います。もちろんその場合も、被害者や（被害者本人が死亡している場合では）その遺族に対して、丁寧に手続の進行などを説明するわけですが、直接、対象となる少年の調査を担当しているわけではないので、少年の心情や境遇などについて説明を求められても、十分な回答は期待できません。この点で改善の工夫があればよかったのですが、現状では手がつけられていません。

② 家庭裁判所調査官が、調査の一環として、被害者やその家族・遺族に話を聞くことがありますので、その際には、少年の心情や境遇について説明を受けることがあります。ところが、調査官の調査は、家庭裁判所の審判に供するために行われるので、そのタイミングや調査の深度は、審判の進行によって異なり、被害者が知りたいときに知りたい情報が必ず聞けるわけではありません。この点も、改善の工夫があればよかったのですが、手がつけられていません。

③ 最悪のシナリオが発生しやすいのは、重大事件の場合です。18・19歳の「少年」が死刑又は無期若しくは短期1年以上の罪に当たる事件を行っているとして、審判が開始される場合には、今回の改正によって、原則として検察官に送致して正式に刑事裁判所に起訴されるという扱いになります。これまでも「故意の犯罪行為により被害者を死亡させた罪の事件であって、その罪を犯すとき16歳以上の少年に係るもの」については、検察官に原則として送致されていました。このような逆送される場合のうち、多くは観護の措置がとられ、少年鑑別所に収容されているわけですが、家庭裁判所としての措置は、刑事処分に必要な範囲内にとどめるという抑制が働き、十分時間をとって少年の心情を聞き取り、環境を調整したり、被害者の聞取りを進めたりする余裕は、当然乏しくなります。このような取扱の場合には、被害者への聞取りを含めて、本格的な事件処理は、送致を受けた検察官のもとで行われることになり、検察官がどのような方針によって事件処理をするのかということによって、左右されます。

④ 検察官が起訴する場合は、これまでの刑事事件と同じように扱われます。すなわち、公判前の整理手続には参加できませんが、公判が開かれると、被害者参加人として裁判に関与することもでき（刑事訴訟法316条の33以下）、あるいはそうでない場合でも、法廷を傍聴したり、被害に関する心情や意見を述べたりすることもできます（同法292条の2）。
　家庭裁判所の審判手続は非公開ですので一般には傍聴できないのです

が、被害者等は一定の条件の下で傍聴できます（少年法22条の4）。この仕組に比べると、刑事手続では、当事者に準じた立場で法廷に参加できるので、刑事手続に係る場合が増えることは、被害者にとって好ましい反面、実際にはかなり負担が大きいという問題があります。被害者参加人は、被告人や証人に質問したり、心情を述べたりすることができますが、その場合には、検察官を介して裁判長の許可が必要であって、好きな時に好きなことを発言できるわけではありません。また、傍聴人と異なり、自由に退出したり再入場したりすることができるわけではありません。むしろ、家庭裁判所の手続は、家裁調査官が関与して被害者などの話を聴くわけですが、その家裁調査官は人の話を状況に応じて聴くための研さんを積んでいますので、刑事手続の方が良いとばかりは言えません。

この点についても、今回の改正の対象ではないとされて、改善の工夫はなにもありません。

Q6
改正案では、18・19歳の少年が起訴されると、推知報道禁止が解除されます。少年の匿名報道はやめるべきですか。

A6
少年の匿名報道というのは、少年法61条によって、「家庭裁判所の審判に付された少年又は少年のとき犯した罪により公訴を提起された者については、氏名、年齢、職業、住居、容ぼう等によりその者が当該事件の本人であることを推知することができるような記事又は写真を新聞紙その他の出版物に掲載してはならない」（推知報道の禁止）とされています。

家庭裁判所における非行少年に対する審判が行われている最中に、本人の身元などがわかるような報道がされると、「懇切かつ丁寧な審判」が妨げられるおそれがあります。刑事裁判所に正式起訴された場合でも、平穏な環境が乱されたりして、少年に余計な負担をかけたり、さらに将来において少年の立直りにとって障害となるようなスティグマ（烙印）が押されたりすることがあります。推知報道禁止は、このような社会的な排除を防ぐという意味があります。とりわけ事件が重大で耳目を集めるような事件では、センセーショナルに扱われる可能性が高まり、さまざまなメディアが一斉に取材源である少年およびその家族に集中されると、それ自体、大きな問題になります（メディア・スクラムの問題）。

今回の改正によって新たに68条で「特定少年」の特例を設けられ、家庭裁判所から検察庁に送致されて、検察官が正式に刑事裁判所に起訴した場合には、その公訴の提起があれば、匿名報道を解除してもよいとされます。とはいえ、刑事事件として取り扱う場合でも、罰金以下の刑に当たる事件で、検察官が簡易裁判所に略式命令の請求をして罰金の支払い命令を受けるような場合は除かれています。しかしこのような例外的な取扱いも、無実を主張して正式起訴をされると実名報道にさらされるので、あえて略式手続で罰金を払ってしまうという「奇妙な妥協」を強いられるケースもあり得ます。また何よりも問題なのは、検察官が起訴した場合でも、刑事裁判所が家庭裁判所に移送するのが相当とされる場合（少年法55条による家裁移送）では、いったん実名報道されてしまったものは、後まで悪影響がぬぐえません。さらに裁判の結果、無罪になっても、いったん公表された名前は消えないという事態は防げません（「忘れられる権利」の保護）。このような実名報道の弊害を防ぐ工夫はまったくされていません。

　少年法の基本的な考え方は、非行少年の立直りを支援して、ひいては少年の健全な育成を実現する点にあります（少年法1条）。少年の立直りにとってマイナスとなる環境の変化は、抑制する方が望ましいのです。また子どもを権利の主体として認めるなら、親をはじめてとして、その子どもを取り巻く環境は、その子どもにとって成長発達する権利の実現のためにかけがえのない社会的な関係です。それは、その子どもの成長発達権を実現する上で重要ですから、マイナスはできる限り抑制することが望ましいわけです。

　そう考えると、個人としての尊重の中核になる人格の尊厳が保障されるべきであるのに、少年にとって受け止め切れないような過大な注文や行動制限とか義務を課したり、自分の意思とは関係なく、尊厳をあえて傷つけるような言動を浴びられたりすることは、不当な干渉と言わなければなりません。このような当事者の尊厳をきちんと守る仕組みが必要なことは、人権を基礎とした社会関係を築く上で欠かすことはできません。そこで、これとは真逆の暴露的報道や煽情的な報道など侮蔑的な表現は、きちんと抑制されなければなりません。とりわけ市民的及び政治的自由に関する国際規約（自由権規約）14条は、無罪の推定原則を定め、人間の尊厳や市民としての権利を侵害するような扱いは、可能だとしても、有罪判決が確定した後であって、それまでは無罪の推定原則が働き、人間としての尊厳や基本的な自由や人権を損なうことを禁止しています。

　そして、この考えを突き詰めれば、少年のみならず、被害者の報道にも同様の配慮が必要です。被害者の中には、自分が受けた被害を訴えたいという人もおら

れるかもしれませんが、一方で起こっている事態を受け止めきれず、まずは気持を落ち着かせたいと思うような人もいます。そこで、報道のあり方を改めて考える必要があります。

少年に関する推知報道の問題は、国民の知る権利やメディアの報道の自由の問題としてだけでなく、子どもの成長発達権の保障や刑事事件における無罪推定の原則の問題として捉え直されなければなりません。この考え方によれば、だれでも有罪の判決が確定するまでは、無罪であると推定されて、犯罪者として扱われないということになります。報道についても、プライバシーを十分保護されるやり方がとられるべきだ（たとえば本人の同意もないのに身元や氏名を公表されないなど）ということになります。

このような扱いは、日本政府も認めている国際連合の「持続的開発目標（SDGs）」に掲げる「だれ一人取り残さない(No One Left Behind)」という考え方に即したものです。そこで推知報道を解禁するとしても、きちんとした枠組みを設けるべきです。たとえば、「忘れられる権利」の保護とともに「推知報道を解除する場合には、本人及び被害者並びに関係者の改善に資するように努めなければならない」という縛りがなければ、とてもバランスの取れた政策とは言えないでしょう。

Q7
現行の少年法と比較して、改正案は、18・19歳の非行少年をどう扱おうとしているのですか。

A7
みなさんがふつうに知っている18歳や19歳の人は、高校3年生から大学1・2年生であったり、すでに働いている人であれば、就職したばかりの若者であったり、コンビニのレジを任せられているアルバイトの若者であったり、また最近ですと、食べ物を配送する仕事で自動車の列をかき分けて自転車を力いっぱいこぐ若者であったりするかもしれません。

非行少年の多くは、このような同世代の若者と変わりません。この本の第3部「18・19歳の少年事件事例集」で紹介されているように、思い悩み、苦しみ、間違った選択をしてしまったという点が、ほかの少年と違うというわけです。少年法はこれまで、このような若者を少年として扱い、基本的には18歳に満たない少年と異なる扱いをしていません。例外があったのは、死刑と無期刑を緩和する場

合だけでした。つまり、18歳に満たない少年は、死刑に科せられたり、無期の懲役または禁錮の場合に、10年以上20年以下の範囲内で刑期を選択されて言い渡されたりするという扱い（少年法51条）を受けられますが、18歳以上の少年はこのような扱いを受けられません。それ以外の点では、刑事処分を受ける場合でも、有期の懲役又は禁錮に科せられる場合には、長期と短期を定めてその範囲内において矯正施設（刑務所）で処遇することを命じる「不定期刑」の言渡しを受けたり（少年法52条）、罰金を言い渡されても払わない場合に労役場に留置するという換刑処分を受けることはなく（少年法54条）、刑務所に収容された場合でも仮釈放の適用について20歳以上の者とは違う取扱いが認められたり（少年法58条）、また仮釈放の適用についても特別の扱いがあり（刑法28条に対して、少年法57条）、無期刑の言渡しを受けて仮釈放によって刑務所から出所した後でも、20歳以上の者とは異なり、仮釈放の処分が取り消されなくて10年を経過したときは、刑の執行が終わったものとするという特別な扱いがされています（少年法59条）。また、人の資格に関する規定も、特別の扱いがされています（少年法60条）。

　また当然、非行少年の範囲も、罪を犯した場合だけではなく、ぐ犯事由があって、犯罪を行うおそれがある場合（ぐ犯性がある場合）にも少年法上の保護処分の対象とされます。さらに、少年のとき犯した罪により公判を提起された場合であっても、氏名、年齢、職業、住所、容ぼう等により当該事件の本人であることを推知することができるような記事又は写真を新聞紙その他の出版物に掲載してはならないとする「推知報道の禁止」（少年法61条）の適用を受けています。

　18・19歳の少年がこのような扱いを受けるのは、この年齢層の少年が20歳に満たない未成年者として、権利を付与されていないだけではなく、社会生活上の取引に関与する資格も能力もないからという理由によるのでしょうか。そのような消極的な理由ではなく、むしろ刑罰のもつ「劇薬」のような作用や社会的差別につながる不健全な効果を考慮して、犯罪を行っても、立直りの可能性が高く、適切な援助や社会的保護の手を差し伸べれば、多様な可能性のある存在として自己実現する道を閉ざさないという考え方に基づくのではないでしょうか。そのような基本的な姿勢をとることは、少年法1条が「少年の健全な育成を期し、非行のある少年に対して性格の矯正及び環境の調整に関する保護処分を行うとともに、少年の刑事事件について特例の措置を講ずることを目的とする」と宣言していることによく示されています。

　またこの基本的な考え方は、18・19歳の少年を「特定少年」として扱おうとす

る改正法でも、継承されているはずであり、その要綱が「可塑性のある者」と位置付けているところからも明らかです。問題は、このような基本的な軸（目的規定に掲げる原則）に手を付けることなく、中身において少年法の「脇道」である刑事処分の可能性を広げ、少年に対する「刑事事件の特例の措置」を大幅に削減する点にあります。

Q 8
18・19 歳の少年は、ほかの法律では、どう扱われるのですか。

A 8

まず、今回の改正のきっかけとなった3つの分野を見てましょう。

第1は、国民投票法です。これは正式には「日本国憲法の改正手続きに関する法律」といい、憲法98条の規定により、国会の発議による憲法改正について、「特別の国民投票又は国会の定める選挙の際行われる投票において、その過半数の賛成を必要とする」という規定を受けて2007年に制定されました（平成19年法律51号）。その4条に「日本国民で年齢満18歳以上の者は、国民投票の投票権を有する」とされました。ところがこのままでは、憲法98条にいう「国会の定める選挙に際し投票が行われる場合」には、選挙権が与えられるのは当時は満20歳以上であったため、ずれがあり、これをカバーするため、この法律の附則に「国民投票の投票権を有する者の年齢と選挙権を有する者の年齢との均衡等を勘案し、公職選挙法、民法その他の法令の規定について検討を加え、必要な法制上の措置を講ずるものとする。」とされました。そこで、憲法の規定から見ると、公職選挙法の改正は、まさに調整の必要な領域であることはわかります。でも、民法やその他の法令は、そのような必然的な関係がすぐには見当たりませんので、疑問符が付きます。

第2は、公職選挙法の改正です。2016年に公職選挙法は改正され（平成28年法律49号）、「日本国民で年齢満18歳の者は、衆議院議員及び参議院議員の選挙権は有する」（9条1項）とされ、選挙区ごとに「その属する地方自治体の議会の議員及び長の選挙権を有する」とされました（9条2項）。

ところが、第3の民法改正は、この2つほど単純ではありません。民法は、経済取引に関する基本法であるだけでなく、家族法や相続法など、家族関係についての基本的な法律であって、一筋縄ではいきません。たとえば、民法では、年齢満20歳をもって成年とするという規定（民法4条）があり、20歳に満たない未成

年者は、契約を結ぶなどの法律行為をするには、その法定代理人の同意が必要となり（5条1項）、法定代理人（多くの場合は親権をもっている両親）が同意していない場合には、取り消せるという規定があります（同条2項）。そうなると、たとえばメルカリによる物品の販売や購入にあたって、取引の相手方が未成年者であるかどうかを確かめたり、未成年者である場合には法定代理人が同意しているかどうかを確かめたりしなければならなくなります。これを怠ると、未成年者についてはいつでも取引を取り消すことができ、その反面、相手方になった人は不安定な地位に置かれることになります。このことが円満な経済的取引の障害になると感じられるわけです。また、家族法でも、民法の成年規定が当てはまり、親権をもつ親（通常は両親）による監護教育の対象となるのは、18歳に満たない者に限るということになります（民法818条・820条）。

　しかし、これと少年法の適用年齢をどうするのかという問題とは直接的なつながりはありません。少年法の保護処分は、未成年者に対する親権者の監護教育の権利の代わりに、国家が、いわば親代わりとなって、監護教育や懲戒を行うものだという考え方から、18・19歳が民法で未成年ではなくなれば、親権も消滅するので、少年法の適用はなくなるという理由を挙げて、保護処分に付する根拠もなくなるという意見が一部で主張されました。しかし、そうだとすると、検察官が公訴の提起をしない場合に家庭裁判所に送致して保護観察所の保護観察や（少年院に類似した）施設に収容する処分を課する根拠もないことになります。

　またそもそも、経済取引における権利や選挙権の行使は、18歳が独立して社会的な活動を行うことを積極的に認めることによって、円滑な経済的社会的な関係を増進することに着目したものです。それに対して、少年法や刑法は、社会的な規範に反しないで行動する能力が必ずしも十分でないために（未成熟さのゆえ）違法な行為を行う者に社会規範に違反しないで行動するように国家が介入する制度を前提としています。そもそも少年法や刑法を適用する根拠となる考え方とは異なるわけです。その意味では、20歳に満たない者について、飲酒や喫煙を禁止したり、ギャンブルを行うことを規制したりする根拠と通じるところがあり、少年法だけの適用年齢を引き下げるのは、均衡がとれません。

Q9
18・19歳の少年による犯罪は増え、それは悪質化していますか。

A 9

『犯罪白書』によると、非行少年の処理件数は、1983年をピークとして減少に転じ、その後は年々減少しています。18・19歳の犯罪少年とぐ犯少年も同じ傾向にあります。

法制審議会では、「18歳及び19歳の少年並びに20歳及び21歳の成人の処分状況（平成30年）」が検討されましたが、これによると、18・19歳の少年で刑法犯（交通業過を除く）として警察に認知された人数は7,287人であり、そのうち25.7％が軽微な犯罪であるとして簡易送致され、それ以外の74.3％が家庭裁判所に送致されました。また、家庭裁判所において終局処分がされた人数は8,859人であり、そのうち36.3％が審判不開始、19.8％が不処分となり、保護処分は43.9％にすぎません。しかも、31.1％は保護観察に付され、少年院送致は11.6％であり、刑事処分相当として検察官に送致されたのは106人（1.2％）でした。検察官が公判請求したのは66人であり、そのうち懲役の実刑は12人（18.2％）、保護観察付執行猶予は3人（4.5％）、執行猶予は41人（62.1％）という内訳になり、禁錮は実刑・執行猶予を含めても6人（9.1％）、罰金が3人（4.5％）でした。

他方、20・21歳のものは、刑法犯（交通業過を除く）として警察が認知したものは総数で9,030人ですが、警察限りで微罪処分となった3,103人を除くと、検察官に送致された人は5,927人（65.6％）です。公判請求された人は4,343人（31.6％）にとどまり、略式命令（1,868人）、起訴猶予（6,299人）、その他（1,236人）です。また公判請求された2,289人のうち、懲役の実刑は315人（13．8％）、保護観察付執行猶予（228人）・執行猶予（1,438人で62．8％）であり、禁錮は実刑（6人）・保護観察付執行猶予（2人）・執行猶予（113人）、罰金は74人（3.2％）でした。

これらの数字から考えると、18・19歳と同様に20・21歳にも同じような犯罪傾向があると見れてとれます。つまり18・19歳の罪を犯したと警察が認知した人は、ほとんどの場合、家庭裁判所での調査や審判の過程で処遇が決まり、刑事処分が相当であるとして検察官に送致される人は100人に1人ないし2人という割合です。また、刑事裁判所に公判提起されたケースでは、18・19歳と20・21歳とでは総数がかなり違います（66人対2,289人）が、刑事処分の内容を比べると、いずれの年齢層でも実刑（懲役・禁錮を問わず）の割合は少なく、18・19歳で20％程度（懲役の実刑12人、禁錮の実刑1人）であり、20・21歳で（懲役の実刑315人、禁錮の実刑はゼロ）14％程度であり、保護観察付の執行猶予

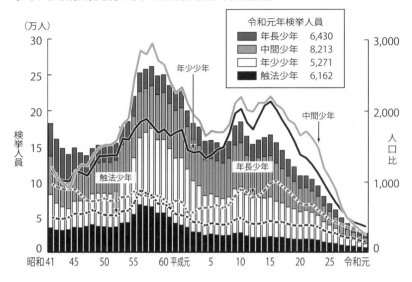

少年による刑法犯 検挙人員・人口比の推移（年齢層別）

（万人）

令和元年検挙人員	
年長少年	6,430
中間少年	8,213
年少少年	5,271
触法少年	6,162

注1　警察庁の統計、警察庁交通局の資料及び総務省統計局の人口資料による。
　2　犯行時の年齢による。ただし、検挙時に20歳以上であった者を除く。
　3　平成14年から26年は、危険運転致死傷を含む。
　4　「人口比」は、各年齢層の少年10万人あたりの刑法犯検挙（補導）人員である。なお、触法少年の人口比算出に用いた人口は、10歳以上14歳未満の人口である。

出典：「令和2年版 犯罪白書」

や単純執行猶予を受けた人は、18・19歳で（懲役の場合が44人、禁錮の場合が5人）75％程度となり、20・21歳で（懲役の場合が一部執行猶予のケースも含めて1,571人、禁錮の場合が115人）75％程度でした。もちろん、犯罪の結果の重大性や犯罪態様の深刻さ、共犯事件の場合での役割の程度や責任の程度など、量刑を決める事情は均一ではありません。また20・21歳の人に比べて18・19歳の人に可塑性がより多く認められるケースが含まれるとしても、全体として刑事事件の動向や刑事処分の趨勢は、同じような状態にあります。かりに18・19歳の罪を犯した人が、すべて検察官の裁量によって公判請求をされても、おそらく6割から7割のケースは、実刑ではなく、執行を猶予されると予想されます。さらに公判を請求することなく、起訴猶予として処理されるケースも数多くあるでしょう。

　こうみると、現行の制度は、18・19歳の罪を犯した人に対して、格別に重大な

犯罪についてはすでに刑事処分として扱われており、それ以外は、家庭裁判所での調査・審判を通じて適切にふるいわけられ、要保護性に応じた相当な対応がなされ、多くの場合は審判不開始ないしは不処分として処理され、要保護性が高い場合にはじめて、保護処分の対象となります。しかも多くの場合は保護観察に付されています。少年院に送致されるケースは、よほどの事情がある場合に限られるとみてもよいでしょう。

このような状態にあるからこそ、少年事件を扱っているプロたち（家裁調査官、鑑別技官、法務教官、保護観察官や家庭裁判所裁判官など）は、少年法は上手に運用されているとして、太鼓判を押しているのです。

Q10
18・19 歳の非行少年は、刑務所でどのような取扱いを受けているのですか。また、刑務所と少年院との違いはどこにあるのですか。

A10
現行法では、非行少年のうち、検察官に送致されて刑事裁判所に公判の提起をされて、有罪とされる場合、罰金や科料などの金銭刑（刑法 15 条・17 条）ではなく、また拘留という 30 日未満の自由刑（刑法 16 条）でもなく、懲役又は禁錮の刑を言い渡された者が刑事施設（刑務所）に収容されます。少年は、受刑者として刑事施設に収容される場合にも、成人と分離して収容され（少年法 49 条 3 項）、少年刑務所に収容されることもありますが、一般の刑務所に収容されることが多々見られます。刑事施設に収容される者（被収容者）は、犯罪性が進んでいるかいないかによって収容される施設が異なり、処遇内容も異なります。また、心身の故障や障害がある者は、別途、処遇施設や処遇内容が異なります。

少年刑務所は、函館、盛岡、川越、松本、姫路、佐賀に 6 施設あり、すべて男子のみを収容し、女子は、札幌、福島、栃木、豊橋、笠松、和歌山、加古川、岩国、美祢、西条、麓に女子収容施設が 11 施設あり、ここに未成年の受刑者も収容されます。

少年刑務所や女子刑務所では、刑事施設収容及び被収容者処遇法にもとづいて、収容の確保とともに、日常の起居動作、刑法で定めている懲役については作業の実施が中心となって、処遇を受けることになります。一部には、学校教育の補充をするために中学校レベルの教科教育が行われ、最近では、高等学校レベルの教科教育も行われるようになってきました。また、作業として課されるもの

も、CAPICの製品として販売される生産作業（たとえば函館刑務所の「函館監獄」のブランド名で有名な布製品）だけではなく、外部の企業からの受注に応じて土産物や紙袋、電気製品の部品、縫製作業などの生産作業が行われ、さらに刑事施設の食事の調理や配膳、修繕や清掃などの営繕、洗濯、図書の整理・管理などを担当する経理作業などに従事することがあります。これ以外に、自動車の修理や配管、電気工事、特殊車両の運転などの資格に関わる職業訓練が行われ、また特別改善指導として、暴力団からの離脱指導や薬物中毒の指導、性犯罪者に対する認知療法、被害者の視点を取り入れた指導によって内省を深めるための働きかけなども行われています。

　少年刑務所と少年院との処遇の違いは、大きく見て、2つあります。1つは、少年刑務所は刑罰を執行するところで、刑務作業を中心とする日課が義務付けられます。すなわち、刑法12条にもとづく懲役刑（2項「懲役は、刑事施設に拘置して所定の作業を行わせる。」）と同13条にもとづく禁錮刑（2項「禁錮は、刑事施設に拘置する。」）と刑事収容施設及び被収容者等の処遇に関する法律3条（刑事施設は、次に掲げる者を収容し、これらの者に対し必要な処遇を行う施設とする。1号「懲役、禁錮又は拘留の刑の執行のため拘置される者」）により、同法30条に定める処遇の原則（「受刑者の処遇は、その者の資質及び環境に応じ、その自覚に訴え、改善更生の意欲の喚起及び社会清潔に適応する能力の育成を図ることを旨として行うものとする。」）によって運営されます。また、単独収容が原則です（同法37条2項）が、実際にはほとんどの受刑者は4〜8名程度の共同室に収容され、週日の昼間に工場に出役するほか、運動や入浴、面会などを除いて、屋内で過ごします（同法37条1項）。最近では、刑務所でも一般改善指導のほか特別改善指導など、プログラムによっては独自の考え方で施設収容をとらえているところもあります。このような特別改善指導の対象となる場合には単独室に収容される例が多いようです。これに対して、少年院は、少年を収容し、矯正教育をすることで、在院者の「特性に応じた適切な矯正教育その他の在院者の健全な育成に資する処遇を行うことにより、在院者の改善更生及び社会復帰を図ることを目的として」(少年院法1条)、矯正教育を中心に実施され、そのために適切な規模の集団に編成して実施されることになっています（同法37条・38条）。

　2つ目は、これと関連して、少年院では、在院者に対して個別的な矯正教育プログラムがつくられ、法務教官との1対1の関係が築かれて、深く内面に立ち入るような「指導」が行われます。少年刑務所では、基本的には人格的な面で完成した主体（その意味で、内心の自由を享受する主体）に対する処遇のやり方とし

ては、ある意味、当然ですが、指導は抑制的であり、内面に立ち入るような指導も行われていません。改正法では、個別処遇計画をつくることが予定されています。誤解してほしくないのですが、刑務所にも少年院にも、それぞれの役割があり、役割の違いに応じて組織・運営されていることです。

Q11

18・19歳の非行少年は、少年院でどのような取扱いを受けているのですか。また、改正でどのような変化がありますか。

A11

　現行の少年院法は、4種類の少年院を定め、18・19歳の非行少年は、心身に著しい障害がない場合は、その犯罪的傾向の程度に応じて、第1種か第2種の少年院に収容されます。また、今回の改正では、「特定少年」について、少年院に収容する場合として、①3年の期間に家庭裁判所が決定する場合と②2年の期間の保護観察に付すが、遵守事項を守らない場合に1年以下の期間少年院に収容できると決定する場合があります。このような保護観察に付されている少年（②の場合）を収容する少年院は、第5種少年院とされました。

　少年院は、少年刑務所に比べると、小規模の収容施設であり、外界とを区切る高い塀（基準では高さ5メートル）もなく、寮と呼ばれる共同室と教室を中心に建物が配置されています。寮と教室を中心として生活時間を送るようにしつらえられ、矯正教育を実施するという目的にそって設計され運用されている施設です。在院者は、起床から就寝まで決められた日課に従い、矯正教育として、集団生活をしながら、生活指導や職業指導、教科指導、体育指導のほか、特別活動指導などを受けます（少年院法23条〜29条）。さらに大事なことは、スタッフの役割や立場、モラールは、刑務所とまったく異なります。すなわち、それぞれの少年院は、施設の長のもとに処遇を担当する法務教官が中心となって運営されます。他方、刑務所は拘禁の確保を主たる目的におき、作業に従事させる懲役刑のために、建物の配置や生活時間の管理（起床から就寝までに、作業を中心とした日課がある）が行われます。かなり大きな数の収容者を少ない矯正職員によって管理・指導するので、個別的な処遇計画があっても、内面に立ち入るような「教育的指導」はできず、心情の安定に資する「相談」「アドバイス」にとどまります。工場での作業にあたっては「担当」職員がつく場合でも、個別的な指導を行うわけではありません。

とりわけ、被害者感情を考慮した処遇では、その実施方法にいろいろな制約があり、なかなか難しいのです。少年院の「被害者の視点を取り入れた教育」は、必要があれば、個室処遇で集中的に考えさせられますし、面接、課題作文、被害者に関する読書指導、VTR視聴など、きめ細かく教官が指導できます。他方、収容者の減少によって、集団編成が難しくなり被害者の視点に立った処遇プログラムの実施にも障害がみえるようになりました。刑務所では、法務教官が配置されるようになって、一般改善指導、特別改善指導を担当します。仮釈放の評価にも繋がるというので収容者も熱心に取り組むという変化も見られます。

　また第5部「一言メッセージ集」で、元少年院長が述べているように、少年院ではさまざまな機会に、生活をかえりみたり、将来の希望を述べたり、身の回りの気づきを記録したりします。そのために日記・作文を書くわけですが、法務教官がそれを読んでコメントをつけたりしながら、交流することがあり、その片言隻句が「珠玉のことば」として、出院後も記憶され、絆をつくり、立直りの「応援歌」として活用されることもあります。たとえ、少年刑務所において、少年院と同じレベルの個別教育計画が実施されることがあっても、これと同じことが、職員の人的な構成も異なり、風土も違い、経験の蓄積も乏しい中で、実現すると想定することは難しいと思われます。かりに同じことができるとしたら、あえて少年院を少年刑務所に改組したり、職員（法務教官）を刑務所に配置換えしたりするよりも、少年院を存置する方が、はるかに経済合理性も社会的相当性も法的正当性もあると思われます。

　今回の改正で問題になるのは、「特定少年」に対する少年院収容を3年以下とし、期間の延長を認めない点にあるという指摘があります。現在、収容継続は、5年間の統計を見ると、年平均で607人です。主として、20歳以上の少年について院長権限によって収容期間が入院から1年が過ぎた場合に、収容継続が行われます。ほかに少数ですが、裁判官が定めた期間が過ぎたときに申請がなされます。年間600人も、当初の収容期間を見直す例があるにもかかわらず、改正ではその点の柔軟さが失われるおそれがあります。また、今回の改正は、細部の整合性を考えることに急なあまり（ぐ犯をなしにし、罰金以下は6月の保護観察のみとするなど）、少年法の肝心なところを変えようとしています。家裁調査官による調査や鑑別技官による鑑別をないがしろにし、少年院の矯正教育に大きな影響を及ぼすものです。

Q12

18・19歳の非行少年は、保護観察でどのような扱いを受けているのですか。

A12

保護観察は、保護観察所が担当しています。全国47の都道府県にある地方裁判所ごとに1か所ずつ50か所（本庁のほか33の駐在官事務所や支部）設置され、国家公務員である保護観察官（約1,000人）と民間のボランティアである保護司（約4万8,000人）とが協力して実施しています。

少年に対する保護観察は2種類あります。1つは保護処分として保護観察に付された場合（更生保護法48条1項による「保護観察処分少年」。約4万1,000人）、これをプロベーションと言います。もう1つは、少年院を仮退院して保護観察に付される場合（同法48条第2号による「少年院仮退院者」。約8,000人）です。これをパロールと言います。

保護観察は、少年院に収容されて矯正教育を受けるのと異なり、社会内で生活を送りながら、立直りのために保護観察官や保護司の支援や指導を受けるもので、社会内処遇と呼ばれています。

保護観察に付されると、保護観察官から、まず居所の指定を受けて、保護観察中に守るべき事項（一般遵守事項と特別遵守事項）を告げられ、誓約書を書きます。

一般遵守事項は、保護観察に付された人に共通する事項を課されます（同法50条）。すなわち、健全な生活態度を保持し（1号）、保護観察官や保護司による指導監督を誠実に受け、保護観察官や保護司の呼出しや訪問に応じ、面接を受け、労働・通学の状況、収入・支出の状況、家庭環境、交友関係その他の生活の実態を明らかにするよう求められたときに事実を申告し、資料を提示し（2号）、住居を定めて届出をして（3号）、届出た住居に居住し（4号）、転居や7日以上の旅行には、あらかじめ、保護観察所の長の許可を受ける（5号）という指導を受けます。

さらに、特別遵守事項（同法51条）として、「犯罪性のある者との交際、いかがわしい場所への出入り、遊興による浪費、過度の飲酒その他の犯罪又は非行に結び付くおそれのある特定の行動をしないこと（1号）、「労働に従事し、通学し、その他健全な生活態度を保持するために必要と認められる特定の行動を実行し、継続すること」（2号）、「7日未満の旅行、離職、身分関係の異動その他の指導

監督を行うため事前に把握しておくことが特に重要と認められる生活上又は身分上の特定の事項について、緊急の場合を除き、あらかじめ、保護観察官又は保護司に申告すること」（3号）、「特定の犯罪的傾向を改善するための体系化された手順による処遇を受けること」（4号）、「法務大臣が指定する施設など改善更生のために適当と認められる特定の場所に一定の期間宿泊して指導監督を受けること」（5号）、「善良な社会の一員としての意識の涵養及び規範意識の向上に資する地域社会の利益の増進に寄与する社会的活動を一定の時間行うこと」（6号）、その他指導監督を行うため特に必要な事項を具体的に定めて遵守することを求められます（7号）。

そのため、定期的に担当の保護司と面会することが求められます。

また、保護観察所の長は、保護観察対象者の改善更生に資する生活又は行動の指針（生活行動指針）を定めることができ、これに即して生活し、及び行動するよう努めなければならないとされます（同法56条）。

保護観察所の長は前項の指導監督を適切に行うため、特に必要があると認めるときは、保護観察対象者に対し、当該指導監督に適した宿泊場所を供与することができます。

保護観察処分少年が、これらの遵守事項に違反しても、態度を改めことなく、少年法3条1項3号にあたる事由（ぐ犯事由）があると認められる場合には、保護観察所の長が家庭裁判所に通告して、家庭裁判所においてあらためて審判を開始し、保護処分に付することがあり得ます。この場合、対象者がすでに少年法の対象年齢を超えている場合であっても、20歳に満たない者とみなされて、保護処分が課されることになります（同法68条）。

他方、仮退院少年についても、これらの遵守事項を遵守しなかった場合には、少年院に戻し収容されることがあります（同法71条）。

Q13
改正案では、18・19歳の非行少年に対する「新しい処分」としてどのような提案がなされたのですか。

A13
今回の改正法には、18・19歳の非行少年に対して、目新しいものはなく、「新しい処分」と言えるものはありません。

6月の保護観察と2年の保護観察のほか、3年以下の少年院収容が予定され

ています。ここでは、改正法の背景を理解していただくため、その前の段階にあたる法制審議会の専門部会での提案を検討しておきます。

　法制審議会の少年法・刑事法（少年年齢・犯罪者処遇関係）部会では、少年法の適用年齢を18歳未満に引き下げることを前提として、ぐ犯の場合には一切関与しないとしつつ、主たる手続の流れ（本流）として、基本的には罪を犯した場合に、事案の重大さに応じて、公判を提起する場合を想定していました。ところが、「訴追を必要としないため公訴を提起しないとされたものについて」は、支流として、家庭裁判所に送致し、家庭裁判所が、事件について調査しなければならないとして、その上で、必要な場合に少年鑑別所の長に鑑別を求めることができるとしました。最終的には、保護観察所の保護観察に付すること（A案）か、あるいは保護観察所の保護観察に付するだけではなく、場合によっては施設収容をすることができること（B案）を検討していました[2]。

　また別案として、さらに2つの案（甲案と乙案）に整理して検討を加えていたことも明らかになっています[3]。このうち甲案は、犯罪の嫌疑があるものと思われるときに、検察官が公訴を提起する場合以外には必ず家庭裁判所に送致しなければならないとし（検察官先議＋家裁送致）、家庭裁判所は、刑事処分を相当と認めるときは検察官への送致決定をするとした、あるいは一定の事件であって原則として検察官への送致決定をするものであり、さらに不処分決定をする場合を除いて、行為責任の範囲内で、保護観察所の保護観察に付すること若しくは施設収容することを決定するとするものでした。

　他方、乙案は、検察官はすべての案件を家庭裁判所に送致して（家裁への全件送致）、家庭裁判所において、終局処分として、検察官送致決定をしたり（逆送）、不処分決定をしたり、処分決定として、甲案と同じく、保護観察所の保護観察に付したり、施設収容することを決定するとするものでした。

　要するに、甲案も乙案も、少年法の適用年齢を18歳未満に引き下げた上でなお、家庭裁判所による「新しい処分」（中身は保護観察所の保護観察か施設収容かの二択）を必要としました。甲案は、検察官による公判の提起を除いたものについてのみ家裁に送致する制度を構想し、乙案は、家裁への全件送致を維持しつつ検察官送致の余地を認めるという違いがあるというものでした。

　注目すべきは、関連する事項として、①不定期刑、②換刑処分の禁止、③仮釈

2　法制審議会少年法・刑事法（少年年齢・犯罪者処遇関係）部会第23回会議配布資料34「検討のための素案（改訂版）」（2019年12月25日）12〜17頁。
3　同上資料18〜21頁。

放に関する特則、④推知報道、⑤勾留の特則、⑥取扱いの分離、⑦執行の分離、⑧資格制限に関する特則など、現行少年法上の少年に関する「特則」をどうするかという論点でした。検察官先議を認める甲案は、これらの「特則」をすべて設けないものとして、18・19歳の罪を犯した者について、現行法の20歳以上の者の場合と同じ扱いをする考え方を、当然のようにとりました。これに対して、乙案は、現行少年法と同じく、家裁への全件送致を維持しつつ、さらに少年について認められている「特則」をすべて設けるという考え方をとるものでした。

　結局、別案としてまとめられたもののうち、甲案は、18・19歳の罪を犯した場合について、少年法の適用を否定しつつ、（例外的に）検察官が公判を提起しない場合であってもなお家庭裁判所に送致するものでした。さらに（落穂ひろいのように）検察官に送致する場合も含みつつ、行為責任の範囲内において、保護観察所の保護観察あるいは（おそらく少年院類似の）施設への収容を「新しい処分」として構想するものでした。その意味では、18歳未満の少年に対する少年法上の「特例」は適用しないというのが「筋」が通っています。しかし、18・19歳の「若年者」に対する制裁として、刑事処分に純化するのではなく、なお現行少年法の保護処分に類似した「新しい処分」を新設する点において、制裁の網を広げる（ネットワイドニング）という「総合的な治安対策」をめざすものと批判を甘受せざるを得なかったわけです。

　乙案は、これに対抗する内容をもち、18・19歳の罪を犯した「若年者」について、現行少年法の扱いをできる限り維持しようとするものでした。それでも、少年法の適用年齢を18歳に満たない者に限るとすれば、18・19歳へのネットワイドニングの意味は否定できません。他方、18・19歳について現行少年法の「ぐ犯」に対する保護処分（少年法3条1項3号）を除外する点において、疑問はぬぐえませんでした。

Q14

**　現行法では、少年は成人になっても資格制限規定が適用されませんが、改正案では、18・19歳の少年に適用されます。それはどのような影響を少年に与えますか。**

A14

　刑罰を科せられた経歴があると、一定の資格が必要な職業に就くことができません。たとえば、弁護士法は、弁護士の欠格事由として、禁錮以上の刑に処せら

れた者を挙げています（弁護士法7条1号）。公職選挙法は、選挙権および被選挙権を有しない者として、「禁錮以上の刑に処せられその執行を終わるまでの者」と「禁錮以上の刑に処せられその執行を受けることがなくなるまでの者（刑の執行猶予中の者を除く）」を挙げています（公職選挙法11条1項2号・3号）。

　資格制限は、このように、資格に関わる個別の法律によって定められています。少し整理すると、資格に応じて資格制限される場合が異なります。

　まず、罰金以上の刑に処せられると資格を取得できず、持っている資格が剥奪されるものには、医師、保健師、助産師、看護師、准看護師、薬剤師、歯科医師、歯科衛生士、獣医師、栄養士、管理栄養士、調理師などがあります。

　次に、禁錮以上の刑によって資格制限を受ける職は、国家公務員、地方公務員、学校の教師のほか、一定の期間が経過することによって資格制限が解除されるもの（カッコ内に期間を示した）として、保育士（2年）、公認会計士（3年又は5年）、司法書士（3年）、行政書士（3年）、社会保険労務士（3年）、社会福祉士・介護福祉士（2年）、土地家屋調査士（2年）、警備業者・警備員（5年）、貸金業者（5年）などがあります。

　現行少年法は、「少年のとき犯した罪により刑に処せられてその執行を受け終り、又は執行の免除を受けた者は、人の資格に関する法令の適用については、将来に向って刑の言渡を受けなかつたものとみなす」（少年法60条1項）としているものがあるほか、さらに、「少年のとき犯した罪について刑に処せられた者で刑の執行猶予の言渡を受けた者は、その猶予期間中、刑の執行を受け終ったものとみなして、前項の規定を適用する」（同法60条第2項）としているものもあります。

　このように少年法が、好意的な取扱いを認めているのは、社会的に有用な職業活動には、一定の職業資格が定められていて、その職業に必要な技量とともに社会の信用にこたえられるような資質や心構えが必要であるという制度になっていることを考慮したものです。これを踏まえた上で、刑事責任を果たした場合には、職業活動の制限を緩和することによって、社会復帰を容易にし、かつ、社会に積極的に参加する道を閉ざさないという配慮があるわけです。

　そこで、18・19歳の「特定少年」については、18歳未満の少年に比べても、社会に出て自立して生活を立てていかなければ、社会復帰は難しいわけですから、社会活動の幅を狭めるような仕組みは、できる限り少ない方がよいことは、わかりきったことです。資格制限は、このようなリハビリテーションやリカバリーの可能性を閉ざすもので、その資格にふさわしい技量やモラールをもった人を刑事処分の前歴があるということだけで排除することは、憲法で禁止されている「不合理

な差別」に当たるとも考えられます。かりに百歩譲って、このような資格制限が違憲ではなく、社会的な合理性のある仕組みだとしても、青雲の志をもってチャレンジしようとする18・19歳の「特定少年」に対して、ダメ人間であるかのような烙印を押すことことは、無益な足かせをはめるものです。刑事処分を受けた人の改善更生にとってマイナスといわなければなりません。このような資格制限が法的に決められていない職業についても、社会的なタブーとして忌避したり、排除したりするのが当然のように扱われることになります。「だれ一人取り残さない（No One Left Behind）」というモットーを高く掲げる国連の「持続的開発目標（SDGs）」に照らしても、この資格制限の問題は、大いに改善の余地があるものと言えます。

Q15
少年法は非行少年の立直りのためにいろいろな措置を用意していますが、具体的にはどのような支援がありますか。

A15
　非行少年の立直りのプロセスは、実は、よくわかりません。行動科学という学問研究の方法を使って、立直りのプロセスについて全体的な傾向を調べたり、成功例と失敗例を対比し、その要因となるものを測定したり推理したりして、社会における行動の類型やモデルを追究することも、大きな規模での資源の配分や人的配置を設計するためには大事です。しかし、非行少年にとってその立直りの成功をめざすには、「臨床的な方法」という試験的・探索的な方法による方がよいでしょう。具体的な事例に即して考えるには、第4部の「座談会／少年院出院者は語る」が参考になります。ここでは少年法が予定しているプログラムを紹介しましょう。

　少年法は、非行少年に対して、性格の矯正と環境の調整という2つの方法を駆使して少年の立直りを実現し、ひいては少年の健全育成を実現するという考え方に立っています。

　そこで家庭裁判所は、少年事件を送致されると、家庭裁判所調査官に「調査」を命じます（少年法8条）。調査は、対象となる少年だけでなく、保護者や少年に関わりのある人（参考人）にも及びます。調査の範囲はかなり広く、「少年、保護者又は関係人の行状、経歴、素質、環境等について、医学、心理学、教育学、社会学、その他の専門的知識を活用する」ことが求められます。しかも「少年鑑別所の鑑別の結果を活用する」ことが奨励されています。要するに、この調査の過程でも、単に事実を調べるだけではなく、非行の背景となる事情や少年を含む関

係者の心理的な特性や行状、相互の人間的な結びつきや認識の内容なども調べるわけです。またそのような調査と同時に、立直りに向けた働きかけが行われるのが普通です。少年が自己認知を深めれば、立直りの可能性が増すこともありますので、家裁調査官による調査でも支援にプラスになるような働きかけは可能です。

とくに必要な場合には、家庭裁判所が調査官に「観察」を命じることがあります（少年法25条）。これは試験観察とよばれますが、この中にも、遵守事項を定めて履行を命じたり、条件を付けて保護者に引き渡したり（同条2項1号・2号）するだけでなく、6か月くらいの期間を設けて、適当な施設、団体又は個人に補導を委託することもできます（同項3号）。こうした補導委託などを通じて、民間篤志家や福祉施設などの支援を受けることができます。

また、観護の措置として少年鑑別所に収容される場合（少年法17条1項2号）でも、資質の鑑別と呼ばれるさまざまな検査を受ける中で、自己認知が深まり、立直りのきっかけとなることもあります。

次に保護処分として、保護観察所の保護観察を受ける場合と少年院に収容される場合とがあります（少年法24条1項1号・2号）。保護観察の場合でも、保護観察官あるいは保護司の援助を受けて、就業先を紹介されたり、生活指導を受けたり、あるいは居住環境の調整などを通じて、立直りの支援を受けることができます。

さらに、少年院に収容されると、個人別の矯正教育プログラムが編成されて、法務教官の指導のもと、適切な規模の集団を編成されて、寮と呼ばれる共同室で起居をともにしながら、さまざまな矯正教育のプログラムに参加します。教科教育を受けたり、生活指導を受けたり、心理的なアドバイスを受けたり、内省を深めて、退院後の生活に備えた指導を受けながら立直りの力を蓄えることができます。

専門家の研究（参考文献①）によれば、少年非行の根っこには、自己疎外や家庭内での疎外があって、立直りにはこれに対処する必要があり、個別的な対応、相互的な関係の構築、継続的な支援が基本となります。刑事裁判や刑事施設ではこのような関係をつくったり対応を実施したりするのは困難ですが、家庭裁判所の保護手続や少年院での処遇や保護観察では可能となります。さらに、少年院の経験がある人たちの自助グループである「セカンドチャンス」は、有力な支えになると言われています。

【参考文献】
① 廣井いずみ『非行少年の立ち直り支援──「自己疎外・家庭内疎外」と「社会的排除」

からの回復』(金剛出版、2015 年)

② 岡田行雄『再非行少年を見捨てるな──試験観察からの再生を目指して』(現代人文社、2011 年)

③ 岡田行雄『非行少年のためにつながろう!──少年事件における連携を考える』(現代人文社、2017 年)

Q16
少年法はそもそも何を目的にできたものですか。また、それを生かすにはどうしたらよいですか。

A16
　少年法は、非行に陥った少年が立直りのために、社会の援助を受けながら、自分の足で立ち、歩き、社会の人たちと共感を育てながら、生き直すことをめざす支えとなる法律です。非行少年が自らこんな法律が欲しいと思って、作り上げたものではありませんが、この法律を上手に運用することによって、大きな力を発揮し、自分を傷つけたり、他人を害したりするような「痛ましい人間関係」をプラスに転じて、世の中を明るくすることができます。

　少年法自体は、大人の都合でつくられたので、一見すると、わかりにくい仕組みになっていますが、その根本は、非行少年本位に利用することができるものです。

　そこで、視点を変えて、少年の立場から少年法がどう見えるのかという視点に立ってみると、見える景色も変わります。またこのような視点に立つと、今回の改正法がとても不可解で、グロテスクに見えてきます。

　そもそも子どもは、家族の中に生まれ、親や近親者あるいは地域社会の温かい愛情に包まれて、成長し、周りから生活のすべや自分のもって生まれた才能を伸ばします。学校教育や社会教育などを通じて、人間関係を広げ深め、相互に、かけがえのない人間として尊厳を認め合い、社会関係を洞察して、立振舞いや人間としての能力を高めることが、期待されています。ところが、人生には、ベストのシナリオだけではなく、試練や困難に出会い、くじけそうになるワースト・シナリオもあります。生まれたときから、過干渉やネグレクトに出会ったり、人間として扱ってくれない親にさいなまれたりすることもあります。災害や病気、事故、いじめ、犯罪など、平穏であるべき人生に波乱をもたらす出来事は数多くあります。

　そのような波乱に満ちた人生を生きていくために、社会にはりめぐらされた「糸」をつむいだり、縦糸と横糸とを組み合わせてネットワークをつくったり、既成のネッ

トワークを利用したりしながら「基本的人権」を保障され、「個人として尊重される」とともに、「生命、自由および幸福追求に対する権利」が最大の尊重を必要とする社会に、私たちは間違いなく生きています。ここが、現在の日本社会の出発点です。

　その上で、いま私たちは、どのような方向に進もうとしているのかを、確かめてみましょう。

　2020年9月16日に国会で内閣の首班に指名された菅義偉首相は、「自助、共助、公助と絆」が大事だと言いました。確かに自分のことは自分で解決し、自立して生きることは大切なことです。また家族の絆だけでなく、東日本大震災10年を経験して再確認されたように、地域社会での絆やほかの地方に暮らす人々の温かい支援や励ましは、自助だけでは解決できない問題に立ち向かう人々に勇気を与えてくれます。国境を超えた絆や国際機関からの支援も、地球的規模での「連帯＝絆」として役立てることができます。

　少年法もこのような社会の仕組みに位置づけ直してみると、非行に陥った少年の立直り支援の法的仕組みととらえることもできそうです。その際に、憲法や国際人権法、とりわけ子どもの権利条約（児童の権利に関する条約とも言います）にも視野を広げて、70年前に少年法がつくられた当時に比べても国際的な人権保障の仕組みが築かれたという法の進歩を踏まえる必要があります。すなわち、少年が個人の尊重を保障され、成長発達権をしっかり享受できるような方法を確認することが大事です。

　そう考えると、少年法の1条が「少年の健全な育成」を掲げ、家庭裁判所による保護手続を活用して、「少年の性格の矯正と環境の調整」を中心として運営することを基本としつつ、「審判は、懇切を旨として、和やかに行うとともに、非行のある少年に対し自己の非行について内省を促すものとしない」として、さらに審判を非公開としていることは、自立の支援を目的としたものだと考えることができます。とすれば、少年が一人の独立した法人格として少年法の規定を理解し、適切な説明や補助を受けながら、少年法の手続を理解して、非行を克服する条件が保障されることが必要になります。そのためには、少年法の規定そのものが少年によって理解可能な・平明でわかりやすいものであることも重要です。

　このように視点を転換してみると、今回の改正は、現状を改善するものではなく、むしろこのような方向に向かう道を狭めたり、閉ざしたりするものではないでしょうか。しかも、犯行時の年齢による場合と家庭裁判所や検察官などが判断する処分時の年齢による場合とが混在して規定されているので、一見するとふつう

の市民にはわかりにくい書き方をしています。なかなか気が付きにくいのですが、犯行時に18・19歳の「特定少年」だけに適用されると思うと、実は違うということです。つまり、犯行時に18歳未満であっても、処分時に18歳に達していれば、「特定少年」に適用される規定（たとえば、保護処分の特例や刑事処分の特例、特に推知報道の解除や資格制限など）が、18歳未満の少年にも適用されることになります。それだけでなく、たとえば犯行時17歳10か月など、際どい年齢の少年については、18歳になってしまうと、「特定少年」として扱われ、「保護処分の特例」として、不利な扱いを受ける可能性があります。処理を急ぐあまり、家庭裁判所での調査や少年鑑別所での鑑別など科学的な調査に時間をかける余裕がなくなり、要保護性を見極めて、その少年の立直りにふさわしい処遇決定をすることが難しくなってしまうという困った事態も生まれます。全体として、家庭裁判所における保護手続がぎくしゃくしたり、形式的で表面的な扱いになってしまったり、硬直化した運用に陥ってしまうおそれがあります。最高裁判所家庭局長は「法の趣旨に即して適切な運用に努めていく」と国会で述べて確言は避けました（2021年4月7日衆議院法務委員会）。保護手続がしっかり守られるために、弁護士付添人を含めた関係者の努力が、引き続き求められることになります。

第3部
18・19歳の少年事件事例集
立ち直った元少年たち

　今回の「改正」案の問題点を考えるために、家庭裁判所における現在の18・19歳の具体的事例をふまえることが理解しやすいと思われる。具体的事例は多い方が好ましいが、ここでは、「改正」案で対象外とされる18・19歳の虞犯（ぐ犯）事件、「改正」案で原則検送事件とされる強盗事件、特殊詐欺事件、放火事件の4事例を報告する。

　虞犯（ぐ犯）事件、強盗事件、特殊詐欺事件は、全司法労働組合少年法対策委員会が作成した『18・19歳の事件簿』から、全司法の了解を得て転載するものであり、放火事件については編集委員である伊藤が提供するものである。いずれの事例も、複数の事例を組み合わせる等の作業を行い、事例が特定されないように配慮している（なお、各事例へのコメントについては、法案審議の情勢に応じて一部加筆修正を行った）。

　現在の18・19歳の社会性の未熟さ、それに対して刑事司法による刑罰が適正なのか、再犯防止、特に若年成人の犯罪抑制に何が必要なのか等について、再認識していただければ幸いである。とりわけ、本事例で示されるような、家庭裁判所で実施される多様な教育的措置が「改正」案によって失われてしまう問題性を指摘しておきたい。　　　　　　　　　　　　　　（監修：伊藤由紀夫）

事例① 虞犯（ぐ犯）事件
補導委託により「新たな人間関係と居場所」ができた18歳女子Ａ子

1　生育・生活歴など——「自分はダメな人間だ」と思った

　　Ａ子は、地方出身で物静か、周囲が元気に話していると、それだけで臆してしまうタイプでした。背が高かったので、中高はバスケットボール部でしたが、いつも補欠。同級生男子と2人でカラオケに行ったことがある程度で、男女交際などは別世界のことでした。

　　成績がまずまずだったので、高校の紹介で都会の中堅企業に就職が決まり、卒業と同時に実家を離れ、会社の寮で暮らすことになりました。

　　会社での毎日は、Ａ子にとって大変でした。先輩に言われるままに仕事を覚え、自分ではきちんとやっているつもりでも大事な手順を忘れ、大きなミスをしたこともありました。そんな時は上司や先輩から優しく、次はミスしないようにと諭され、かえってＡ子は迷惑をかけてばかりで申し訳ない気持ちになり、「自分はダメな人間だ。」と思い込むようになりました。

　　同じ頃、やや派手な雰囲気の同期に、憂さ晴らしだと誘われ、生まれて初めてホストクラブに行きました。自分一人なら絶対に話しかけられないようなイケメンの男性にチヤホヤされ、最初は自分には似合わないという抵抗感を感じたものの、ホストの話術で次第に何が正しいのかわからなくなり、そのうち、ホストの一人を真剣に好きになってしまいました。相手もまんざらでもないようなことを言い、いつしかＡ子は彼の部屋に入り浸るようになりました。Ａ子は給料の大部分を男のために使い、内緒で風俗店のアルバイトをするようになりました。

　　そのうちに、朝起きられずに会社を無断欠勤するようになり、上司に叱られましたが、既に心ここにあらずの状態で、仕事にも身が入らなくなりました。

2 事件（逮捕）とその影響——相手の男が覚醒剤を

　相手の男がヤクザと関係していることがわかった頃、男の部屋に警察がやってきました。警察は家宅捜索令状を見せ、覚醒剤一袋を押収し、A子と男は逮捕されました。警察官はA子にも厳しく、覚醒剤使用を尋問しました。尋ねられたA子は、会社帰りに男の部屋を訪れたとき、独特のにおいがしたことがあり、あれは覚醒剤を炙って吸っていたのかもしれないし、おかしな味のカクテルを薦められ、気持ちが悪くなったこともあり、それも覚醒剤だったかもしれないといったことを思い出して、恐ろしくなってきました。

　会社には警察から連絡があったようで、面会に来た上司から、A子は覚醒剤取締法違反の嫌疑がかかったこともあり、試用期間を終了して不採用となったと聞かされました。また、会社から高校にも連絡があり、高校教諭から事情を聞かされた実家の両親はたいへん驚いて、A子は両親から「親子の縁を切る、面会や迎えにも行かないから、罪を償って真人間になれ。」との手紙を受け取りました。純朴・真面目な両親は受け止めきれないだろうと想像はしていたものの、A子は大きなショックを受けました。それは捕まってから一番ショックな出来事でした。

　A子は、覚醒剤使用・所持の嫌疑は不十分だったものの、帰る先がなくなってしまったこと、このまま釈放されるとまた悪い男のもとに行ってしまうかもしれないとの警察の判断で、「ぐ犯」（このままだと犯罪を犯すおそれがある）として、家庭裁判所に送致されることになりました。

　相手の男は覚醒剤取締法違反で公判請求になったと聞きましたが、警察官によれば執行猶予がつく程度で、それほど遠くない先に出てくるだろうとのことでした。A子は、もう悪い男にはだまされないと決意していましたが、戻って来た男と再会したらどうなってしまうだろうという不安がありました。

3 調査・審判経過——自分も一歩違っていたら……

　A子は、家庭裁判所に送致され、観護措置[1]となり、少年鑑別所に入りました。鑑別所の寮の担当職員も鑑別技官も、厳しいながら、A子の今後について親身に

1　家庭裁判所に送致された少年の審判を円滑に進めたり、少年の処分を適切に決めるための検査（心身鑑別）を行ったりすることなどが必要な場合に、少年を少年鑑別所に送致し、一定期間そこに収容すること。

なって考えてくれました。また、家裁調査官は、両親と連絡を取り、A子の生活実態や反省状況などを伝えてくれたようでした。話を聞いた両親はホッとしたものの、田舎では世間体もあってA子が実家に戻るのは難しいと考えていることを知りました。

　家裁調査官は、A子のこれまでについて、じっくり話を聞いてアドバイスをくれたほか、裁判官には試験観察[2]にしてはどうかと言ってくれていたようでした。また、家裁調査官は、実家近くにある家庭裁判所の支部まで出張し、両親と面接して話を聞いてくれたそうですが、両親は審判には行きたくないと言っていたようでした。そのほか、女性の付添人弁護士も選任され、頻繁に面会に来て、家裁調査官とは別の形で実家との調整を図ってくれました。

　A子は、鑑別所の職員から「反省が十分でないと、薬物教育などを行う女子少年院への収容決定を受けることもある。」と聞いていたので、自分がどうなるのか心配でしたが、審判の結果、裁判官は補導委託[3]による試験観察決定（中間決定）をしてくれました。

　A子は、審判終了後、付添人弁護士や家裁調査官と一緒に、補導委託先に向かいました。補導委託先は「自立援助ホーム」という、家庭に居場所がないなど、様々な事情で支援を受けられず、自立が難しい人の就労や生活を支えてくれる施設でした。審判当日に入所し、翌日、ホームの人と一緒に近くの蕎麦屋の就職面接を受けました。A子は、接客は苦手でしたが、そんなことばかり言っているから失敗したと思い直し、頑張って働きたいと思いました。A子は無事面接に合格、当初心配していた接客も次第に慣れ、常連のお客さんが顔を覚えて声をかけてくれると、嬉しくなりました。

　この間、家裁調査官と付添人弁護士が、A子の様子を実家に伝えてくれていました。ある日、両親が自立援助ホームを訪ねてきて、久しぶりの涙の対面となりました。両親は家庭裁判所で行われる、保護者に対する措置の一環であるプログラム（保護者会）への参加を家裁調査官から勧められていました。父はどうしても外せない都合があり、そのまま帰宅しましたが、母は1泊して、翌日のプログラム

2　少年の性格や環境等によって、直ちに少年に対する処分を決めることができない場合に、少年に対する最終的な処分を決めるために、少年を一定の期間家調査官の試験観察に付すことがある。家裁調査官が、少年に助言や指導を与えながら、少年が自分の問題点を改善していこうとしているかどうかといった視点で少年を観察し、この結果を踏まえて、少年に対する最終的な処分が決められる。

3　家庭裁判所が少年の最終的な処分を決める前に、民間のボランティアに少年をしばらくの間預け、少年に仕事や通学をさせながら、生活指導をしてもらう制度。

に参加しました。プログラムは保護者達が匿名で参加し、少年との関わり方などの悩みや経験を語り、共有するというものでした。母は、近隣の視線に脅えて冷静な判断ができなくなっていましたが、他の保護者の話を聞くうちに、そうした親の態度がA子を傷つけたことに思い至りました。

　A子の両親は、蕎麦屋の主人の知り合いの食堂が実家近くにあることを知り、事情を伝えた上でA子を雇ってくれるよう頼みました。両親の必死の説得もあり、食堂の経営者はA子の就職を了解してくれました。A子は試験観察終了後も、新たな「居場所」となった自立援助ホームと蕎麦屋で生活するつもりでしたが、両親がA子に涙ながらに謝ってくれ、就職先を探してくれたことを知って、地元に帰ろうと決めました。

　5か月後、最終審判があり、A子の試験観察は無事終了、A子は食堂に住み込みで就労し、定休日には実家で過ごすことになりました。自立援助ホームを出る日、付添人弁護士からA子の相手だったホストの話を聞きました。彼は執行猶予で社会に戻ったものの、ヤクザとの関係を変えることができず、すぐにまた覚醒剤の所持で捕まり、今度は実刑判決を受けたようです。A子にもう未練は残っていませんでした。そして、一歩間違ったら、自分もそうなっていたかもしれないとの自戒が深まりました。

【コメント】

　性風俗業への従事やJKビジネスなどにもつながる、18・19歳女子非行のひとつの典型です。A子には、万引き常習といった非行性や、被虐待や極端な異性依存などはなく、心理的な健康さを残していたことが、補導委託（自立援助ホーム）での新たな出会いを契機として、立ち直り（回復）につながったと考えられます。通常、身柄を拘束された場合は、身柄を親元の近くの少年鑑別所へ移送するという手続がとられますが、このケースでは父母の引受け拒否が強かったため移送はされていません。従って、A子と父母の関係修復が大きな課題であり、付添人弁護士も家裁調査官も多くの労をとっています。その調整が効を奏して、A子の立ち直り（再犯防止）が確保できたと思われます。

【事例から見る今回の「改正」案の問題点】

　18・19歳が「ぐ犯」で立件されることは一切無くなるため、A子のような事例の場合は取調べ後に釈放されてしまい、行き場所に困ることも少なくありません。当然、補導委託といったケースワークに基づく教育的措置もなされず、本人に女

性相談所やシェルターへの相談といった行動力（社会適応力）が乏しい場合、再び犯罪に手を染める可能性が高いのです。

　また、調査・審判過程では、多くの少年事件において、非行を起こした当該少年だけではなく、その保護者（多くの場合、父または母）への働きかけ（教育的措置）が行われ、少年と保護者の関係調整が図られています。そのことが、少年の再犯防止の意欲を高め、保護者の指導の在り方にも変化をもたらしていると考えられます。

　「改正」案のとおりになった場合、本人に対するケースワークに基づく教育的措置の機会が失われ、再犯が増える可能性が高まるだけでなく、保護者への働きかけもほぼ不可能になります。

事例② 強盗事件
少年院で自分を見つめ直した19歳男子G

1　生育・生活歴など

　Gが小学校5年の頃、父母が離婚し、困窮した母は、夜遅くまで働きに出るようになりました。Gは夜に一人でいるのが寂しく、中学2年時に知り合った1歳上のHと、時々夜遅くまで遊ぶようになりました。この頃、Hと行った万引きで家裁に呼ばれ、不処分決定を受けました。Gは高校には進学したかったので、夜遊びはしても万引きはやめ、中学に通い、通信制高校に進学しました。期限に遅れつつもレポートやスクーリングをこなしたため、3年で卒業し、製造会社に就職が決まりました。

　Gは引き続き実家で生活しながら、工場の工員として働き始めました。しかし、仕事に慣れると、同僚や先輩からの遊びの誘いに乗って遅刻や欠勤をするようになり、1年ほどで退職しました。

　なかなか再就職先が見つかりませんでしたが、母には「一度就職した以上、小遣いはやらない」と言われ、小遣いは貯金を切り崩していました。そんな中、久しぶりにHと再会しました。遊んだときのHの羽振りの良さに驚き、Gが尋ねると、Hはネットで依頼された仕事で高額の報酬をもらっていると言い、Gを誘いました。Hが行っていたのは、SNSを通じて指示を受けて行う、業者を装った強盗で、既に1〜2回経験がありました。Gは見つかって捕まるのが怖かったものの、以前親しかった先輩の頼みで断りづらく、預金も少なかったので受けることにしました。

2　事件（逮捕）とその影響

　GはHの用意した制服を着て、Hと指示された家を尋ねました。Hとの打合せ通り、Hが被害者と応対中に、GがHの用意したナイフを高齢の被害者に突き付けると、被害者は驚いて転倒し、大声をあげました。逃げる姿を近隣住民に目撃され、2人は後日逮捕されました。被害者は足を骨折し、後遺症は残りませんでし

たが、入院で体が衰えてしまったとのことでした。

3　調査・審判過程

　Gは観護措置がとられ、少年鑑別所に入所しました。Gは最初、自分は誘われて参加しただけと考え、内省が進みませんでした。しかし、鑑別所職員や調査官と面接したり、鑑別所で自身を振り返る課題に取り組んだりする中で、友達から頼まれると断れなかった自分の問題に気付きました。犯罪に誘う友達と縁を切りたいと思うようになりましたが、どうすればよいかまで考えがまとまりませんでした。母はGとの面会へ頻繁に行き、Gの様子の変化に気付けなかったことを悔い、転居して環境を変えたいが、金がなくすぐには実行できない、と調査官に話しました。

　審判では、Gが従犯的な立場に止まること、自分の問題に気づきつつあることを考えても、事案は悪質で被害は重大であること、問題の具体的な改善方法まで考えが至っていないこと、保護者の受入環境も十分でないこと等を理由に、第一種少年院送致となりました。

　Gは、少年院の教官との面接で、嫌われて孤独になりたくなかったために誘いを断れなかったことに思い至り、捕まっても見捨てなかった母のために悪友と縁を切る決意をし、誘いを断るロールプレイを教官と重ねました。また、被害者について考える課題に取り組んだり、小型フォークリフトの資格を取ったりしました。母も毎月面会に赴き、少年の仮退院までに転居することを目標に、少しずつ資金を貯めました。

　一方、Hは成人に達していたため、刑事裁判手続を受けることになりました。初犯であったために執行猶予付きとなったものの、また金に困って同種犯罪に手を染め、実刑となりました。

【コメント】

　同じ強盗罪でも、未成年では非行（犯罪事実）に加え、要保護性（少年の問題等）を総合的に判断し、再非行に至らないために必要であれば収容処遇が選択されます。少年院では、問題性に応じて踏み込んだ「心」の指導がなされるとともに、就労に役立つ資格を取得する等の職業補導もなされます。

　強盗や特殊詐欺、強制性交といった事件の場合、その非行（犯罪事実）の態様は極めて幅広く、罪名だけで一律に分類確定することが難しい面があります。

本件の場合、非行態様としては強盗未遂、強盗致傷等についての検討、主犯従犯等の検討が必須であり、併せて要保護性判断がなされ、Gは少年院収容となりました。

　一方、成人の場合は罪状を中心に判断されるため、同じ問題を抱えていても収容処遇とならないほか、実刑を受けても少年院のような踏み込んだ指導を受けることは難しいのが実情です。Hは初犯として執行猶予となり、外見的にはGより軽い処分となりましたが、結局、再犯に及んでいます。

【事例から見る今回の「改正」案の問題点】

　事後強盗や従犯的に加担した強盗事件でも、一律成人と同じ扱いとなる可能性が高まります。本件事例のように、手厚い矯正指導を受け、更生の機会を得ることが、著しく困難となるおそれが高まるのです。

　2007年版犯罪白書では、「少年時（20歳未満）に刑事裁判で有罪判決を受けた者3561人を対象として、その後の再犯状況を見ると、約60％の者が再犯に及んでいることが分かる。これは、成人の初犯者がその後再犯に及ぶ比率（約3割）と比べて相当高い」と指摘されています。そして、若年成人については、「20歳代前半で1犯目の犯罪を犯した者の41.0％、20歳代後半で1犯目の犯罪を犯した者の28.2％が、その後再犯に及んでおり、他の年齢層に比べて、2犯目以降を犯す比率が高い。特に、20歳代前半で1犯目の犯罪を犯した者の再犯傾向が強いことは、その5年以内の再犯率が概ね25％前後と、他の年齢層と比べて相当高い状態が続いていることからも確認される」とも指摘されています。

　18・19歳から刑事裁判を適用し、刑事罰を与えることが、若年成人犯罪の増加を招く危険性は高いのです。少年法に基づく少年院収容、保護観察等の指導は決して甘いものではなく、その後の再犯防止に極めて有効であることを再確認する必要があります。

事例③ 特殊詐欺事件
調査・審判の中で自らの加担を自覚した19歳男子F

1 生育・生活歴など──就労につまずいて

　Fは高卒後、建築会社に就職しました。父は社会保険や雇用保険制度のある会社に入ったことを喜び、上下の背広をプレゼントしてくれました。頑張って働いていましたが、半年後、腰に違和感を覚え、重い物を持つのがつらくなりました。会社の上司に言われ、整形外科でレントゲンを撮りましたが、腰や背骨などに異状はないとのことでした。その後も、腰は悪くなる一方で、階段の上り下りにも痛みを感じるようになり、再び整形外科に行ったのですが、「画像や血液検査には異状はない、そんなに痛いのか。」と詐病であるかのように言われ、Fはひどく傷つきました。痛みはさらに酷くなり、Fはせっかく就職した会社を退社せざるを得なくなりました。

　Fは家で静養していましたが、腰痛は改善しません。働いて蓄えた貯金を食い潰す生活で、貯金も底を尽きました。あれほど喜んでいた父の落ち込みはFに勝っていました。父は、医者に不満を述べるなどしていましたが、結局、意気消沈し、Fにするとそのことが余計につらかったのです。Fは悶々とし、未成年でしたが、夜に酒を飲みに行くようになりました。そこで、高校の2年先輩であったZと偶然出くわしました。高校時代は堅物で通っていた先輩が、若干軽い感じに変わったように思えました。しかし、よく見知った先輩だったことから、Fはこれまでのことを次々と話しました。話を聞いてくれていたZが、「だったら、俺を手伝ってくれないか。」と誘ってきました。

2 事件（逮捕）とその影響──これは仕事？　闇バイト？

　Zの話では、Y商事という会社の特殊な製品の商取引の手伝いでした。法律が厳しく、商品を渡す側がそのまま代金を受け取る訳にはいかないが、別の者が受け取りに行くなら問題はないので、Fに受け取り役をやってくれというものでした

（Fは後に、この説明は変だと考えられるようになりますが、話を聞いたときは疑問に思いませんでした）。日当は2万5千円で、元の会社での職人の日当より高く、Fは「ちょっとブラックなバイトかもしれない」と思いましたが、世話になったZの誘いでもあり、話を受け入れました。

　指定された日、Fは久しぶりにスーツを着て、指定された場所に向かいました。ただし、Zからの電話指示で何度も行き先が変更になり、Fはここでも「犯罪かもしれない。」との思いが頭をよぎりました。それでも、現地で「(株)Y商事のFです」と自己紹介した時は、Fはきちんとした会社に就職したような気持ちになり、気分が高揚しました。

　相手はお年寄りの男性で、「よろしく頼みます」と言われ、Fは「わかりました」と応じ、代金としてずっしり重い封筒を受け取りました。その後、Zからの電話指示のとおり、何度か電車を乗り換えて受渡し場所に移動し、知らない男性に封筒ごと現金を渡し、報酬を受取りました。その夜、Fは、元の会社で初任給をもらったときと同様、1万円ずつ父母に渡し、新しい仕事を祝いました。このときばかりは腰痛も感じないほどでした。

　Fが次に同じことをやった数日後、Zが捕まったという話がラインで流れてきました。振り込め詐欺をしたらしいと書き込まれており、Fも不安を覚えました。翌朝、Fは自宅で逮捕されました。警察官から、犯罪だとわからなかったのかと何度も尋問され、詐欺で数百万円の被害の場合、成人でも実刑、未成年者でも少年院送致は確実だと言われ、Fは自暴自棄になりました。

3　調査・審判経過──被害者への思いを深めて

　警察での逮捕、検察での勾留による取調べを経て、Fは家庭裁判所に送致され、観護措置（少年鑑別所入所）となりました。その時も、どうせ少年院行きなら最後に言いたいことを言えばいいと思っていました。しかし、接見禁止が解け、少年鑑別所に面会に来てくれた父母のやつれきった様子を見ると、とても言葉が見つかりませんでした。また、腰痛も悪化しており、少年鑑別所から湿布をもらいましたが、効果はありませんでした。

　Fは鑑別所での心身鑑別、家裁調査官の社会調査のための面接を繰り返し受けました。Fには、お金の授受の背景事情はまったくわからず、被害者を騙した気持ちは極めて薄かったのですが、身分と名前を騙り、普通はあり得ない多額のお金の受け渡しに加担し、被害者にとてもつらい思いをさせたことについて、次第に

考えるようになりました。

　この間、Fには付添人弁護士が選任され、Fの父母は2人の被害者に対しそれぞれ100万円を出し、付添人弁護士の仲介が効を奏して、なんとか示談が成立しました。

　4週間弱の観護措置の後、審判が開かれ、Fが初犯であったことや反省を深めたこと、示談が成立したこと等を総合的に判断され、Fは在宅試験観察となりました。

　在宅試験観察のなかで、Fは、家庭裁判所内にある「少年友の会[4]」の就労支援を受け、腰に負担のない職場を見つけて就労し、少しずつ父母に示談金分のお金を返すようになりました。また、家裁調査官の指示に従って、老人ホームでの社会奉仕活動に通いました。食事の介護をした際に、お年寄りからお礼を言われ、Fは自分に少し自信が持て、同時に、被害者のお年寄りに申し訳ないことをしたとの気持ちが強まりました。4か月後の最終審判の頃には、Fの内省の深まりは周囲の誰もが認めるところとなっていました。Fは保護観察処分（保護司による個別指導を受ける）となりました。

　Fに振り込め詐欺を手伝わせた先輩のZは、成人であったことから刑事裁判になり、初犯だということで執行猶予になったものの、すぐに同じことを繰り返して逮捕され今度は実刑になるだろうと聞きました。

【コメント】

　少年非行は総数として減少していますが、特殊詐欺事件は増加しています。就労がうまくいかず、インターネットで求職するうち、仕事だと思い込んで特殊詐欺に関わる少年は少なくありません。Fは初犯であり、在宅試験観察での就労支援や社会奉仕活動への参加指示などの多角的な教育的措置が功を奏し、徐々に社会性を身に付け、社会適応を確立できたと考えられます。

　なお、現在、少年院に収容されている少年の約半数が、18・19歳であり、その多くは特殊詐欺事件を起こした少年です。性非行や薬物非行とともに、特殊詐欺は再犯率が高いことも問題になっています。しかし、少年院での矯正教育のなかで、被害者の視点を入れた教育は確実に効果をあげつつあります。

4　家庭裁判所の調停委員などを中心に組織された、非行少年の立ち直りを援助するボランティア団体。

【事例から見る今回の「改正」案の問題点】

　繰り返しになりますが、強盗や特殊詐欺、強制性交といった事件は非行（犯罪事実）の態様が幅広く、罪名だけで刑事処分相当としてよいか慎重な検討が必要となります。

　近年、特殊詐欺事件については成人の場合でも厳しく、起訴され実刑にもなりますが、初犯で、起訴された事件数も多くない場合、本事例のZのように通常は執行猶予で終了します。実刑となり服役した場合、若年者であると特別改善指導（もしくは一般改善指導）を受けることも多くなっていますが、必ずしも服役者の全員が改善指導を受けるわけではありません。

　なお、本事例のFは保護観察になっていますが、仮に少年院に送致された場合、少年院では、基本的に収容された少年全員に対して、少年の資質や事件内容に応じたきめ細かい矯正教育がなされ、効果をあげています。保護処分は甘いといった誤解がありますが、少年法に基づく保護処分の手厚さが、日本の18・19歳及び若年成人の再犯防止につながっているのです。

5　個別改善指導には一般改善指導と特別改善指導があり、特別改善指導は、薬物犯罪、性犯罪、暴力団組織犯罪、就労支援などの対象に分けられ、特殊詐欺事件については「被害者を出してしまった場合」の中で比較的丁寧な指導を受けることになる。

事例④　現住建造物放火事件

コミュニケーションが不得手な「話せない」19歳女子I子

1　生育・生活歴など

　I子は、地方都市から車で1時間半ほどの田舎町で育った。家は代々、地元では知られた農家であったが、経済的には豊かとは言えず、父は年に数か月の出稼ぎをしたり、官公庁からの委託で山林管理を行って、現金収入を得ていた。母は、父の農作業を手伝いながら家庭を支えていた。I子には兄がおり、苦学して大学に進学、奨学金を得て、下宿生活を送っていた。父母はともに無口な方であり、I子も口数が少なかったが、父母は懸命に子育てに努力し、特に末子のI子を可愛がっていた。

　I子は、小さい時から大人しく、言葉も動作も少し遅いので、「愚図」と言われることがあった。学業成績も下位で、対人接触も活発とは言えなかった。しかし、家でも学校でも大きな問題を起こすことはなく、馴れ親しんだ地元ではイジメを受けることもなく中卒となり、地元から少し離れた公立高校にも遠距離通学した。高校では何かの部活動に入らねばならず、運動は苦手、音楽や絵画も得意とは言えず、困って文芸部に所属したが、その顧問教諭がI子の特性をうまく把握し、絵本について学んだり、発表させたりすることを指導し、I子は高校生活も楽しく過ごすことができた。

　とはいえ、高卒後の就職は難しく、I子は農業と母の家事を手伝って過ごすようになった。少し時間はかかったが普通自動車免許も取得し、家の軽自動車を運転して、4〜5km離れたスーパーへの買い物にも出かけていた。

　I子が19歳になった頃、世話焼きな地元の伯父が、I子にお見合いを勧めてきた。I子の父母は未だ早すぎると内心反対であったが、I子は関心を持ち、20歳半ばの男性とデートすることになった。しかし、相手から明確に断られたわけではなかったものの、その交際は続くことはなく、一度のデートで終わり、I子はいつも

と打って変わって落ち込んだ。

　Ｉ子の落ち込みを知って、別の親類筋が地元から少し離れた温泉旅館の仲居への就職を誘ってくれた。父母はＩ子を手元から離すことに不安があったが、見合い話が壊れたことが噂になっている地元を離れるのも良いかもしれないと考え、Ｉ子の住込み就労を受け入れた。

　Ｉ子は、仲居として機転が利くタイプではなく、作業も早くはなかったが、先輩の仲居から教えられたことには従順で、布団や洗濯物の片づけなどは、とても丁寧であった。しかし、三か月後、旅館が繁忙期になると仲居の業務は激増、Ｉ子は細かいことで、職場でもお客からも小言を言われたり、叱られたりすることが増えた。それでもＩ子は必死に働いていた。

　そんな中、Ｉ子が住込み就労でも苦労していると知った地元の伯父が、休みの時に遊びにおいでと誘ってくれ、Ｉ子は１泊２日の予定で伯父宅へ遊びに行った。伯父宅には、伯父夫婦と祖父母が住んでいた。

2　事件（逮捕）と調査・審判

　翌朝、伯父宅は玄関口に積んであった新聞紙類から発火し、全半焼という火災に襲われた。消防と警察の捜査から、Ｉ子が灯油を使い放火したことが判明し、Ｉ子も罪を認め、Ｉ子は逮捕された。また、その後の捜査から、Ｉ子が住込んでいた旅館では、最近１カ月ほどの間に、押入れにあった布団の間にタバコの吸い殻が挟まれていたり、調理場のゴムのガス管が切断されていたりしたことが判明し、Ｉ子は自分がやったことだということを認めたため、これも放火として立件された。

　Ｉ子は逮捕、勾留の後、家庭裁判所に送致され、審判までの間、観護措置となり少年鑑別所に入所した。Ｉ子は事件を認めるものの、多くを語らず、その態度は反省に欠けると誤解されるほどであった。警察・検察庁からの事件記録には「仕事でむしゃくしゃして」「誰もわかってくれなくて」といった動機が書かれており、Ｉ子もそれを認めたが、担当した家裁調査官は腑に落ちない面があった。三度目の面接調査の時、Ｉ子はお見合い相手との一度きりのデートについて話した。地元近くの展望台へドライブし、食事をとり、短いハイキングで手を握っただけであったが、Ｉ子は「天にも昇るほど嬉しかった」と言う。そのお見合いが破談になったことは、Ｉ子には相当大きな衝撃であったし、心的負荷は小さくなかった。その上で、実家を離れ、住込み就労で叱責を受けたことは、Ｉ子の平常心を壊しかけていた事実が浮かび上がった。

少年鑑別所の鑑別結果では、反社会的傾向は認められなかったが、知的には IQ＝70で境界域にあり、受動的でやや自閉傾向が認められ、外からは見えにくいが、時に激しい「思い込み」を抱くことが示され、短期少年院収容が相当であると結論された。

　審判までの間、父母は、付添人弁護士を介して、被害者である伯父夫婦と温泉旅館へ謝罪と弁済を行い、概ね謝罪を受け入れてもらうことができていた（火災保険による回復もできていた）。審判では放火罪の重大さが厳しく説諭され、I子も父母も涙を流したが、中間処分として、在宅での試験観察を行うことが決定された。

3　在宅試験観察経過

　家裁調査官は、「話さない」のではなく「話せない」I子の特性を考慮して、日常のことでも思い出でもよいので簡単な絵日記にすることを指導し、2週間に1回の継続面接を行った。月に1回は家庭訪問を行い、父母とも面談した。また、家裁の医務室技官に相談し、並行してカウンセリングを行うこととした。

　試験観察開始から1カ月半が過ぎた時、I子は紙面いっぱいに燃え上がる炎を描き、その片隅に黒く小さな女の子を描いた絵日記を提出した。伯父宅を放火した時のことだと言う。そして、「伯父さんからお見合いのデートのことを聞かれ、なんだか恥ずかしいのと、からかわれている感じがした」「そのうち、お見合いを壊したのは、伯父さんなんだという思いが強まって、あの日、眠れなくなり、放火してしまった」「誰かが助けてくれるんじゃないかという気持ちもあった」といったことをようやく口にした。

　家裁調査官は、その日のうちに父母に相談し、比較的近所に住む伯父夫婦と連絡をとってもらい、伯父夫婦と面接した。伯父夫婦によれば、確かにお見合いのことを聞いたし、I子を元気づけるつもりで、I子を振ったような男はダメだといったことも話したと言う。家裁調査官は、I子の「思い込み」の強さ、そこから派生する現実認識の歪みやすさについて父母やI子、伯父夫婦に説明し、共通理解を形成した。

　試験観察開始3カ月後、父母や伯父が檀家となっているお寺の住職の紹介で、I子は地元近くの小さな動植物園で働くようになり、先輩に指導されながらウミガメとゾウガメの飼育を担当するようになった。そして、ゾウガメの卵の孵化、生まれた子ガメの保育なども体験し、職場に慣れ親しんで、明るい顔つきも戻ってき

た。

　家裁調査官は、そのお寺の住職が地元の保護司であることを知り、住職とも面談し、I子への継続的な支援を依頼した。住職はI子のことを幼い時から知っており、必要なら精神科治療についても配慮すると応じてくれた。

　試験観察開始6カ月後、I子は家庭裁判所の最終審判を受け、保護観察決定となった。

【コメント】

　2020（令和2）年司法統計によれば、2019（令和元）年の20歳未満の放火事件総数は35件、うち18・19歳による事件は6件です。非行としての放火事件は触法少年等の極めて未熟な少年によるものが多く、18・19歳での放火事件は少数なのです。つまり、18・19歳になって放火事件を起こす場合、その社会性未熟は大きく、非行（犯罪事実）だけでなく、その少年の「要保護性」を検討する必要性は高くなります。

　本事例のI子には、元来、知的資質に負因があり、軽度な自閉スペクトラム症があったと想定できますが、父母や地域社会に保護されるなか大きな問題を起こさずに生育したと考えられます。そのI子にとって、もう一回り大きな社会への適応が必要になった時、本件現住建造物放火事件が起こったと言えるのではないでしょうか。

【事例から見る今回の「改正」案の問題点】

　「改正」案によれば、本事例は原則検送（逆送）事件となります。原則検送された場合、起訴されて執行猶予となるか、場合によれば「反省の色なし」として実刑になることも考えられます。いずれにしてもI子は推知報道の対象となり、地域社会での更生には困難が生じます。

　少年法の枠組みの中でも、I子が少年院収容となる可能性は十分あります。少年院での矯正教育のなかでI子は内省や謝罪意識を深めるでしょうし、更生のための医療的・福祉的援助体制もできる限り作られると考えられます。これは、刑事裁判で刑罰を与えるより、はるかにI子の「立ち直り」、再犯防止に効果的と言えます。

　本事例では、被害回復が進んだことを受け、さらに一歩進めて、I子に対し社会内処遇での「立ち直り」をめざして試験観察が実施されています。その結果、I子の心理的特性について親族が共通認識を持ち、I子の心理的特性に適した地

元での就労、保護観察による継続的な援助指導等が積み上げられました。「改正」案が通ってしまえば、原則検送すべきかどうかだけが優先判断され、Ｉ子の将来も想定しながらの処遇である試験観察の実施といったことは事実上不可能になります。

第4部　座談会／少年院出院者は語る

痛みを知る人こそ
活躍できる社会に

18・19歳は大人か子どもか──改正案づくりの過程では、当局側は丸ごと成人扱いにしようとしたが、改正案では「中間層」的な位置づけとなった。少年院出院者が、自分の18・19歳時代、少年院での生活、出院後の社会復帰などを振り返りながら、いまの18・19歳の実情、少年非行や少年法・更生の仕組み、今回の少年法改正をどうみているかを語り合った（2021年1月17日、ウェブで開催）。

出席者

竹中ゆきはる

たけなか・ゆきはる＝活動名。1971年生まれ、東京都出身。傷害罪で少年鑑別所に3回に入り、18歳の時、少年院送致。在院中に電気工事士の仕事を学び、出院後に資格取得。独学で大検に合格し、東京理科大工学部に進んだ（中退）。電気工事業の社長を務めながら、協力雇用主、保護司、ＮＰＯ法人の代表などとして、非行少年らの立ち直りを支援する。

高坂朝人

たかさか・あさと＝1983年生まれ、広島市出身。15回の逮捕歴があり、16歳と18歳の時、少年院送致。24歳で生き直すことを決意し、広島から名古屋へ。福祉関係の仕事を10年間続け、ＮＰＯ法人の理事長などとして、罪を犯した青少年らの住まいや就労をサポートするほか、全国再非行防止ネットワーク協議会代表として、各地の組織との連携・協働を目指している。

中村すえこ

なかむら・すえこ＝1975年生まれ、埼玉県出身。15歳でレディース（女性暴走族）の総長となり、抗争事件で逮捕され少年院送致。信じてくれる人の存在や母の愛に気づき、新たな道へ。各地の少年院で講演を続けている。19年、女子少年院の少女たちに迫った映画『記憶』を監督、映画の内容に後日談も加えた『女子少年院の少女たち』（さくら舎）を2020年に刊行した。

野田詠氏

のだ・えいじ＝1976年生まれ、大阪府出身。19歳の時、4度目の少年鑑別所を経て、少年院送致。在院中に聖書に出あい、クリスチャンに。出院後、牧師となり、教会を設立した。ＮＰＯ法人チェンジングライフ理事長として、児童自立援助ホームと自立準備ホームを運営し、青少年の自立支援に従事。著書『私を代わりに刑務所に入れてください』（いのちのことば社）。

佐々木央（共同通信編集委員・司会）

1 18・19歳は大人か

司会（佐々木）　今回の少年法改正は18・19歳の子たちをかなり大人と見て、大人並みに扱おうということなんですが、最初に伺いたいのは「自分の18・19歳を振り返ってみて大人ですか」ということ、あるいは「みなさんがいま、関わっている18・19歳の子たちは大人ですか」という実感的なことです。

●自分は大人のつもりだった

中村　自分のことを振り返るとしたら、自分は大人のつもりだったと思いますが、いまの自分から振り返ると、無知というか、社会的なことが判断できる年齢ではなかったかなと思います。

　いま、私がいろんな子と関わっている中では、やはり個人差がすごくあります。16歳でも「大人だな」と思う子もいるし、それこそ二十何歳でも大人でない子は大人でないというか、「この子は、養育とか教育とか、そういったものを受けてこないから知らないんだな」と思うことはあります。

　非行の関係というか、私が関わる子たちというのは、どちらかというと、家庭で育っていないとか、養育を受けていない子、あと学校に行っていない子、そういう子たちが多いので、18・19歳という年齢にしては幼いかなと感じます。

司会　「関わっている」と言ったのは、映画制作などで接した人たちということですか。

中村　はい、それ以外でも。私は学校勤務なので、生徒には16歳・17歳・18歳がいます。裕福な家庭で学校に行かせてもらって、留学させてもらって、いろんなことをさせてもらっている子は大人かというと、安全の中にいるだけで「この子は、外に一歩出たら生きていけるのかな」と思う。不安というか、心配はあります。

●教育が完全に抜け落ちていた

高坂　「成人か少年か」という質問であれば、「少年」だと思います。自分の18・19歳の頃について考えると、絶対的に教育が抜け落ちています。中学校から非行に走ってしまうようになったので、義務教育もきちんと受けていなかった。その後、高校も行っていなかったので、教育が完全に抜け落ちています。

反社会的な非行グループに入っていたので「社会のルールを守って生活をしていく」という考え方から、非常に大きくずれていました。その部分の教育をもう1回受ける必要は強かった。振り返ると「自分の18歳・19歳は、教育がすごく必要だった」と思います。

　いま支援している18・19歳の子たちというのは、少年院から出てきた少年とか、児童相談所からの依頼で関わってきた子で、そういう子たちを見ていると、やはり教育や支援が非常に必要な人たちだと思います。

　「障碍がある人は、日本の全人口の約13人に1人」という統計を見たことがあります。法務省矯正局の人に、少年鑑別所に入っている少年のうち、障碍のある人は6人に1人、少年院に入っている人だと4人に1人と聞いたこともあります。これは全人口比よりも高いので、支援の必要性が高いことを示していると思います。

　また少年院に入っている少年は、いま全国で年間約2千人ですけれども、そのうち約2割の少年少女がさまざまな事情で親元などに帰ることができていないという統計もあって、家族にも援助を求めることができないでいる。そういう子に対しては、いろんな支援がもっともっと必要だとすごく思います。

　あと一つは、虐待を受けたことがある少年少女と受けたことがない少年少女というのは、その後の生き方とか、人との関わりの必要性などが変わってくるのではないか。虐待経験は少年院に入っている子の場合だと、男子で約3人に1人、女子は2人に1人です。非行をしてしまった18・19歳の少年少女には支援とか教育の機会がすごく必要だと、私は思っています。

●大人のふりをしていた

竹中　調べたら、脳科学的には、27歳ぐらいにならないと脳ができあがらないという研究があるようです。虐待を受けた子なんかは生物学的にも発達が遅れるということだったので「18歳・19歳は生物的に子どもなんじゃないか」と思いました。私ももう50歳になりますけれども、いまだに気分は少年院に入った17歳のときと変わっていないような気がします。

　じゃあ、何で大人のふりをしているのかなというと、やはりいろんな先生方が私を見守ってくれて、先生方の声かけがあったから。私は暴力性の病気と闘っていますが、人を殴らなくなったのかなと。でも、いまだに自分は少年の心があるので、巻き込まれてぶん殴ってしまうのではないかなという不安は、ずっと付きまとっています。

　中学校のとき、私は一番大人のふりをしていました。でも、警察署で刑事さんが、

「ガキのお守りしてるんだ」って同僚に言っていたから、そのとき「俺、大人だと思ってたけど、ガキなんだな」と気づきました。

いつになったら大人かというのは、周りが決めることで、自分はずっと子どものままでもいいのかなと思いました。その方が周りが応援してくれます。大人になると、大人の事情も絡んできて、面倒くさい話になってしまいます。要するに、腹の中を探り合うような大人になるよりは、少年の心のままでいいのかなと、私は思っています。子どもたちにも「ずっと純粋なままでいた方がいいよ」みたいな話をします。

脳科学の27歳まで少年というのは法律としては認められないだろうから、少年には「20歳だろうが18歳だろうが、政治家たちが決めたんだ。日本に住む以上は従わなきゃいけない。適応しなきゃ駄目だよ、その政治家を決めたのは国民の清き一票なんだよ」と話しています。

生物学的に27歳ぐらいまで脳ができないんだったら、そこからが大人ではないかなと思います。まだ理性もないわけですから、そう思います。

司会　生物学的に27歳で大人になるとか、あるいは法律で20歳とか18歳という線を引く以上に大切なことを、前段で言われたと思う。つまり、子どもの心、少年の心を失ってはいけない。そういうものがなくなった人は付き合ってもつまらないし、自分自身もつまらない、その大切さみたいなことに非常に共鳴します。

そして、大人と子どもに線を引けないとすると、いくつになっても少年法の精神が適用されるべきだという片山徒有さん（被害者と司法を考える会代表）の主張にもつながってくるのかなと。続いて野田さん、19歳で少年院ですよね。

●周りの助けなどがないと羽ばたけない自分

野田　自分が18・19歳だったときのことを考えても、未熟でした。いま支援している子たちを見ても未熟でまだ子どもかなと思います。もし蝶々が自分の羽で飛べるようになって一人前だとしたら、まだ自分で飛べないサナギです。周りの助けとか、助言とか、応援とかがないと羽ばたけない。

2　人生を変えた出会い、命の大切さ

司会　自分の生き方が暴力とか犯罪とかに非常に近付きやすかったところから、生き直そうというか、これからちゃんとやっていこうと思ったきっかけを語っても

らってもいいですか。中村さんだとやはり子どもを持ったときという感じですか。それとも少年院がかなり大きいですか。

●少年院にいるときは反省していなかった

中村　少年院の教育が良かったというのは、その後の人生の中で感じることがあったけれども、中にいるときは反省していなかった。私は16歳の時に傷害事件でパクられて17歳で出てきて、18歳になって覚せい剤で再逮捕でした。そのときは少年院ではなくて試験観察で出て来られましたが、そのときにあった出来事で「私は人間らしく生きていきたい」というか、「人の心を持った人間でいたい」と思ったのが……、「これじゃ駄目だな、自分」という気付きとか、そのときに信じてくれる大人とか、命の大切さとか、いろんな気付きがあって、変わりたいと思いました。

　その後、結婚して子どもが生まれて母になったら、もっと「子どもたちの前で恥ずかしくない親として生きたい」と。「こういう自分じゃなくて」という自分の目標が常にあります。だから、いまも更生中といえるかもしれませんが、レベルアップをしていきたいなというのが、常にあります。

司会　一番大きな出会いとかきっかけとかを話すことはできますか。

中村　命の大切さというのが、私はすごく大きかったです。そのとき、自分が生きている意味は絶対あると思ったし、失ってしまった命があって。でも私は生きているから、自分が生きてる意味は必ずあるはずだと、そのとき思いました。「人間らしく生きていきたいな」という気持ちが芽生えました。それはいまもずっと続いています。いま、こういう活動をしているけれども、自分が支援者だと思ったことは一度もありません。私はずっと当事者でいいと思っていて、ずっと現役だと思っています。

●信頼感・安心感があると違う

野田　やはり基本的信頼感、基本的安心感というのが持てているか持てていないかで全然違うと思います。そういう土台がもろかったという面がちょっとあったと思います。

司会　野田さんの本を読んでいると、タイトル（私を代わりに刑務所にいれてくだ

さい）にもなっているお母さんのことが大き
かったのかと。

教会で聖書について話す野田詠氏さん。

野田　そうですね。母の言葉も大きかった
です。ただ、犯罪の前で簡単に回れ右でき
るものではないと思います。「変わりたい。
変わらなあかん」とはすごく思いましたが、
やはり、簡単に欲望が捨てられない面が
あって、葛藤が生じました。だから、私の
場合はそういう出会いとかがあって、変わりたいなと思いました。

司会　野田さんはキリスト教との出会いも大きかったんですよね。竹中さんはどう
ですか。

●「怒鳴りたいときは先生を怒鳴りなさい」

竹中　自分の場合、一番は14歳からお世話になっている清水為久子先生です。
中学2年のグレ始めの時、保護観察処分になった時の保護司の先生です。

　面接でご自宅に伺うと、離れに通されて、サンダルの音が聴こえて来る。温かい
お茶とお菓子をお盆で運んでくれるんです。

　心を開かせられたのは、父親が同僚の借金の保証人になって高校に行けなく
なったとき。「先生、イライラして怒鳴りたくなる時があるんです」と言うと、清水
先生が座敷のテーブルに前のめりになって「竹中くん、怒鳴りたくなったら先生を
怒鳴りなさい！」と目を見開いて言うんです。ビックリして、この先生は違うなと感
じたのです。

　じゃあ、すぐに真面目になったかというと、その後、鑑別所に3回も入り、東北
少年院送致になってしまいましたが、わざわざ仙台まで面会に来てくれました。仕
事を辞めると、次の仕事を見つけてくれて、面接にも同席してくれました。でも1
週間ぐらいして、給料があまりにも安かったこと、朝行くとお茶を注がされること、
親方が職人さんの悪口を言うのが苦しくて、行けなくなった。

　面接に行くと清水先生は「どうして仕事に行かなくなったの」と聞いてきました。
「10万はないよと思って」と素直に言うと、清水先生は「私もそう思う」と。

　「辞めてしまってすみません」と言うと、清水先生は「いっぱいいっぱい辞めなさ
い。辞めてやりたい仕事を見つけたら、その仕事を頑張りなさい」と道を示してく

れました。

　25歳で大検に受かり、26歳で東京理科大に合格して清水先生に報告に行った時に「清水先生、将来保護司になりたいです」と言うと「いいんじゃない、ＢＢＳ（Big Brothers and Sisters Movement）もあるわよ」と励ましてくれました。

　保護司になって保護司会に入った瞬間「あ、俺ここにいるべき人間じゃねえな」と辞めようと思いましたが、千葉保護観察所でも、さいたま（同）でも、東京（同）でも、自分のことを清水先生が面倒を見た少年だと、みんな知っている。清水先生が関わった先生方が更生保護の世界に何十人もいて助けられた。いまだに保護司をやり続けられています。

　清水先生だけではなくて、いろんな人が関わってくれました。思い浮かぶだけでも何百人という先生たちが私を見守ってくれて、声をかけてくれました。母親だけではなくて、きょうだいも、大嫌いだったけれども、おやじも声をかけてくれて、面会にも来てくれました。

　保護司法と少年法と職業能力開発促進法という法律が全部重なって、いいとこ取りしたのがいまの自分だと感じます。東北少年院で学んで第二種電気工事士の資格が取れなければ、それもかなわなかった。税金を払っている国民に本当に感謝したい。電気工事士を事業として与えてくれた全国民に感謝したいなと思っています。

司会　高坂さんは18・19歳はバリバリですよね。

高坂　そうですね、自分は2回目の少年院に入っていました。

司会　変わっていく一番大きなきっかけは、何でしたか。

●悪いことをやっていた人たちから逃げるという決断

高坂　自分が親になるということを真剣に考えたときがきっかけで、年齢で言うと、24歳になる手前ぐらいのとき。妻が妊娠したということを聞いて、すぐに「悪いことやめよう」と思ったわけではないですが、妊娠5カ月ぐらいのときに、自分が親になるということとか、これから生まれくる子どものことを真剣に考えたときに、「変わらなければいけない、悪いことはやめなければいけない」ということを強く思いました。

司会　これまでの関係を切ることが大事だったという感じでしたね。

高坂　私は「悪いことをやめる」と決めたとき、悪いことをやっていた人たちから逃げるという決断をしたんですけど、当時はまだ悪いことをやっている人たちの価値観の中で生きていました。だから「逃げて関係を断ち切ることが、一番情けない格好悪いこと」と思っていたので、ものすごい葛藤はありました。最初は「自分は地元の人たちから変に思われているんじゃないか」などと引きずっている部分もありましたが、3年ぐらいたったら、何とも思わなくなっていきました。いま振り返ったら、あのとき暴力団関係者から逃げたことは、本当によかったと思います。

3　虞犯は危うさ抱える少年のセーフティーネット

司会　つぎに、改正の各論的な部分に移ります。18・19歳の虞犯（ぐ犯）が少年法の対象から外れることをどう見ますか。中村さんが監督した映画『記憶』に虞犯の少女が出てきますが、改正で保護の対象にならなくなります。どう考えますか。

●女子は虞犯がかなり多い

中村　私が少年院にいたときも、虞犯は女子にすごく多くて、家出もそうだし、売春もそうだし、ふらふらして補導されて、虞犯で来ている子が多かったです。

　映画では、虞犯はパパ活の子ぐらいで、他の子は犯罪に巻き込まれたとか、恐喝とかの子もいたけれど、ほぼ虞犯のような生活をしていて警察に捕まっています。逮捕されたかどうかは別として、女子は虞犯がかなり多いと思います。

　私が映画で撮った女の子で「自分一人で生きていかなければいけないと思った」「まともに働いて一人で生きていくお金は稼げないから、それまで体を売っていくしか方法がないと思った」と言っていて、そういう女の子は多いです。あとは「簡単にお金が入るから」ということで体を売る子もいるけど、「そういう子たちが今後どうなるんだろう」と思います。

司会　本当は女の子たちを買う大人たちが悪いんですけれど、そういう女の子たちに何の手も差し伸べられないとしたら、ということになります。高坂さん、支援している中に女の子もいますよね。

●虞犯を対象から外すと支援や教育の機会をなくす

高坂 そうですね。少年院と鑑別所に入った少年のサポートもありますが、非行をやっていないけれど、児童相談所から一時保護委託ということで、いままで少年少女を 22 人引き受けました。いろんな事情で親元に住めず、児童養護施設とか自立援助ホームとか住み込み就労などで生活している子が、施設やホームのルールが守れなくて居られなくなったり、仕事が続かなくなって会社の寮から出されてしまったりとか、そういう子たちが来ています。

　親が刑務所に居たり、親からずっと虐待を受けて親と生活もできなかったりと、常に危うさがあります。自殺未遂を繰り返したり、援助交際をしたり、ホストクラブに通ったり、ガールズバーで働いたり、薬物をしている人たちと関係があったりします。

　18・19 歳を虞犯から外すということということには大反対です。大きな理由として、児童福祉に関わっている少年たちは基本は 18 歳未満が対象です。18・19 歳で親にも頼れないとか、児童福祉の制度も使えない、犯罪はやっていないけれど頼れる人がいなくて危うさがある子たちを、虞犯の対象から外してしまって、支援や教育の機会とつながる可能性をなくしてしまうのは、すごく心配です。

　少年院を仮退院した少年が「最初は親元に帰ったけれど、いろいろな事情があって親元に居られず、家出をしてふらふらしているとき、自立準備ホームとつながって、何とか住まいを確保できた」と話していました。彼の話の中で「自分を早く見つけてほしかった」という言葉があって、虞犯というと、その人の生活を制約するように見られがちだけれど、その子を保護したり、支援や教育につなげたりすると思いました。

中村 映画の中で「パパ活」をやっていた女の子が最後まで「どうして私が少年院に来たのか分からない。私は何も悪いことをしていない」ってずっと言っていて。私は「犯罪ではないかもしれないけれど、正しい行為ではないんじゃない?」という話をインタビューでしていた。ただ彼女は、少年院の矯正教育の中で「自分がどれだけ世間知らずだったか知った。こういった行為にどれだけ危険性があるのか学んだ」と言っていました。ちなみにその子は 19 歳になっていました。その子の話を聞いたとき「それがいまの女の子たちの虞犯、性の問題を犯す女の子たちの現状なんだな」と思いました。

竹中　中村さんから「虞犯は女の子の方が多い」と聞いて、すごく心が痛みました。女の子には虞犯制度は大事ですね。病気にかかって子どもが産めなくなったりするとかわいそうです。そのとき後悔しても遅いじゃないですか。私は「早めに虞犯で、いい大人に見つけてもらって、いい判断をしてもらった方がいいのかな」と思います。

　14歳の時の話ですが、男なんかは少年鑑別所の中で「虞犯でパクられたの？」とか結構バカにされます。虞犯の少年が「母親に家裁に連れて行かれて、そのまま虞犯でパクられた。母親に裏切られたよ」と言っていました。でも裏切られたのではなくて、母親は「救いたい」という気持ちもあったのではないかと思います。

野田　虞犯はセーフティーネットとしての役割を果たしてきていたと思います。18・19歳の子で一時保護されているときに、一時保護所の壁をつぶして、オーバードーズ（過量服薬）して、少年院に行ったという子もいます。そんなに犯罪性はないけれど、抱えている内なる怒りがあって、虞犯で少年院に入り、出院後に無差別殺人をしようとした子もいました。

　自分で警察に電話して「僕いま、刃渡り20センチのナイフを持っています。このままおったら人を殺してしまいそうです」と言って、銃刀法違反で捕まり、2回目の少年院に行きました。

　最初の少年院で少し愛情を受けてきた。だから、無差別殺人しようとするんですけれど、自分でSOSを出せた。そのとき19歳でした。そういった感じで、虞犯がセーフティーネットになっていると感じています。

司会　いま少年院まで送られる非行少年の数は減っています。しかし、ここまでのキーワードで言っても「内なる怒り」とか「虐待」「オーバードーズ」「無差別殺人」などがあって、「一歩間違うと、罪を犯してしまうかもしれない」とか「心の深い悩みが、犯罪ではないが良くない行動として表れる」ということは、かえって増えているように思います。

　その人たちを保護・支援することは、社会のいろいろな資源を使って行われていて、虞犯制度がその中心に、その考え方を具現化したものとしてある。差し伸べていた手を、17歳までで断ち切ることになるんでしょうか。

高坂 そうですね、女の子で18歳になった子を預かっています。その子は警察に逮捕されてはいないけれど、しょっちゅう補導されます。バイクで50台とか100台ぐらいで、深夜に集団で走る旧車會（きゅうしゃかい）というのがあって、旧車會の人たちは「ツーリング」と呼んでいるのですが、その女の子は旧車會のツーリングにすごい頻度で参加するんです。いまは全国的に暴走族がほぼなくなってきて、暴走族に入っていれば、警察にどんどん逮捕されていたと思いますが、旧車會のツーリングだと、警察に逮捕されない。その子は事故を起こしてしまって、こちらのスタッフが深夜に病院に行って対応することがありました。命に別状はなかったのでよかったのですが、常にそういう危ないことがあります。日々、そういう危うさをすごく感じます。

中村 私の感覚で言うと、ヤンキーじゃなくても虞犯には引っ掛かる。例えば、全然不良じゃないけど、家に居られないから外に出る。そこで虞犯で「捕まる」という言い方はおかしいですよね。虞犯として、非行じゃない子が「発見される」「保護される」と言った方がよいと思います。

　だから、ここで私が必要だと思うことは、そういった子が社会の中でつながれる仕組みだと思う。それは少年院だけじゃなくて社会の中にも必要です。

4　18・19歳は刑事罰で教育を受ける機会を奪われる

司会 18・19歳で懲役1年以上という法定刑がある罪について、罪名を挙げると、強盗とか強制性交罪、組織的詐欺などですが、原則検察送致され、起訴されることになります。刑事裁判にかけられ刑事罰を受けます。改正の大きな変更点です。

　起訴されたら、少年は匿名という保護、推知報道の禁止といいますが、18・19歳の場合それがなくなり、名前と顔写真などを報道してもよいということになります。この改正は、私はメディアの人間なので、すごく影響が大きいと感じます。18・19歳の検察逆送の拡大と、推知報道禁止の解除について、考えを聞かせてください。

野田 私自身は19歳で道交法違反で逮捕されましたが、本件非行があくまでも

道交法なだけで、かげで覚せい剤をやっていた。けれど対象になったのは本件非行だけだった。それで私は少年院に行きましたが、刑事裁判なら逆に罰金だけで帰されたりする。だからその辺も 18・19 歳の少年のためにすごく不安に思っています。

司会 教育の対象にならないで、お金だけで済むこともあり得るということですね。

●教育を受ける機会が減るのは怖い

中村 昔の話ですけど、先輩と後輩で覚せい剤をやって、後輩は十代だったから少年院に行って、先輩は 20 歳を超えていたから執行猶予で出てきました。

　後輩は少年院だったから、その後やっていたかどうか分からないですけど、やめるきっかけにはなったと思います。先輩の方は成人していたから、執行猶予で出てきて、結局やり続けて、その後も何回かパクられたと思いますが、薬をやり過ぎて、飛び降りて死にました。

　だから、それが 18 歳になるということは、教育を受ける機会が減るということなので私は怖いなと思います。

司会 その先輩は覚せい剤のせいで亡くなったのですか。

中村 おかしくなって、飛び降りて死にました。

●少年院には信頼できる大人と出会える可能性

高坂 18・19 歳の強盗とか強制性交で逮捕された人が起訴されてしまうと、罪名から言うと実刑判決になって、少年刑務所に行くのではないかと思います。いまだったら少年院送致になっているものが少年刑務所に入ることになると思うので、少年院と少年刑務所の違いというものの整理が必要じゃないかなと思います。

　2019 年 8 月 7 日の新聞で「川越少年刑務所の刑務官が受刑者と不必要会話をして減給処分」と報じられていて、刑務官が受刑者とスポーツとか髪型についての雑談をしたり、ほかの受刑者の収容先の個人情報を漏らしたと書いてあります。

　少年院の法務教官と院生、少年刑務所の刑務官と受刑者がいろんな会話をすることは本来、すごく意味が深いと思います。少年院では不必要会話にならないことが、少年刑務所では不必要会話として扱われることがあることがわかります。

あと、生き直していくためには絶対必要なのは、本人のありのままをしっかり受け入れてくれる信頼できる大人との関係がすごく大切だと思います。私は10代の頃から非行を重ねてきて、家裁調査官とか弁護士とか鑑別所の先生とかいろんな大人と出会った中で、大人で初めて信頼できる人だと思ったのは、少年院の担任の先生でした。

雨の日、名古屋少年鑑別所にいる少年との面会を終えた高坂朝人さん。

出会う大人の中でも、少年院の先生って一緒に過ごす時間が誰よりも長くて深い。少年刑務所の刑務官と受刑者は、多分、そういう関係にはならないと思うし、なってはいけないという規則があるようです。

少年院に入ることで、信頼できる大人と出会える可能性がある。じゃあ、それで再非行しないとは言えないと思いますが、将来的に再非行しないために、他者から自分が必要とされて信頼してもらえたということが、やはりずっと残り続けていって、後々生き直していくために絶対に必要なものになると思います。

改正で18・19歳で強盗、強制性交の人は少年院に入る機会がなくなってしまうということは、もしかしたら、被害者が増えるリスクにもつながってしまうのではないかと、危惧している部分もあります。

司会 高坂さんは18歳で少年院に行くか行かないかというときに「少年刑務所に行かせてくれ」と言ったんですよね。

高坂 そのときは、非行文化に染まり過ぎていて、不良としてのキャリアは、逆送で少年刑務所に行った方がいいというふうに思っていたんです。

司会 でも、審判で家裁調査官の女性が「君は変われる。少年院に行くべきです」と泣いて訴えて結局、少年院に1年半の長期入院と決まったんですね。

高坂 はい。その少年院で読んだ新聞で、世界の子どもの格差や貧困問題を知って、その子たちを救いたいと思いました。出院後、英会話学校に通って、青年海外協力隊に応募したりしました。でも、悪い世界からも抜けられないでいた。

5 名前が出たら生きづらくなる

司会 18・19歳で起訴されると、推知報道禁止が解除されます。その点について、考えを聞かせてください。竹中さんはいかがですか。

●更生のうえでは実名が出ていると何倍も大変

竹中 そうですね。やはりいきなり前科が付くというのは、私は反対です。前科が付くことによっていろんな夢がかなわなくなる。日本はそういう法律がたくさんあります。

名前も出るという話もありました。やはり名前が出ることによって、すごく努力しないと更生できなくなるというのはもう分かっています。

出席者4人の中で、私だけ実名じゃない。それは申し訳ないです。

私も実名でいきたいというのは本音でありましたが、やはり保護司活動をやっていること、自分の子どものこととか、そういうことを考えると、いろんな問題があって実名を出していません。もう50になるおやじが実名を出せないって、私はちょっとかっこ悪いと思いますけど。

じゃあ、少年たちに、例えば強制性交罪なら、女の子に一生かかっても償えないような傷をつける。私も娘がいるので、そういうことがあれば、本当に殺してやりたいぐらいに憎むと思います。でも、やはり実名を出されて、更生しろよと手を差し伸べてもなかなか難しいと思います。私たちの年代でも迷うぐらいですから、少年の頃に実名を出されるというのは、ちょっとかわいそうだと思います。被害者の方には申し訳ないですけど。

被害者の立場を考えると、もう全く実名でもいいと思います。ただ、更生をするうえでは実名が出ている人は何倍も大変です。

●名前が出てしまうことの生きづらさ

中村 私は十代のときに傷害事件で捕まったので、実名が出たわけじゃないです。暴走族雑誌があって、私、かなり名前が売れてたんです。だから、それが生きづらいときがありました。いまでも「元レディース総長が映画作りました」というふうに扱われる。

いまはもう全然気にしていません。それに負けない生き方をすればいいと思っています。もっと大きい自分になろうとか、そういうふうに思ってるけど、それまでの

過程には、名前が出てしまうことの生きづらさは、やはりありました。

竹中　清水為久子先生の指導が一番大きくて、講演活動を始めたときに「報道に踊らされることのないようにしなさい」と言われました。やっぱり有名になったらいけないみたいなところがあります。

　逆に、自分がロールモデルになって、少年や少女に更生できるんだよ、いい方向に行けるんだよというのをどんどん広めたいなと思っている自分もいるんですけど、やはり出てはいけないんだなという自分と両面あります。

中村　私も両方です。

竹中　やっぱり。

中村　被害状況によっては情報公開をすることも必要だと思う部分もあります。ただ更生していくのに、その人の名前が出ることで、生きづらくなるだろうなとも思っています。

　でも一般的にはたぶん、社会の人はそもそも悪いことしたのがいけないという考えじゃないですか。

竹中　年齢は関係ないからね。やったものは悪いからね。

中村　うん。だけど、いまの犯罪は、私が関わっている限りでは、勢いであいつをぶん殴って殺してやろうというような子よりも、もうそういうふうに生きるしかなかったとか、そこでやらなければ自分が生きていける居場所がなくなるとか、そういうことで犯罪に行ってる子も多いので、実名とかそういうことよりも、そこのところをもっと社会が理解してほしい、知っていかなければいけないと、私は思っています。

●ネット社会で少年の情報がどんどん広がる心配
高坂　私も推知報道の解禁には基本的には反対で、やはり非行をやってしまう少年は、もちろんやった本人がいけないところはあると思いますが、そもそもいろんな背景に課題があって、何かしらの支援とか教育が絶対必要な人だと思います。

　実名報道とか写真掲載になっていくと、更生の壁がさらに一つ増えてしまう。そ

の壁がものすごく大きい壁なので、やはりない方がいいと思っています。

　細かいことを言うといろいろあって、関わっていた少年で、検察官送致になって起訴されたけど、その後、裁判でやはり保護処分が相当として家裁に戻され（少年法55条移送）、少年院送致になった少年がいます。実名や写真を掲載してしまうと、その後家裁に戻って来ても消すことができません。

　あと、すごく怖いなと思っているのは、ネット社会なので、メディアが実名とか写真を掲載していくと、ネットの人たちがその情報を基にして、少年や家族の事実じゃないことも含めてどんどん広げていく心配が非常に大きいです。

　関係者の自殺とかにつながったり、精神的に追い込まれて仕事ができなくなったりとか、そういうことになるんじゃないかという心配はあります。

司会　野田さん、逆送が広がって、その子たちが刑事罰の方の流れに乗っていくことになります。その点はどんなふうに見ていますか。

　　　　　　　　　　●更生が阻害されると、新たな被害者が生むおそれ
野田　少年刑務所でも教育に力を入れていることは知っています。それでも高坂さんも言っていたように、少年院と少年刑務所で支援の質が変わったりしないかということは、私も心配です。

　そしていま議論していて、「少年に対してもっと厳しくしろ」と言っている人たちと私たちとは、目指している方向はそもそも同じなんじゃないかなと、思いました。

　というのが、たまたまきょうの座談会出席者4人とも娘がいるんですよ。もし自分の娘が強制わいせつとか強姦とかされたりしたら、犯人を絶対許せないです。

　私が感情的に、そいつの実名が出て、ネット上の死刑みたいな、社会的制裁を受けたらいいと思ったとしても、実際、その人が刑務所に5年入って、出てきて、名前が出てますから、就職できませんね。更生が阻害される。そうすると、また新たな被害者が生まれてしまうのではないか。

　それより、必要があるんやったら、ちゃんと教育を受けて帰ってきてくれた方がいいと思う。だから、厳罰化を訴えている人たちも私たちも、目指しているところは同じかなと思います。もし自分が被害に遭ったときですが、ほかの人にこんな悲しい思いはしてほしくないと思う。そしたら、やった人間が再犯するよりは更生した方が、世の中にとってもいいじゃないですか。

6 少年たちの夢奪う資格制限

司会 次に資格制限について。ざっくり言えば、少年法には少年のときの非行で保護処分を受けたことによって、選挙権の制約を受けたり、看護師になりたいというときの受験の資格制限を受けたりしないという条文があります。今回の改正で18・19歳の子に関してはそれが外れて、制限されてしまうということなんですが、竹中さん、面倒を見ている子どもにも関係があるだろうし、竹中さん自身、もしそうだったらという話でもありますね。

●資格に守られた自分

竹中 だいぶ前に、『資格制限法令ハンドブック』（ぎょうせい、1992年）というものが出ています。先ほどの説明の通り、やりたい夢、例えば看護師になりたくても、資格が取れなくてなれなくなる。他にも、会社の取締役、産業廃棄物処理なんかも、あと、中古車ディーラーなんかも資格制限にかかって、できなくなります。

　私が東北少年院でたまたま電気工事士の勉強をして、その後、資格を取ったので、何かあって会社とか家とか全部持っていかれたとしても、資格だけは残ります。だから、保護司もやっていられるし、素行のちょっと悪い少年とか大人とかも引き取っていられるのかなと感じています。電気工事士っていう免許がなかったら、怖くてボランティアもやってなかったのかなっていうぐらい、資格に守られています。

　もっと踏み込んで言わせてもらうと、電気工事士はぱくられて前科が付いても剝奪されません。だから、もし私が事件に巻き込まれても、電気工事士という免許は残る。その面でもボランティア活動をやっていく自信につながっていると思います。

　もう一つ言わせてもらうと、私は職業訓練指導員の免許も取りました。この免許は、1級技能士っていうのを取ると取れますが、1級技能士というのは資格の受験欄に、「前科がある・ない」みたいなことを書くことになっています。

　保護司も、私はたまたま少年の間の傷害事件だったのでなれましたけど、大人で前科が付いたら保護司にはなれないです。資格制限ハンドブックにも「なれない」と。前科があるとボランティア活動もできなかったと思います。

　各表彰制度でも、国土交通大臣顕彰（建設マスター）というものがありますが、「前科ありませんか」という項目があります。「埼玉の名工」とか「現代の名工」

というのもありますが、そのときもやっぱり、「前科ありますか、ありませんか」と。

何かやるたびに、前科があるかないかというのは付きまとってきます。本当に１年、２年の差です。もし私が２年ぐらい遅く傷害を起こして捕まっていたら、というところまで思います。

さっきも言いましたが、誰かのために看護師になりたいと思ったときになれない、それは更生するうえではもったいない。やっ

竹中ゆきはるさんらは地元でゴミゼロ運動を続けている。写真はその様子。

ぱり夢っていうのは大事なので、そういう面では、申し訳ないけど、「18、19ぐらいまでは資格制限は付けませんよ」みたいなものがあってほしかった。

司会 本人にとっても夢は大事ですけど、社会にとっても、そういう人を排除するともったいないですね。

竹中 もったいないし、そういう少年少女は痛みを知っているから、痛みを知っている分、人に優しくできるのは間違いないと思います。

司会 いい言葉ですね。

竹中 だから、失敗した人間ほどそういう仕事に就いてもらいたいと思います。

●夢や希望を狭めることにつながる

高坂 私も悪いことをやめると決めて、広島から名古屋に来て、福祉の仕事を始めました。高齢者介護と障碍者福祉の職で10年勤務して、その後、いま自分で福祉の会社をつくって、非行をやった少年たちの中で、障碍のある少年とか青年に対するサポートをやっています。福祉をやっている途中で、介護福祉士という国家資格を取りました。

介護福祉士、社会福祉士、精神保健福祉士が国家資格で3福祉士と言われていますが、欠格事由を見たら「禁錮以上の刑に処せられ、その執行を終わり、または執行を受けることがなくなった日から起算して2年を経過しない者」と書いてあるので、その期間は福祉の国家資格の取得ができなくなるのではないか。

そういう意味では、さっき竹中さんが言われたように、夢とか希望、目標も絶対必要だと思うので、それを狭めることにつながることは、考え直してもらえないかと思います。

●資格取得の制限で誰が得をするのか

野田　私は何で資格取得制限をしたいのか、誰の利益になるのかというのが疑問です。「悪魔の弁護人――御子柴礼司」というドラマがあって、少年のときに女の子を殺した人間がその後、弁護士になったという設定です。すごく考えさせられました。そのドラマには「そんな犯罪をした人間が、資格を取ってのうのうと生きているのが許されへん」というコメントが多かった。

　私はそれは別ではないかと。竹中さんも、夢があって、資格があるから、いま、何かつらいことがいろいろあったとしても、会社がなくなったとしても、その資格で飯を食っていけるから、それ以上悪くなりようがないというよりどころになっていると思います。資格取得を制限したら、誰が得をするのかなと思います。誰も得しません。

7　50年後の社会をどうしたいのか

司会　最期に法改正についてでも、少年に対する社会の向き合い方でもいいですが、なにか言いたいことはありますか。

中村　非行として括られるかもしれませんが、少年では、これが犯罪だとは知らなかったから結果的に犯罪になってしまったという子もいて、そういう子たちに、教育ではなく罰を与えるのでは、犯罪は減っていかないと思います。

司会　「犯罪だと知らなかった犯罪」とは具体的には？　薬とかですか。

中村　分かりやすく言うと、いまで言う特殊詐欺とか、あと、女の子で言ったらパパ活をしている子とか。

司会　美人局みたいなことですか。

●この中途半端な改正をのみ込んで、できることを考えたい

中村 うん。それと、「そうするしかなかった」という子も、自分の体を売るしかなかったという子もいると思います。撮影した女の子4人とも「少年院に入って初めて信頼できる大人に会った」と、同じことを言っていたので、そういった人との関わりがなくならない方がいい、現状の方がいいと思います。

　あと、民法の年齢引き下げで、少年法も引き下げとなって、改正として出てきたのが、あいだを取ったような内容だと感じました。中途半端というか、少年法は下げないけど、「これはこうするよ」と。

　少年法の適用年齢が引き下げになると思っていた人は多いと思いますが、でも、実は引き下げにならなかった。「18・19歳についてだけ、こうですよ」みたいな中途半端な内容なので、ここで周りがばーっと騒いで、いろんな形で問題にすると、逆に「やっぱり引き下げましょう」「もう全部少年院には行かせませんよ」ということにならないかなという心配もあります。

　そうなるよりは、この中途半端な改正をのみ込んで、できることを考えていった方がいいのかなと思ったりするのが、自分自身の正直なところです。

司会 この中途半端にも行かせたくないというのが、この本の方向性ですが。

●自分のできることを続けていきたい

中村 でも、この中途半端で手を打っておかないと、全部が「18歳から大人ですよ」というふうにならないかなと思う部分もあります。この状況を変えられないんだったら、この状況でベストになる方法を考えていくことも、方法の中にあるのかなと。

　これからの少年院を考えると、少年院は大きく変換していく必要性に迫られているんじゃないかと。それはそれで期待したいし、私は変わらず自分のできることを続けていきたい。

司会 高坂さん、何かありますか。

●適用年齢を維持するのであれば、法改正でなく被害者支援の充実を

高坂 さっき、中村さんが言っていたことと同じだなという部分があって、いままでの流れを整理していくと、2017年2月に少年法適用年齢引き下げについて法相が法制審に諮問して、約3年半議論が行われて、2020年7月に、自民党と公

明党が少年法適用年齢について20歳未満のまま維持することを合意して、その後、法制審は与党の合意に沿った動向を上川法相に答申したという流れだと思います。

適用年齢はそのまま維持するということになったけれど、中身をよくよく見ていくと、引き下げになった場合と同じことが含まれていて、それが多い。

多分、適用年齢引き下げとすると、反対意見も多いし、国会審議がスムーズに運ばないかもしれないので「適用年齢は維持しますよ」というふうにしておいて、でも引き下げと同じようなものをたくさん並べてきた。

適用年齢を維持すると決めたのであれば、法改正するのでなく、足りないと言われていること、被害者に対する支援やサポートメニューを充実させることに力を入れていく方がいいと、個人的には思っています。

●更生のチャンスを整備するための少年法を守ろうと動いている

野田　少年法を守ることは、加害少年の権利だけ守ることみたいに捉えている人が多いと感じています。加害者を守るために動いている、活動していると思われて、説明してもなかなか分かってもらえない。

結局、更生するチャンスを整備するため、みんな社会を良くしたいから少年法を守ろうと思って動いていると思いますが、その辺がもうちょっと伝わるような方法がないかなというのが、私が感じていることです。

あと、高坂くんが言ってくれたように、被害者をサポートするメニューをもっと充実すれば、ちょっとでもいいのではないかと思いました。

司会　締めくくりに竹中さん、お願いします。

●法律も判決も完璧ではない、一番きついのは冤罪だ

竹中　自分も皆さんと本当に同じ意見で、自分の妻にも「俺がボランティアばっかりで、家族を顧みないでごめんね」みたいに話して、「引き取った少年少女にご飯を作ってくれたりして、悪いな。何でそこまでやってくれるんだ」なんて話をしました。

妻の言葉で忘れられないのは、「私は自分の子どものためにやってるんだ」と言ったことです。「どういうこと?」って聞いたら、「いや、私たちが死んだ後に、日本という国が犯罪者だらけだったら困るでしょう」って言うので、「ああ、そうか」と。妻は50年後、100年後の話をしているわけです。

私は目の前の少年少女を助けようと思っていたけど、うちの奥さんは、自分の子どものために社会をよくしようと思っているんだなと感じました。

　話が少し戻って申し訳ありませんが、起訴されても元に戻って少年院送致ということもあり得るという話がありました。起訴された時点で名前や写真を報道してよいというのは、法律として完璧ではない。判決も完璧ではないし、100％はあり得ません。一番きついのは冤罪だと思います。

司会　冤罪ということを言っている人はあまりいないので、とても大事です。

竹中　冤罪の人はどれだけ苦労するか。どんな犯罪者よりも心に暗闇を、背中に十字架を背負うというか、冤罪になった人にしか分からないと思いますが、本当にきついと思います。18・19歳で実名報道されたら、たとえ無罪になったとしても、その少年少女たちは一生、世間から疑いの目で見られ続けます。

司会　憲法31条から導かれる「無罪の推定の原則」ですね。無罪の可能性や冤罪の危険性を、今回の改正はあまりにも考慮していませんね。

　今日は少年法改正問題にとどまらず、たくさんの大切な言葉を聞くことができました。

　少しだけ挙げると、「18・19歳は自分で飛べないサナギ、周りの助けがないと羽ばたけない」（野田さん）、「生き直していくために絶対必要なのは、本人のありのままを受け止めてくれる信頼できる大人」（高坂さん）、「自分が支援者だと思ったことはない。ずっと当事者だと思っている」（中村さん）といった言葉は、苦しい時代を切り抜け、いま苦しいときを生きている少年少女たちに寄り添っていなければ、なかなか出てこない言葉だと思います。

　そうした言葉は、竹中さんの「腹の中を探り合うような大人になるより、少年の心のままでいい」という発言につながっています。非行に走った少年時代を否定し、忘れ去るのではなく、その時代を、それ以前やそれ以後の人生と同じように、いやもしかしたらそれ以上に大切なものとして、抱えて生きていこうという決意表明であって、生きることの一つの理想を示していると思います。言葉にしなくても、他の出席者のみなさんも同じ思いだろうと受け止めました。

　今日、いちばん学ばせてもらったのは司会者だと思います。みなさんに深く感謝します。どうもありがとうございました。

（了）

第5部
一言メッセージ集
少年法はもっと生かせる!

　少年法改正という基本法を変えてしまう「無謀な試み」に対して、巻末資料にあるように、家庭裁判所調査官、少年院の法務教官、家庭裁判所の裁判官の経験者や学者研究者と弁護士会などが反対の声明をあげました。その後、少年法の適用年齢を露骨に引下げることがなくなりましたが、まだまだ問題は尽きません。

　このような状況にあって、実務家、研究者、当事者であった人たちに広く呼びかけたところ、短い期間にもかかわらず、また厳しい字数制限にもかかわらず、それぞれ振り絞る「反対の声」を寄せていただきました。

　そこで、ご紹介の順番も、やや平板にみえますが、あえて五十音順に並べて、一人ひとりの声をじっくり受け止めていただきたいと思い、ここに集約してご紹介します（明らかな誤字・脱字以外は、原文のまま掲載します）。

私たちは、虐待などで深刻な被害を受けて居場所を失い、深く傷ついた10代後半の子どもたちに出会ってきました（その多くは医療などのケアが必要な状況でした）。彼ら彼女らはすぐに適切な方法でSOSを出せるわけではないため、追い詰められて犯罪行為に手を染めるなどしてしまい、警察などが関与することでようやく公的な手続きにつながることも少なくありません。

しかし、彼ら彼女らは、自分たちが立ち直る力をもった存在であることを私たちに教えてくれました。少年法は、「ぐ犯」という仕組みも含め、18歳・19歳を含むそのような子どもたちを、変化し成長する存在・立ち直ることができる存在とみて、彼ら彼女らを支えてきました。有効に機能してきた少年法を今回の改正案のような方向で「改正」する必要があるとは考えられません。今回の改正案に強く反対します。 **相川 裕** 社会福祉法人カリヨン子どもセンター理事長・弁護士

児童自立支援施設を退所後、2回ほど少年院に入った経験のある少年から「立ち直ってどうにか元気で働いています」というメッセージが届いた。

このようなケースは少なくない。多くの青少年はつまずきながらも多くの人の手にふれながら、包み込まれながら、見守られながら、行きつ戻りつらせん階段のように少しずつ成長していくのである。こうした立ち直りの過程を確保できるシステムを構築していくことが重要なのである。司法福祉関係機関と児童福祉関係機関などとの連携・協働のもと、青少年の健全育成を目的に、どの年齢においても、その青少年の多様なニーズにも対応できる、すなわちその青少年の必要性の原則と適切性の原則に基づく育成が可能になる具体的な事業などを整えて、緩やかなグラデーションをもった重層的な健全育成システムの構築が重要である。そのようなシステムを構築するための少年法改正こそが必要なのである。 **相澤 仁** 大分大学教授・元国立武蔵野学院長

「親の顔が見てみたい！」—— 少年事件が世間を騒がせるたびバッシングに晒される加害者家族。「子の犯罪は親の責任」として子どもがいくつになろうとも親が責められるのが日本社会である。それは、社会において子どもがひとりの人間として人格を認められていないことの裏返しでもある。親である限り永遠に子どもが犯したことの責任を背負わせられるのならば、親はいつまでも子どもを管理しなければならないと過干渉になり、子どもの自立を阻む結果を生んでいる。子どもたちは、家庭だけでなく学校でも理不尽な校則によって管理を余儀なくされ、自己決定権を侵害されている。こうした子どもの権利が確立されていない社会で

少年事件が起きた場合、問い直すべきは社会の在り方であって厳罰化によって個人に責任を押し付けるべきではない。社会は少年が更生可能な環境を作る努力を十分に行ってきただろうか。　　　　　　　**阿部恭子 NPO World Open Heart 理事長**

私は児童青年精神医学を専門とする精神科医であり、第三種少年院（医療少年院）に勤務していた経験があります。第三種少年院に収容されている少年のうち、約4割が発達障害をもっていました。生来的に発達障害をもち、機能不全な養育環境で虐待などを受けて育ち、学校や社会で不適応を生じ、それらが背景要因となり非行に至っている少年が多く、ですが発達障害については未診断・未治療である少年がほとんどでした。第三種少年院では、適切な治療や支援を受けてこなかったそれらの発達障害をもつ少年に対し、診断と、基本的な精神療法と心理教育、および社会復帰支援／環境調整を行うことにより、多くの少年に良好な変化が生じました。すなわち、社会に出た後にも医療および福祉面で支援が受けられる道筋がつけられることにより、少年達は社会で生き直せるかもしれないという期待を見出すことができるようになりました。脳科学の知見からは、脳の成熟は20代後半まで緩やかに進むこと、また脳は環境により変化しうる可塑性があることが知られています。適切な治療や支援が受けられれば20代であっても成長や変化を遂げる可能性があるにも関わらず、18、19歳少年に対する刑事司法化は、その芽を摘みとり、非行からの更生を現在よりも更に困難にさせると言えるでしょう。　　　　　　　**井口英子 大阪精神医療センター精神科医**

今回も含め少年法「改正」論議で立法趣旨が顧みられたことはない。立法趣旨には法の基本理念が含まれている。少年法制定時、「第二は年齢引上げの点であります。最近における犯罪の傾向を見まると、20歳ぐらいまでの者に、特に増加と悪質化が顕著でありまして、この程度の年齢の者は、未だ心身の発育が十分でなく、環境その他外部的條件の影響を受けやすいことを示しておるのでありますが、このことは彼等の犯罪が深い悪性に根ざしたものではなく、従ってこれに対して刑罰を科するよりは、むしろ保護処分によってその教化をはかる方が適切である場合の、きわめて多いことを意味しているわけであります。政府はかかる点を考慮して、この際思い切って少年の年齢を20歳に引上げたのでありますが、この改正はきわめて重要にして、かつ適切な措置であると存じます」と18、19歳も保護主義を基本とする少年法を適用するとその立法趣旨を説明している。「18歳以上の者に対する子ども司法制度の適用を認めている締約国を称賛す

る。このアプローチは、脳の発達は20代前半まで続くことを示す発達学上および神経科学上のエビデンスにのっとったものである」（CRC〔国連子どもの権利委員会〕一般的意見24号）と同じ論拠である。こうした科学的論拠が無視され、「犯情主義」という少年法とは無縁な、単に形式的に少年法を適用するという政治的思惑で結論が決まってはいけない。　　　　　**石井小夜子** 子どもと法・21、弁護士

戦後、民主的改革の息吹の中で生まれた少年法は、これまで幾度か改訂がなされてきた。提案の背景には、社会の変化や子ども像の変容、センセーショナルな事件があった。しかし、今回は違う。国民投票法や公職選挙法、民法などの成人基準が20歳から18歳に引き下げられたからという画一化が理由である。すべての市民には平等に権利がある。しかし、現実社会で子どもたちは社会的・経済的に不利益・不平等な扱いを受けている。発達途上の子どもたちの自由は公平かつ平等に守られるべきである。彼らが、人として、市民としての自由や権利を主張できる機会が保証されなければならない。現実を見よう。刑法は14歳、児童福祉法は18歳、未成年者の飲酒・喫煙は20歳を基準としている。しかし、選挙権は18歳、裁判員は20歳、被選挙権は衆議院25歳、参議院30歳である。子どもたちは言う。「大人は、都合のいいときだけ大人なのだからと言い。重大な判断のときは子どもだからという。」今回の法改正の提案者である大人たちは、あまりに身勝手である。　　　　　**石塚伸一** 龍谷大学法学部教授

定時制高校や工業高校など、問題行動が頻発した高校で生徒指導を担当しました。生徒は校則や法律を破れば指導を受けたり罰せられることは知っていますが、その時の感情で行動するため、抑止力になり得ません。このような生徒たちには、落ち着いたときにじっくり話をしたり考えさせたりすると、どのような行動をすべきか理解します。決して厳罰では解決できません。

定時制高校には19歳、20歳の生徒も在籍しており、問題行動に走る生徒がいました。彼らに丁寧な教育を施せば、犯罪から縁遠い生活を送るようになります。

『令和2年版 犯罪白書』を読むと、少年による刑法犯等の検挙人員は昭和58年の31万7,438人をピークに、その後減少傾向が続き、令和元年は戦後最少を更新する3万7,193人であったと説明しています。非行少年が減少している今だからこそ、時間をかけて教育することによって、将来、犯罪を行わない人間を育成できると考えます。　　　　　**梅澤秀監** 東京女子体育大学特任教授

これまで弁護士として、たくさんの 18・19 歳の少年たちに出会ってきました。多くの少年たちは、ありのままの自分を無条件で受け入れてもらった経験がなく、自分の話を重要な意見として聴いてもらったこともなく、何かを達成したという満足感を得る機会がなく、褒めてもらった経験も少ないまま，事件に至っています。もし私が、少年と同じ家庭環境で育ち、信頼できる大人に出会えないままであれば，同じことをしたかもしれないと、少年事件をやる度に本気で思います。

　少年には、受容され、自分の話に耳を傾けてもらい、何かを達成する機会が必要です。自分がなぜ事件を起こしてしまったかを振り返り、自分の特性を知り、更生するにはどのようにすればいいか、一緒に考えてくれる大人の存在が必要です。それは、調査官、鑑別技官、家裁の裁判官、付添人、保護観察官、法務教官です。少年たちには、18・19 歳のその先に、60 年以上の「更に生きる」時間が待っています。たった 2 年間のチャンスを奪う権利は、誰にもありません。

岡崎槙子 弁護士

20 歳間近の少年の試験観察から学んだこと。少年友の会の付添人として、ある程度重大な事件で試験観察（少年法 25 条）となった 20 歳間近の少年と、弁護士付添人とともに 2 ヶ月以上関わりました。

　親から不適切な養育を受け，学校ではいじめられ引きこもらざるをえなかった少年は、うまく他者とコミュニケーションできず非行に至りました。しかし、試験観察中に弁護士付添人が熱心に関わったおかげもあって、自分で考えたことを私たちに話せるようになりました。これは少年法における試験観察制度の賜物です。

　しかし、少年法が「改正」されれば、この少年も試験観察なしで刑事裁判にかけられ、実名がさらされる可能性が高まります。刑事裁判にかけられれば，拘置所に長期間閉じ込められ、教育的働き掛けはありません。実刑判決が確定しても，刑務所でコミュニケーション能力が高まることはありません。社会復帰後に前科者の烙印も加わります。この少年がどうして社会の担い手になれるのでしょうか?

岡田行雄 熊本大学法学部教授

ア メリカでは 1970 年代後半以降、少年犯罪に対する重罰化政策が進められ、多くの州で、少年裁判所（日本でいう家庭裁判所）ではなく、刑事裁判所（日本でいう地方裁判所）で扱うことができる少年事件の範囲を広げた。少年犯罪の抑止効果を高めることをねらった政策転換であった。しかし、期待したような効果がなかったことは、近年の信頼できる研究（Zane, S. N. et al. 2016, Juvenile

Transfer and the Specific Deterrence Hypothesis. *Criminology & Public Policy*, 15: 901-925.) により、明確になっている。それどころか、このような政策の変化により、むしろ彼らの再犯が増えてしまったという知見もある。「厳しく罰すれば犯罪は減る」── これが神話であることは、犯罪学の常識だ。政策立案に携わる人々は、犯罪学を学んでほしい。手前味噌ながら、岡邊監訳のTim Newburn著『犯罪学』（ニュートンプレスより2021年3月刊行）は、コンパクトな入門書なのでお勧めである。

岡邊 健 京都大学大学院教育学研究科・教育学部准教授

今回の少年法「改正」は、国の少年観・子ども観、彼らに向ける眼差しの在り方を象徴するものとして理解する必要があります。それは、形式的、機械的に改正民法等と整合させることよりもはるかに重視されなければいけないことです。

国や社会には子どもたちを健全に育成する責務があります。非行のある少年たちは、大人たちがその責務を果たし得なかった結果として生まれている側面があります。そうした彼らに厳罰をもって対応するのは国の責任の放棄と言えます。つまり、少年法「改正」は、国がそうした少年たちを保護する姿勢から排除する姿勢に転換することを象徴するのです。

法制審議会も認めているように「特定少年」を含め彼らには可塑性があります。しかし、その可塑性は、国や社会が慈愛をもって彼らを受け止めることにより初めて具現化するものです。少年の健全育成には現行少年法の精神の堅持と伴走者が必要です。

川邊 讓 駿河台大学心理学部教授

私が2018年度と2019年度に日本弁護士連合会の会長を務めた間、日弁連は一貫して、少年法適用年齢の引き下げに反対してきました。私も、院内集会などに参加しましたが、少年法を「改正」する立法事実が全くないということは、現場で少年司法や少年矯正を担ってきた方々が異口同音におっしゃっていたことです。いつも少年法には厳しいマスコミも、少年法適用年齢が引き下げられたとしたら、かえって犯罪が増えるという危惧を共有してくれたように思います。

にもかかわらず、国会で十分な議論が尽くされていないことを残念に思います。

今回の「改正」が、一見、全件家裁送致主義を維持したように見えて、実質的には「少年法適用年齢引き下げ」という結果になることはあってはならないと思います。

菊地裕太郎 前日本弁護士連合会会長

児童精神医学は、非行と発達障害を両輪に発展してきたとも言われます。なぜ私たち児童精神科医が非行に携わるのかというと、その背景に発達障害と虐待があるからです。発達障害の特性から、あるいは不適切な養育の影響から情緒不安定となり、結果的に触法行為が生じます。発達障害や虐待の影響により、安全な居場所がなくなり、非行という形式で外在化されます。とりわけ女子非行の場合、そのほとんどが性非行で、居場所を求めた結果、自分が実は被害に遭っているとは気が付かずに、性被害に遭います。性被害のすぐそばには、違法薬物があります。18歳、19歳で覚せい剤取締法違反なら、初犯はおそらく執行猶予でしょう。居場所がないのは変わりませんから、少年法による保護がなければそのまま被害に遭い続けることになります。少年法は、虐待から少年を守り希望へと導きます。少年法を守ることは、未来を守ることです。

木村一優 多摩あおば病院精神科医

約3年半の法制審部会における議論の結果、現行の非行対策は非常に良く機能していることが共通認識となった。18・19歳にも現行法のまま適用を行うことに何の問題もなかったし、犯罪被害者の方々から改正を求める声が広くあがったわけでもなかった。それなのに改正案に第5章を設けて特定少年として少年法の保護と教育の理念を放棄したに等しい法案を出した人々の見識を疑う。また、強く闘えば与党PTが更に悪い案を出してくると公言する弁護士らがいることに強い怒りを覚える。贈収賄事件が多数露呈し、官僚が国会答弁を拒否する現在の国会には、基本法である日本国憲法の一部というべき少年法の改正を審議する資格はない。

改正案は、非行に陥った少年に対し、「君の意思に反してでも、手厚い教育と保護にお金と人材を割くことにしていたが、それはやめることにしたよ」と言い放っている。改正案は廃案にするしかない。

草場裕之 弁護士

改正案が18・19歳を「少年」としたのは、少年司法の教育機能がこれからも年長少年に対して発揮されるようにするためであった。ぐ犯の存在は、年長少年についても犯罪に至ることを未然に防止し、その生活を再建することにおいて重要な役割を果たしてきた。ぐ犯の除外は、教育機能の重大な限定となる。また、2018年、年長少年の事件のなかで家裁が個々の少年と事件とを見極めたうえで刑事処分相当としたのは、致死・致傷事件を除く強盗について49件中2件、同じく強制性交について43件中4件であった。これらを含み、原則刑事処分

の対象犯罪を大きく広げることは、犯罪行為に見合った責任の点でも、更生の可能性の点でも、年長少年とその事件の実態に適合していない。少年司法の教育機能を最も必要とし、それに適合する多くの少年について刑事処分を原則とする改正案は、矛盾に満ちており、成立しても運用のなかで破綻するであろう。

葛野尋之 一橋大学法学部教授

少年の成長を見る喜び。少年矯正に36年携わった。手元に日々少年たちが綴った日記や課題作文から抜粋した「珠玉の言葉」と記したメモがある。

少年院送致決定を「生きていていい、生きることを許された」と受け止めた少年、「今は手を合わせることしかできない」と就寝後に手を合わせ続けた少年、「親から捨て猫にされたと思っていたが、自分から捨て猫になっていた」と親子関係を修復した少女、外出先で職員手作りの弁当に「ウインナーが蟹さんになっていた」と喜びと感謝を記した少女、老人保健施設の排泄介助で「我慢して、やっと出て、良かったなって、私までうれしくなった」と老人への思いやりを記す少女、等々。それは、キューブラー・ロスの死の受容モデルにも似て、少年院送致の落胆・悲嘆からやがて指導を受け入れ、立ち直りへと向かう少年少女の姿を垣間見ることができる。それは多くの少年矯正に携わる人々の弛まぬ指導の結果であり、その機会を決して奪ってはならないと思う。

小林勝 元盛岡少年院長

●学びの場としての少年司法

長い大学での研究生活ののち、弁護士に転身し、14年。少年たちと向き合い、付添人活動をしてきた。成人事件でも弁護人として被告人の経歴を知ることも多い。非行・犯罪行為の内容、成育環境、性格、価値観・規範意識は多様である。しかし、その多くは恵まれない成育歴を持っており、規範意識にずれがあり、周りから向き合ってもらえなかったことが分かる。警察、少年鑑別、調査官調査、少年審判、保護処分など少年司法は全体として学びの場である。

弁護士付添人が少年と関わりをもつ期間は長くはない。家裁裁判官や調査官も同様である。付添人活動のなかで少年鑑別所や家裁調査官の仕事ぶりを見ることがある。一部にはひどい独断ぶりを感じることもあるが、優れた調査力と判断力に感銘を受けることが少なくない。付添人活動を通じて知り合う18歳・19歳の少年たちは、幼稚だなあ、と思う。政治の力で、彼らから貴重な学びの場を奪うことに強い憤りを感じる。

斉藤豊治 甲南大学名誉教授・弁護士

少年やその家族、元非行少年と長年接している者として、少年法適用年齢の引き下げは少年から成長する芽を摘み、家族の再生をも阻むことになると危惧します。適切な手立てに辿り着いた時の少年の変化ほど目覚ましいものはありません。「今の自分であの時に戻ってやり直したい」と語った少年もいました。悔やんでも悔やみきれない思いを知ると、前向きに思いを転じるためにもっと時間が欲しいと思います。保護者とは名ばかりの劣悪な家庭環境に置かれたり、初期の学校生活で教師に見放されたりした彼らには、その年齢にふさわしい成長があったとは認められず、少年が生き直すためには、その成長の時間軸から「失われた時間」を引いた年齢こそが実年齢であると考えます。適用年齢は引き下げるどころか引き上げること、そして対応の幅を持たせることを切に願います。

シャーリー仲村知子
ぱすたの会（おおいた「非行」と向き合う親たちの会）総合代表・大分家庭少年友の会会員

子どもは社会を映す鏡です。社会の中で起きているさまざまな困難や不正、例えば、貧困、格差、児童虐待、いじめ、差別などが、少年少女たちにふりかかり、その結果が非行というかたちになって現れます。

　私たちは、さまざまな社会問題を十分に解決できていない社会の構成員として、責任を痛感し、社会全体で責任を分かち合い、共にその重荷を背負っていく姿勢が求められています。大人の犯罪でも、ひとり罪を犯した人を糾弾して厳罰に処すだけでその原因や背景の改善に取り組まなければ、正義も秩序も危険に曝されたままであり、再犯の防止そして同種の犯罪の防止にも繋がりません。

　このことは、弁護人だけでなく、捜査機関や裁判所にも同様の認識を示す人たちが少なからずいます。

　刑務所での受刑者の高齢化が言われ、刑務所に出たり入ったりを繰り返す頻回受刑者の存在が問題になっています。頻回受刑者の中には、軽度の知的障害があったり、子ども時代から不遇な生育歴を有していながら、大人になるまで福祉の支援がなかった人たちが数多くいます。

　私たち弁護士や弁護士会は、そういう犯罪者に対する「入口支援」「出口支援」ということに、近年、目を向けてきましたが、実は、少年法が予定する支援は、それらを先取りしているということが分かります。少年法を守ることは成人になってからの犯罪者を減らすことにもつながります。

　不幸の連鎖を断ち切り、一人でも多くの人たちの人生を実り多きものとしていきましょう。

篠塚力 2019 年度東京弁護士会会長

◉18歳、19歳の少年の立ち直り支援こそ重要

私はセカンドチャンス！という少年院出院者による自助団体の立ち上げから関わっています。すでに設立から10年以上経過し、元少年たちは互いに励まし、後輩たちを助け合いながら真剣に生きています。18歳時に試験観察になり、信頼してくれた調査官によって目が覚めた。19歳時に少年院の教官に出会い生き直そうと思った。18歳で家出し良くない男性と関わり妊娠したが虞犯で収容された鑑別所で弁護士に出会えた。こんなふうに18、19歳が転機になっている元少年はたくさんいます。少年鑑別所の視察委員として採った在院者アンケートの中には「話しを聞いてもらえた」「尊重してもらえた」「前向きになれた」など、鑑別所の中で生きる基礎を見つける子も多いです。その鑑別所の収容年齢は18、19歳が、近年4割を超えています。今の少年法がうまく行っているのに、これを必要とする18、19歳を少年法の保護の枠組みから放擲して、いったいどうするのでしょうか。

杉浦ひとみ 弁護士

◉鑑別の果たす役割に期待する

令和2年10月、法制審議会が法務大臣に答申した少年法改正要綱では、全件家裁送致の枠組みを維持した上で、18・19歳を原則検察官送致する罪の範囲を短期1年以上の新自由刑に当たる罪の事件にまで拡大している。ここには、強盗、強制性交等罪等が含まれるが、これらは犯情の幅が極めて広い事件類型である。例えば、万引き現場を見つかり、制止を振り切ろうとして軽微な暴行に及ぶ事後強盗事案や、主犯格の成人による路上強盗場面に居合わせた従犯事案など、様々なものが含まれ得る。したがって、原則逆送該当事件であっても、犯行の動機、態様、本人の性格及び環境等の事情をきめ細かく調査・検討し、刑事処分以外の措置を選択できる仕組みが必要である。そして、そうした処遇選択に資するよう、これまで長年培ってきた鑑別の知識・技術が一層活用されることを期待している。

鈴木明人 元矯正研修所長・元東京少年鑑別所長

少年法の適用年齢は引き下げるべきではない。なぜなら、第1に、現行の保護手続は適切に機能しているからであり、第2に、少年法の適用年齢を民法の成年年齢などと合致させる必要はないからである。少年法は、非行少年に対する健全育成を目的としており、少年に対する処遇は、個々の少年の性格、環境、成熟度などに応じて決められるべきである。現行少年法は、刑罰という選択を否定しているわけではない。

また、衆議院に提出された法案では、とくに18歳以上の「特定少年」の保護処分が刑罰的発想で組み立てられている。すなわち少年院送致、保護観察ともに「犯情の軽重」に応じてその期間が定められ、保護観察中の遵守事項違反が少年院収容に結び付けられている。これは、保護処分全体の刑罰的思考（犯情の軽重によって処分を決定する思考）へとつながっていくものであり、健全育成の思想を揺るがす危険性を内包している。**高内寿夫** 國學院大學法学部教授

◉元少年たちへ

「理解者ハイナカッタ　死ンダ　理解者ハイナカッタ　モウイインダ」（1969年11月18日ノート4「死ンダ」）これは、ピストル連続射殺魔として、犯行当時19歳という未成年でありながら死刑判決を受け、1997年に死刑執行された元死刑囚、永山則夫さんが綴った『無知の涙』という本の一節です。私が少年法と出合い、死刑問題と出合ったのはこの本がきっかけです。少年法を考えるとき、死刑と向き合うとき、必ず冒頭の言葉が思考にこびりついて離れません。理解すること、理解しようとすること、たった一人の大人が少年と真摯に向き合うことで防げる不幸はたくさんあります。「若い奴はこれだから」、「子どもを甘やかすな」と声高に口にするすべての人たちはみんな元少年です。そろそろ大人目線をやめませんか？

すべての子どもたちが「理解者」と出会うことのできる機会が少年法なのです。元少年たちがその機会を奪ってよいのでしょうか？

田口真義 LJCC事務局・元裁判員

少年法は、「健全育成」という目的から、「少年」、「保護者」の定義、少年に対する保護手続や保護処分のあり方、刑事手続や刑事処分のあり方、さらには人の資格に関する法令の適用に関する特則や推知報道の禁止に至るまで、包括的に、成人とは異なる特別な扱いを定めています。自ら非行を克服できるよう若年者の成長発達を支援し、そのことで将来の犯罪から社会を守るこの制度は、18歳と19歳の者についても有効に機能しており、社会の安全を保つことにも貢献しています。

こうした仕組みには、歴史と実績があります。日本の少年法は、2022年に生誕100年を迎えますが、1948年に現行法が旧法下での成功体験を踏まえて18歳から20歳に適用年齢を引き上げたことから数えても70年以上にわたる制度運用の実績をもっています。若年者の人権と成長発達（権）を保障し、社会を安全に

するために蓄積されてきた先人たちの智慧と経験は、今こそ活かされなければなりません。**武内謙治** 九州大学法学部教授

◉少年のパートナーとして

少年は、18・19歳の年齢層を含め、元来社会的に弱い立場にあり、成長途上にあって、環境に支配されやすく、また、傷つきやすいけれども、可塑性に富み、失敗しながら学び、成長する可能性と教育可能性が大きい。少年法1条の健全育成の理念は、その少年の実像を踏まえ、非行を育ちの過程の問題とみる非行観に立ち、非行の責任非難よりも、少年を理解するなかで非行の意味を理解し、科学的合理的な根拠のある個別的処遇を行う科学主義に立つ。その育ちの過程で虐待、いじめ、不適切な扱い等により傷ついた被害者である非行の背景を理解する司法福祉的援助によって、少年は適切な人間関係のなかで自己肯定感を取り戻し、真に犯罪被害者の心情を理解し、責任を理解、反省して更生できる。

18・19歳を特定少年として、これらの原理を排除し、刑事裁判の行為責任、情緒的な応報刑、実名報道許容を持ち込む改正案は、科学的合理的根拠もなく、社会的援助から分断する。これは少年法1条の健全育成と矛盾し、憲法14条1項に定める法の下の平等にも違反する。

　　　　少年法理念（ゆめ）は化石に変わるとも
　　　　その灯絶やすな未来（つぎ）の世のため

多田 元 弁護士

少年や若年成人による犯罪の背景には 不適切な養育環境や精神障害がしばしば存在する。少年法の目的は保護更生・教育であり、少年の特性や環境が重視される。少年法改正により18・19歳の若年成人が刑務所で処遇される可能性がある。刑務所の目的は刑罰である。養育環境や特性、障害等はあまり考慮されず、集団生活や刑務作業の適性等で処遇が決定される。

犯罪を繰り返す成人の受刑者を治療するなかで、不適切な環境で生育した者や低学歴の者、精神障害を有する者が多く存在するように思う。刑務所でも矯正教育やカウンセリング、精神科医師の診察、出所時のケースワーク等が行われているが限定されている。若年成人には可塑性があり、適切な矯正教育は再犯予防につながる。成人の受刑者へも、少年への処遇同様、心理、教育、医療、福祉的視点を持ち、特性に配慮した処遇が行われることこそ望ましく、若年成人からこのような機会が奪われるべきではない。　**田中容子** 日本児童青年精神医学会・医師

少年法改正案、だれのためのものか！ 今回の少年法改正案の背景としては、民法上の成年年齢の引下げに伴う法的統一性とされている。しかし、実態は「厳罰化」ではないかと思う。私は基本的に18歳の成人年齢に反対してきた。現代の子どもたちが精神的・心理的に過去より成熟したという科学的根拠はどこにもない。むしろその逆に、社会的、精神的成熟はより緩やかになってきている。社会復帰に向けた非行等の処遇では、年齢の引き上げの議論すら必要だったのではないか。

民法上の成年年齢を引き下げた理由は何だったのか。政治的理由の以外に科学的・合理的根拠があるのか。それに引きずられるように提起された少年法改正に合理性はあるのだろうか。韓国の少年犯罪の状況と比較してみても明らかだ。すなわち、最近10年間の18・19歳の重大犯罪を比較してみれば、韓国のほうが日本の約1.5倍、上回っている。それほど、日本の少年法がこれまで順調に機能してきたということである。私は、今回の少年法改正案が当事者たちのためのものではなく、単純に厳罰化要求に応える政治的な改正に過ぎないのではないかと危惧し、反対である。

崔鍾植（チェ・ジョンシク）神戸学院大学法学部非常勤講師

◉可塑性を信じて

「少年の可塑性って本当にあるんだね。日に日に変わっていくのがよくわかるよ。」『家栽の人』の原作者である毛利甚八さんとはじめて会ったときに言われた言葉だ。あの毛利さんですら、少年院で篤志面接員をやるようになってはじめて少年の可塑性に直接触れ、驚いたらしい。私自身も弁護士になり、少年たちと接するようになって「可塑性」というものが目に見えることを実感した。日々「可塑性」を実感しているからこそ少年事件で頑張れるのである。もちろん20歳の誕生日を迎えたらすぐに可塑性がなくなってしまうわけではない。感覚的には22、23歳くらいまで可塑性を感じることも多い。年長少年に少年院で教育をうける機会を減らしてしまうような「改正」は、現実に存在している「可塑性」を無視したものであり、18・19歳の子たちが立ち直る機会を減らしてしまうものである。現場の実感とかけ離れたような「改正」には、賛同できない。

知名健太郎定信 弁護士

●親身に受けとめてくれる人との出会いによって、ひとは変わることができる

少年法の18・19歳少年を特定少年とする法案が今国会に上程されようとしています。事件数も重大事件も激減している今日、何故、特定少年を新たに位置づけて厳罰化を目指そうとするのか、素朴に疑問を感じています。

ある少年は、少年院内で昼夜担当してくれた教官との1年間の関わりを通して、生き方を根本的に変えることが出来たと語ってくれました。また、書くこと・考えることが苦手だったある少年は、少年院での作文や日記、面接指導のお陰で考える力が身についたと語ってくれました。

少年事件の少年の家庭では児童虐待を60％が受けていて（女子では70％）、また大学進学が50％を超えている今日、中卒・高校中退が一番多く、背景にひとり親家庭・母子家庭の経済的貧困という構造的な問題も横たわっています。しかも、精神的に成熟するには25歳頃まで掛かることが最近わかってきました。

ひとは厳罰によってではなく、自身を受けとめてくれるひととの出会いによって、変わっていけるのだと思っています。

寺出壽美子 NPO法人日本子どもソーシャルワーク協会

●ある少年事件の厳罰化を考える

私は今から14年前、ある事件の裁判傍聴のため、東京地裁で検察側の論告求刑を聞き入っていた。都立工業高校に入学2ケ月後の15歳の少年が、管理人をしていた両親を殺害した事件である。少年が小学2年次以来、事件を起こす高校1年生まで、9年近く父親から社員寮の掃除を強制的に手伝わされ、掃除の仕方が悪いと、箒で顔を小突いたり、大切にしていたゲーム機やパソコンを破壊されたりと、父親の不適切な養育態度が見られた。

東京家裁は、「父親の暴力行為は認めず、動機は短絡過ぎる」として検察官送致（逆送）を決定した。その後、検察側は「改悛の情が見受けられない」として懲役15年の論告求刑をした。東京地裁は、「父親による虐待や不適切な養育を認めず」懲役14年を言い渡したが、控訴を受理した東京高裁は「父親による不適切な養育を認め」地裁判決を破棄し、1審より2年軽い懲役12年を言い渡した。

この事件を通して考えると、2000年の少年法改正前は、15歳は刑事罰の対象外で検察官送致（逆送）されることはなかった。また、無差別殺人などと異なり、親族間の殺人は反社会性が強くないとして逆送されることが少ないと思われる。この事件において、少年は社会の厳罰化の流れを汲んで刑事裁判が選択されたと考えられる。今後更に厳罰化が進み、少年犯罪に対する目が厳しくなったとし

ても、事件の根底にある少年たちが抱える問題は解決されることはない。世論として厳罰化が犯罪や非行の抑止効果に結び付くかといわれると一概にそうだと言えない。犯罪や非行の抑止には、なぜ犯罪や非行に走るのか、走らざるを得なかったのか、その背景に目を向けていかない限り抑止には結びつかないと考える。

徳地昭男 青少年の自立を支える埼玉の会理事長・元国立武蔵野学院長

◉子どもたちの可塑性を信じて

「**子**どもは変わる」── との確信を支えに現在に至っている。成長の過渡期にある子どもはいつの時代も不安定であり、特に近年の激変する社会は、おとなであっても将来を見通すことが困難で不透明な時代を迎えた。

　矯正教育に携わった私は、劣悪な生育環境の下で規範意識が培われず、またいじめや虐待など被害体験によって自尊感情が著しく低い非行少年を数多く見てきた。特に年長少年は年を重ねた分、孤立感や疎外感を強め複雑で深刻な課題を抱えていた。

　非行の社会的要因が分析されないままに厳罰化をもって抑止力とすることなく、また国法上の統一や法的整合性をもって厳罰化を合理化することなく、「少年非行がおとなや社会の問題である」との認識が不可欠である。個々の少年の特性や可塑性・未熟性に鑑み、年長少年を現行法の下で立ち直りの機会を与え健全育成を図ることこそが、ひいては社会秩序の安定につながると思料する。

中野レイ子 元駿府学園長・元丸亀市教育長

　「**少**年法は、常に多くの誤解や偏見に晒されている法律です。私たちは、少年事件の現場にある労働組合として、少年法に対する誤解にもとづく主張、あるいは実態にもとづかない批判をベースに法「改正」が進められていくことに、強い違和感と懸念を持っています。

　今回の法制審の最大の問題は「少年法の適用年齢を引き下げること」を前提に議論が進められたことにあるのではないかと思っています。委員の人選からしてそう感じますし、審議経過もそうです。その結果、実態と合わなくなって迷走し、諮問に対する直接の結論を出すことなく、「18・19歳を少年法の対象から外す部分」を無理やり捻り出して答申したものになっていると考えます。イメージではなく、そこにいる「少年」を見てほしい、少年法が果たしている役割を正確に知ってほしい、その上で日本の社会にとってどういう法制度が良いのかを考えてほしいと思います。

中矢正晴 全司法労働組合中央執行委員長

●保護処分だからこそのケアの重要性

以前、犯罪性の進んでいない短期保護観察のケースを担当しました。彼は、高校を中退していた19歳の少年で、睨まれたからと通りすがりの人を殴り、相手がプロボクサーだったので、被害者的に扱われ、軽い処分になりました。中退だったが、公立高校に入学しており、受け答えもごく一般的な対応でした。実母と祖母と3人暮らしでしたが、実母が男性を作って家を出て、その後祖母も彼が怖いと言って逃げ出し一人暮らしになりました。担当保護司と私で彼の家に家庭訪問したところ、俗に言う「ゴミ屋敷」でした。彼を指導しながら片付けた後、保護司の計らいで福祉事務所に相談に行き、ケースワーカーとカンファレンスをして、彼に生活保護をかけ、一人暮らしが困難だったので、救護施設に入所させてもらいましたが、救護施設で暴れ、器物損壊で逮捕され、観護措置となりました。少年鑑別所でも暴れ、措置入院で精神科病院に入院しました。そこで初めて彼が重い統合失調症と中度の知的障害であることが判明し、不明だった彼の実父を探し出し、精神医療のケアを受けてもらうことになりました。

　少年法の保護処分の適用を受けたからこそ、可能だったケアです。刑事処分であれば、量刑的には軽くなり、罰金刑相当になるでしょう。彼を理解できず、何も手を差し伸べないまま社会に放置することになるでしょう。

西原実 大阪保護観察所保護観察官

私は虐待や性暴力被害を受けるなどした10代の少女たちを支える活動を行っている。安心して過ごせる家がなかったり、学校や地域に周りに頼れる大人がいない中、「自分でなんとかしなければ」と思ったことから、犯罪につながったり、危険に巻き込まれたりした子どもたちと日々出会っている。

　彼女たちから「少年院の中で初めて自分に向き合ってくれる大人に出会えた」「外の社会では頼れる人もいないので、少年院に戻りたい」という声もよく聞く。彼女たちに必要なのは、「罰」ではなく「ケア」である。安心して過ごせる場所や、信頼できる大人との継続的な関係性、自分や他者を大切にしたいと思える基盤があってはじめて、関与した事件に向き合ったり、自身の言動を振り返ったり、反省することができる。

　必要なことは、子どもに自己責任を押し付けることではなく、子どもたちが安心して育つことができ、大切にされていると感じられる社会をつくることだろう。

仁藤夢乃 一般社団法人Colabo代表理事

◉非行少年を見捨てないで！

今回の少年法改正案で、18・19歳を新たに「特定少年」と呼び、成長途上で更生の可能性が高いとして、「少年の健全育成」の観点から立ち直りを重視するとされたこと、また、上川法相は会見で「民法の成人年齢と一致しなければならないものではない」と述べられたことについて「協力雇用主」（少年院出院者・出所者等、支援が必要な人を雇用する会社）として評価をいただいたものと思います。雇用主は加害者支援の立場から、被害者や社会からの理解を得られない面もありますが、働くことにより少年が規範意識を身に付け、被害者に対して弁償や反省をするのです。弊社は、北九州市内三ヶ所のガソリンスタンドで、25年間で150人以上の非行歴のある少年たちを雇用して来ました。少年たちは、働く喜びを知り、自信を持つことで立ち直りの要素をいっぱい持っています。「反省は一人でもできるが、更生は一人ではできない」とも言われます。生まれつき悪い子は一人もいません。親や家庭が原因で「当たり前の生活」を奪われた「非行少年」は、可愛そうな「不幸少年」なのです。

野口義弘 (有)野口石油会長・福岡県協力雇用主会会長

◉非行は「する」ものではなく「ある」もの

少年法は、非行を「する」ものとはせず、「ある」と表現し、そのような少年に対して、性格の矯正と環境の調整とを支援の柱とする。私は少年法と出会って40年以上、この「ある」の意味を考えさせられてきた。そこには家族や学校や社会の中で、非行をせざるを得ない状況を押し付けられた少年たちの姿があった。これこそが「ある」の意味だと思ったが、昭和の終わりころから、この「ある」の状況も変化し、非行が減って少年院がリストラされる状況にまで至っている。

その頃から代わって不登校が急増し、戦後最高を更新し続けている。もっと気になるのは、若者の自殺だ。死因の10位前後である自殺が、10代から30代ではほぼ1位を独占する。若者の辛さは非行に向かわず、自分を消し去ることに向かっている。そんな若者のどこを見て、より厳しい法律をつくろうとするのか。子どもや若者の現状を見ない、非人道的、非科学的な改正には断固反対である。

野田正人 立命館大学大学院人間科学研究科特任教授

息子の最後の少年審判からすでに20年余の時間が経過している。幸いなことに改悪される前の少年法での審判だった。いま、更なる改悪がもたらされるという。非行少年たちのこれからが懸念される。

「強盗致傷教唆」という罪状で逮捕された息子は、16歳のときにも事件を起こし、中等少年院送りになっていた。当時少年院送りを不服とし、少年法で高名な弁護士さんに不服申し立てをお願いしたがもちろん覆ることはなかった。今回はその弁護士さんに付添人になっていただき、地元を離れての試験観察という結果になったのだった。その数カ月後の最終の審判廷で、私は "これが少年法なのか！" という体験をした。

　裁判官は少し砕けた口調で、「実はこの審判廷を君の住んでいた地方で開催しようと思って、温泉宿を探したんだ」というではないか。場の空気が緩んだところで、裁判官は静かな口調で続けた。「君が働いていたレストランの同僚に話を聞きました。君の代わりに新しい人が来て、君のはいていた靴を履こうとしたから、その同僚は『あいつが戻って来るからその靴は履いちゃダメ！』と言ったそうだよ」と。この言葉に息子は号泣した。そして、裁判官は改まった口調で続けた。「こんないい友人がいるのに、君は何をしているんだね。こんな事件を起こさないような生活ができるはずではないのか？」

　恩知らずな母は、その裁判官の顔も名前も忘却してしまったが、あの裁判官の口調と審判廷の清澄な緊張感は記憶している。子どものこれからを見据えながらの裁判官の言葉は、少年法の理念を表していたのではなかったかと感じている。今の子どもたちに、少年法の精神を残さなくていいのかと強く危惧している。

元非行少年の母（匿名希望）

兄が非行に走ってからというもの、私は「少年法は不要」だと思って生きてきました。不登校になってから、階段を転げ落ちるように非行に走った兄が情けなく、許せませんでした。兄の事情を鑑みることなく、一人で憎悪を募らせていたあの頃を、懐かしく思います。かつて非行少年だった兄は、少年法の下で、社会復帰を果たしました。更生施設での出会いや学びは、学校生活に馴染めずに苦しい思いをしていた兄を救ってくれたと聞いています。そして少年非行を忌避していた私は、現在大学院で犯罪社会学の研究をしています。自助努力だけで社会復帰するのは困難な少年、そしてその家族は多く存在します。私たち家族がまさにそうでした。もし兄が少年法の適用外だったなら、私たち家族の関係修復や、社会復帰は困難だったでしょう。現行の少年法は有用であることは、統計データからも明らかです。少年法は当事者やその家族、そして社会をも守る砦だと思います。

元非行少年の妹 大学院生（匿名希望）

我が子が非行をしてしまったら……、そんなことを考えたことがありますか？
　25年前、「非行」と向き合う親たちの会（あめあがりの会）を設立して、そんな親たちが集い、学び合い・支え合う活動を続けてきました。

　子どもの問題はさまざまありますが、加害性がある非行の問題は、「個人責任」の風潮が強い今の日本では、どこにも相談できず孤立してしまいます。親の多くは「眠れない、食欲がない」といった鬱的な状態で、「死のうと思った」人も高い割合でいます。

　非行少年少女は、思春期の子どもたちです。ガラスのような心を持っていて、自己肯定感をなくし、人間不信を抱かざるを得ないような経験をしています。そんな少年たちに必要なのは「重い罰」などではなく、人間不信を回復し、立ち直るための年齢や生育に合わせたていねいな「教育」であることは明らかです。

　そして、その非行した少年少女のきょうだいのことも、想像してみてください。多くは小・中学生の弟や妹。姉や兄も、高校、大学、あるいはなりたての社会人……。ただでさえ、大きなショックを受ける状態ですが、さらに、実名報道がされたとき、この思春期・青年期のきょうだいがどのような苦しみを強いられ、自己肯定感を失い、人間不信に陥る可能性があるかを。このように、対象になった少年以外の別の少年や若者を苦しめる可能性が高い法律の作り方は、不適切ではないかと私は思います。

　2000年から、何度も何度も少年法は「改正」され、厳罰化がすすめられました。今回の「改正」も、《年齢の整合性》という名札を立てての一層の厳罰化となりました。

　憲法や児童憲章、そして子どもの権利条約に流れている「すべての子どもの幸福」の精神に沿って、これまでの厳罰化条項をすべて元に戻し、「より良い教育」「環境や体制の整備」に力を注いでほしい、改めてそう願います。

　　　　　　春野すみれ「非行」と向き合う親たちの会（あめあがりの会）代表

ある晩、日付が変わろうかという時刻に、私の電話が鳴った。こんな時間に誰だろうと出ると、数年前の少年からだった。この少年は、家出中の19歳11か月の時に漫画本1冊の万引きで捕まり、親が引き受けを拒否したために、少年院送致となった。もし、少年が成人であったら、起訴猶予で終わり、私との付き合いはせいぜい20日間であったであろう。少年だったが故に、4週間の鑑別期間だけでなく、少年院に入ってからも手紙や面会で信頼関係が築けたのだと思う。

　少年に困った時に頼れる大人との出会いをプレゼントする、それが少年法であ

る。そして、私はそのチャンスを17歳で止めてしまう必然性はないと考える。

樋口裕子 弁護士

◉年長少年は「要保護少年」、少年院は最後のセーフティネット

私は、ほぼ現場一筋に37年間勤務した元矯正職員です。男子少年院在職中のある日、入院者の「少年簿」に決裁印を押印、非行事実が極めて軽微であることに呆然、他少年の非行事実を再確認して、愕然としました。おにぎり1個、少額の食料品、放置自転車の窃取、等々。

紙幅の関係で事例を紹介できませんが、彼らの共通点は、①軽微な事件であること、②児童福祉の対象ではない年長少年であること、③家庭環境に問題があることです。家族関係の調整を図るも、更生保護施設や雇用主の許へ帰住しました。

今回の法制審答申は、年長少年について「前後の世代と異なる取扱いをすべき」として、厳罰化の方向にあることを誠に残念に思います。年長少年は「要保護少年」、少年院は最後のセーフティネットとは、私の実感です。どうか、彼らを切り捨てないでほしいと切望します。

菱田律子 元浪速少年院長

◉少年法について思う

私は、少年法の在り方について考えるとき、自分自身の少年時代のことをいつも思い浮かべる。

私が小学校4年の時、掃除の時間に友達の机の中に記念切手があるのを見つけた。当時、切手の収集に凝っていた私は、その切手が欲しくてつい盗んでしまいたい衝動にかられた。あの時、その切手を盗んでしまう可能性は高かったと思う。

私が18歳で東京に来て一人で下宿生活・寮生活を始めた時、都会や大人の社会について何も知らない私は、初めて、飲酒、パチンコ、男女交際など非行に走り易い誘因に囲まれた生活を送り、その誘因が故に犯罪を行う可能性も高かったと思う。

もし、私が、そうした衝動や誘因に負けていたら、私の人生は、どうなっていただろうか。

若くして社会で「犯罪者」の烙印を押され、二度と、立ち直れないとしたら、何と悲しいことか。少年法は、罪を犯した少年に対して、社会がどのように接すれば、その少年にとっても、社会にとっても、より良い未来が切り開かれるかの視点

をもって、その在り方を考えることが大事だと思う。

平岡秀夫 元法務大臣・弁護士

● 「排除」から「共生」へ

2000年に行われた、少年審判への合議制・検察官関与の導入と刑事処分の拡大を含む少年法改定に対して、團藤重光博士は、このような「非人間的な方向へ向かう」改定は「世紀の恥辱」であると批判された。だが、この方向での少年法改定はその後も続き、今回の改定の動きもその延長線上にある。これは、恥辱に恥辱を重ねる「21世紀の愚挙」と言わねばならない。

　この国は、問題を個人の問題にし、不都合な者を差別・抑圧・排除することによって処理しようとする傾向がある。政府も、「自己責任」や「自助」を強調してこれを助長する。コロナ禍の中の「自粛警察」や感染者差別はその一つであり、少年法改定の動きも同根である。

　「コロナ後」の日本は、このような国であってはならない。不都合な者を差別・抑圧・排除するのではなく、全ての人が共に生きる連帯の道を探らねばならない。少年法も、そのような「人間的な方向へ向かう」ことが求められている。

平川宗信 名古屋大学名誉教授

「**ゼ**ロから教える」を掲げる私の塾には、過去につまずいたり遠回りしたりした者も少なからず集まってきます。高校中退、引きこもり、保護観察中、少年院帰りから元暴力団員まで様々ですが、小中学校レベルから勉強を教えなおし、高卒認定の取得や大学進学をサポートしてきました。私もかつては高校を2回中退し、荒れた十代を送りました。20歳でゼロから勉強を教わり大学へ進学した経験を活かそうと塾を立ち上げて17年になります。

　若者が大きく変わるのは、18歳が一つの分岐点だと考えています。進学や就職、結婚などで周りとの違いを意識するようになります。また、多くの大人と触れることで世界観が広がり、5年後、10年後といった将来を考えるようになっていくものです。子どもの問題行動を解決するためには、期限を切って無理やりにでも更生を促すのではなく、時間をかけて子どもの成長を見守り、付き合ってあげることも大切ではないでしょうか。

藤岡克義 フジゼミ塾長

●改正の真の狙いは何か

今回の少年法改正では、18歳、19歳は少年法の適用対象のままである一方で、強盗や強制性交等といった中程度に重大な事件を犯した場合は、原則として刑事処分の対象となり、しかも不定期刑、仮釈放の早期化、労役場留置の禁止、資格制限の不適用といった刑事処分の特則が適用されなくなるほか、公判が開かれる事件では実名報道が解禁になる。

こうした扱いは、18歳、19歳を軽い罪を犯した場合は子どもとして、一定程度以上の重い罪を犯した場合は大人として扱うことを意味している。一見すると、少年と成人の中間層の設置のようにみえる改正案であるが、実際は18歳、19歳を少年と成人へと分裂させるものである。改正の主眼は、刑事処分を受ける場合にもなお存在する保護的要素を払拭することにあり、代償として中程度以上の事件で有効に機能してきた保護的働きかけは犠牲となる。この改正に、理念的正当性や理論的整合性は果たしてあるだろうか。　　　　　　**本庄 武** 一橋大学法学部教授

●少年も大人も「今を生きる」少年法の運用のために

私は刑事政策・犯罪学を専攻しています。世界各地の少年に関わる捜査機関、刑務所などを訪問する機会も多いです。その国々では関わる人たちが少年の成長を第一に考えて向き合っています。例えば、取調べに早期介入し、如何にトラウマを残さないようにするかが重要だと考えるNYの弁護士事務所の支援者たち、厳罰は少年の立ち直りに意味がないと明言していたドイツの検察官たち、まだ脳は成長段階であるためにむしろ適用年齢の引き上げを行いたいとする国も少なくなく、成人年齢が20歳である日本が素晴らしいという実務家や研究者たちにも出会いました。

日本でも少年たちが「今」を生きるように努力している人たちが沢山います。この度の改正は立法事実もない上に、少年が抱える問題へのアプローチを遠ざけ、厳罰化をする一点のみで、立ち直りのために向き合う人全員に対して「今を生きる」ことから遠ざけるものになっているのではないでしょうか。

丸山泰弘 立正大学法学部教授

私は家庭裁判所調査官として17年間、仕事に励んだが、現在の少年法の有効性を確信している。少年法の適用年齢を18歳未満に引き下げるのは断固反対である。少年法の精神は、成人のように罪の軽重だけで対応を判断するのではなく、科学的な視点を導入し、少年に必要な教育的な支援を個別に検討して

いくことにある。そのために家裁調査官の調査がある。引き下げとなれば、18歳・19歳の少年はこの調査が受けられなくなる。軽い罪であれば野放しにされる。私は家裁調査官時代、多くの少年の生活にかかわってきたが、その実体験を通して言えることは、非行少年の問題は罪の軽重だけで分かるわけではないということである。罪は軽くても手をかけなければならない少年はたくさんいる。わが子の非行で困惑する親も多い。家裁との連携があってはじめて立ち直った少年がいかに多いことか。適用年齢の引き下げは絶望的なマイナス効果を生むことは必至である。

村尾泰弘 立正大学社会福祉学部教授

◉少年たちへの働き掛け

筆者は、以前家庭裁判所一宮支部で、少年友の会活動の一環として交通傷害事故を起こした18・19歳の少年たちに交通講習を行ってきた。話の中身は、愛知県は交通死亡事故が全国一という不名誉な結果を招いていることや交通事故を起こすと3つの責任が発生することなどである。併せて、少年法が改正されたら、刑事罰が前科として記録され、就職の際、公務員等になれない可能性があることを説明した。出席していた少年たちは真剣な表情で話を聞いていた。

家庭裁判所で行われている教育的措置等は、なくしてはならない少年たちへの働き掛けであると思っている。

森田哲志 元福岡矯正管区長・元浪速少年院長

18歳、19歳の非行少年が精神的に未成熟で可塑性に富んでいることは法制審議会部会でも異論はなかった。そしてこのことは、脳科学、神経科学の知見でも明らかにされており、国連子どもの権利条約の一般的意見24でも認められている。当該年齢の非行少年については、刑罰ではなく保護的教育的手当の方が有効であることがあらためて認識されつつあるのが国際的潮流である。日本の少年法が、「ぐ犯少年」も含めた18歳、19歳の非行少年に対して、健全育成の保護理念の下に、家裁優先主義を貫いて保護的教育的対応をして非行を減少させてきたことは誇るべき事実である。にもかかわらず、今回の改正案は、特定少年という名の下に「ぐ犯」を除外し、犯情を重視した刑罰的対応を強化しようとしている。民法の未成年者と少年法の少年は違う概念である。18歳、19歳の年長少年に対する現状の対応を変える必要性と有効性は、ともに乏しいように思えてならない。

山口直也 立命館大学法科大学院教授

私は、2000年に起きた西鉄高速バスジャック事件被害者の一人です。事件の時、牛刀を振りかざし「このバス乗っ取った、荷物を置いて後ろに行け」と言った無表情な少年を見て、つらさを抱えていると感じました。その後、トイレ休憩で戻らない乗客がいたことで、私が刺され、少年を<殺人者にするわけにはいかない>という思いで耐えました。

　事件を起こす子は、虐待やいじめ、自分が大切にされた経験が少ないと思われます。そのため自分を認められず、大人も信用できなくなっているのでしょう。バスジャック事件を起こした少年もいじめに遭い、話を聴いてくれる人は誰もいなかったのです。

　被害者として加害少年に求めることは再犯して欲しくないということです。そのためには考えて欲しい！　自分と向き合い考えることができるのが少年院です。信頼できる大人との出会いがあるからです。少年は私と面会した時、確実に変わっていました。少年院で共感的に話を聴いてもらい、寄り添いの教育がなされたのだと思います。

　少年法の適用年齢引下げで、事件を起こした18・19歳の若者の再教育の場との出会いと変わるチャンスがなくなるのです。そして、大人が責任を取る場もなくなります。　　　　　　　　　　　　　**山口由美子** 親の会「ほっとケーキ」代表

◉少年法改正反対

18歳、19歳で非行を行った少年に対し、「特定少年」の枠を設けて逆送できる範囲を拡大する等の少年法改正に反対する。年長少年と呼ばれる少年たちの中には、貧困、虐待、DV等の困難な課題を複数抱えた家庭で成育した人も少なくない。

　改正後はこうした少年たちも、刑事処分になり家庭裁判所や矯正機関の手を経ずに終了してしまうことになる。果たしてそれで良いのであろうか。

　18歳のA少年は非行の期間や回数の多さ、無職でほぼ浮浪状態、係属歴、家族の受け入れ課題などが考慮され、審判では少年院送致となった。それまで落ち着いて勉強したことのなかった彼は、少年院で初めて漢字、算数等を習い読み書きができるようになったのである。少年院での生活を次のように綴った。「今までは馬鹿にされることが多かったが、ここでは少しでも努力すると褒めてもらえる」。非行を起こして初めて触れた人の温かさが、非行という形でしか自己表現できない少年たちのこころを変える力になるのである。少年たちが自ら更生する機会をこれ以上、社会が奪ってはならない。　　　　　**山田麻紗子** 人間環境大学特任教授

◉当事者＆現実から学ぶ

れまでに出会った18歳、19歳の非行少年を思い浮かべると、大人の思考をしている少年はほとんどいなかったことに気づきます。彼らは彼らなりに一生懸命生きているけれど、空回りして、自分に不利なことを短絡的に行ってしまう傾向にありました。そんな彼らに必要なのは、やはり教育だと思います。責任を問われ刑事処分を突き付けても、それが何を意味しているのかを悟り、反省へとつながっていかなければ、彼らは同じ過ちを繰り返してしまいます。少年法の適用年齢引き下げに関し、現場をよく知る人たちはほぼ反対の立場でした。施策は、現場の実情にあったものでなければなりません。当事者たち、現場で奮闘する支援者たちから学ぶことが必要です。　　　　　**湯原悦子** 日本福祉大学教授

は、家庭裁判所調査官として、少年たちと接してまいりました。こんなことを言うと、彼ら彼女らからどう思われるかわかりませんが、私の性格やメンタリティの基本は、少年たちよりも余程偏った、問題の大きなところがあります。それでも、私が公務員になって、少年たちに接する立場になり得たのは、思春期や社会に出てから、私に接してくださった人たちが、私を支えてくれたからだとしか思えません。マス・メディアが言うほど少年たちがおかしい訳ではないし、法律違反をしてしまったといっても、少年たちを支えてくれる存在があれば、そのことが終われば社会に十分貢献してくれる存在です。この支えてくれる存在を社会のシステムとして位置付けようとするのが少年法の理念であり、だから少年法は社会にとってとても大切で必要だと思っています。私は自分の恩返しのつもりで、少年たちを支えたいと思っています。

横山勝 日本子どもを守る会事務局次長・元家裁調査官

◉松尾浩也先生のキャンペーン支援

松尾浩也先生は、少年法研究の専門家ではなかったが、保護主義に立脚している日本の少年法を高く評価していた。法務省特別顧問であった松尾先生は、2014年の少年法改正を審議する過程では、少年法適用年齢引き下げの意見を押さえていた。2016年6月になって、選挙権年齢を「18歳以上」へと引き下げる公職選挙法改正案が制定されたが、その付則において、少年法適用年齢引き下げの方向性が打ち出されていた。私は、同年5月末にそれを新聞で知り、刑事法研究者や実務家に連絡した。真っ先にメールで返事を下さったのは、松尾先生であった。その後は、少年法適用年齢を維持するために、私は松尾先生と頻

繁にメールで連絡を取りあった。もし松尾先生の支援がなければ、少年法適用年齢引き下げ反対の私のキャンペーンは、与党政治家、刑事法の専門家、矯正や保護の実務家などに考慮されることはなかったであろう。

横山 実 國學院大学名誉教授

◉虐待を受けてきた若者たちに必要なこと

親からの虐待を受けた子どもには、脳にさまざまなダメージを生じることが近年の脳科学により明らかにされています。こうした原因や置かれた環境から、対人関係に支障が生じ、家庭や職場、地域でさまざまなトラブルに巻き込まれることがあります。障がいや病気を抱え、ときには犯罪に手を染めざるを得ない若者もいます。これらの困難を乗り越えるためには、自助努力だけでは解決に至りませんし、非難や制裁も有効な手立てとはいえません。このような若者のために、児童福祉法は、18歳以上20歳未満の若者が、自立した生活を営むのに必要な支援を受けられるよう施設等での生活を継続したり、自立援助ホームを利用できるようにしています。児童虐待が重大な社会問題化している現在、被虐待児支援の観点からも、刑事責任の追及に重きを置いた制度ではなく、社会全体による支援を可能にする制度が必要です。

吉田恒雄 児童虐待防止全国ネットワーク理事長・駿河台大学名誉教授

◉変わっていく力があることを信じる

逮捕当時あと2か月弱で20歳となる少年がいた。今回の事件について、もし成人を迎えれば刑事手続に乗り、執行猶予になる可能性は高いものの、刑事処分の場合は前科が残り、資格取得や就職に影響する。少年事件の場合、現行少年法では前科による資格制限はない。少年法は罰を与えるものではなく、個々の少年にこれから何が必要なのかを考えるものだ。そういった説明をし、あなたがここに至るまでにはきっといろいろな背景があるだろうから、腹落ちするまで考えようと伝えた。

　少年は、両親が離婚し、母と暮らしていた。母はひとり親を理由に進学を断念してほしくないと考え、小さな頃から教育熱心だった。少年は高校に進学するも直ぐに退学し、夜の街とSNSに居場所をみつけ、徐々に非行に陥っていき、逮捕に至ったという。

　逮捕後、母は仕事を休んで何度も面会に来てくれた。けれど、少年は母の期待に応えられないプレッシャーを感じていた。母は自分がなんとかしなければと考

え、少年の気持も聞かずに就職先を見つけてきたりと奔走する。一生懸命な母に悪いので、少年は正直な気持ちを伝えることができない。これまでの親子関係の悪循環が面会でも現れているようだった。少年は自分なりにこれまでのことを振り返り考えている、少し待ちましょうと母に話すと、母は自分が先回りしてしまう癖があると気づいてはいたと話した。

当初、少年は刑事手続でもいいと話すこともあったが、ある日の接見で、少年法の手続がいいと話した。これから先の交友関係や進路についての自らの希望を、不安をおぼえつつも語ることができたときだった。審判結果は保護観察処分だった。調査官から「私はあなたのことを信じたいと思う」と言われたと嬉しそうに話す少年と母を、今でもときどき思い出す。子どものことを信じ、変わっていく力があることを信じて働きかけるのが少年法の根幹なのだ（個人が特定されないよう、適宜、加工・修正をしております）。

吉田朋弘 子どもと法・21、弁護士

コラム④

裁判官の言葉かけ

石井小夜子 子どもと法・21事務局、弁護士

　1990年代初めのころ、若い女性裁判官が、抗争事件（傷害）で家裁送致された19歳の中国帰国者少年を担当した。私は付添人だった。

　審判廷で、裁判官は少年に質問をした。

　「日本にきて一番嫌だったことは何でしたか？」「日本にきて一番良かったことは何でしたか？」。

　少年は「嫌だったことは、みんなに無視されたこと、まるで存在しないかのように扱われた」「良かったこと……日本の学校の先生は優しい」と答えた。

　「中学生のときにひどいいじめに遭った。それに気がついた先生は『いじめはダメ』なんて指導はしなかった。朝の会で1年間続けたんだ。戦争が終わって何十年もたつのになぜ今この教室に中国から引き揚げてきた子どもがいるのか？　それから時代を遡り、日本の「満洲」侵略、そして敗戦、でも国策で送られたオレらの親は何十年も日本へ帰れなかった、先生はそういうことを同級生に教えたんだ。こういう中でいじめはなくなった。オレはこの先生を人として尊敬する」。

　そのことを思い浮かべて少年は裁判官に伝えたのだった。

　審判の最後の裁判官の言葉かけ。

　「友だちとの付き合いの中でこの事件に加わった。これから友だちとどう付き合ったらよいか本当は教えてあげたい。でも差別されてきた中で仲間とつながってきたあなたたちに、日本人である私には教えてあげることはできない。だからどうか自分で考えてみて、どういうふうに友だちと付き合っていったらいいかを」。

　この後再犯はなかった。この少年とたまに会うと、この先生のこととこの審判のことを"宝物"のように話すのだった。

（いしい・さよこ）

少年法改正に反対する声明等

　法制審議会の少年法・刑事法（少年年齢・犯罪者処遇関係）部会が「検討のための素案」（2018年11月）をまとめた前後から、数多くの団体から、少年法適用年齢引下げに反対する声明が出された（弁護士会の反対声明などについては各弁護士会のHPを参照）。その後、法制審が「最終答申」（2020年10月）を決定した以降、「少年法等の一部を改正する法律案」（少年法改正案）が国会に提案されるまでに、少年法改正案に反対する声明が公表されている。ここでは、主要なものを掲載する。

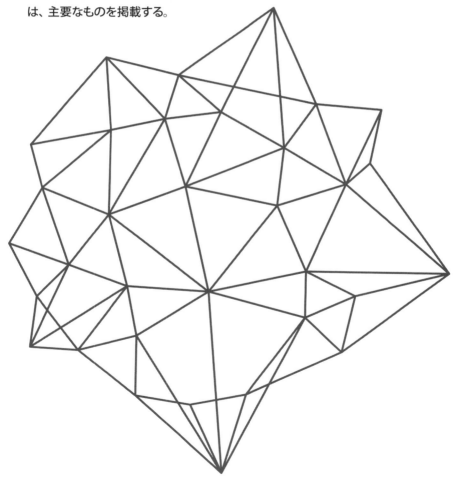

◎資料1

元家庭裁判所調査官有志
少年法の適用年齢引下げに反対する声明書（2019〔令和元〕年9月3日）

2019年8月15日

法務大臣○○殿

法制審議会少年法・刑事法部会長○○殿

法制審議会少年法・刑事法部会　各委員殿

少年法の適用年齢引下げに反対する声明書

元家庭裁判所調査官有志

　私たちは、元家庭裁判所調査官として、少年非行の現場で長年実務に関わった経験を持ち、少年非行総数が約70万件を超える超繁忙期（昭和58年前後）を乗り越え、非行少年の健全育成と少年非行の抑止に多少なりとも寄与してきたと自負するものです。私たちは、2017年2月9日（法務大臣の諮問発出）以来、『少年法適用年齢の20歳未満から18歳未満への引下げ問題』について、強い関心と深い憂慮を抱いてきました。そして現在、法制審議会少年法・刑事法（少年年齢・犯罪者処遇関係）部会においての審議が最終段階を迎えており、やむにやまれぬ思いから、この『少年法の適用年齢引下げに反対する』声明書を発出するに至ったものです。

　まず少年法の適用年齢引下げ論の根拠として、公職選挙法で選挙権を行使できる年齢が18歳以上となり、民法の成年年齢が18歳に引下げられることが決まったもとで、これと年齢を揃えることがわかりやすいからとされています。しかし、そもそも、各法律の適用年齢は目的に沿って法律ごとに定められるべきものであり、国法上一律に揃える必要は全くありません。

　18歳・19歳の非行少年たちの成長・発達の実情・実態に即して考えるなら、高校卒業、進学・就職という人生の転機を迎える年齢でありながら、経済的・社

会的には未成熟であり、そのつまずきが少年非行という形で現れるケースもある一方、その成長・発達の力（可塑性の高さ）や生活環境の変化等によって、立ち直り、社会適応を遂げる可能性が極めて大きい年齢であることは疑いがありません。少年非行の現場で、家庭裁判所や少年院等が実施する教育的措置の効果が極めて現れやすく、改善更生の可能性が高い年齢であり、こうした18歳・19歳を少年法の適用年齢から外すことは、本人の更生にとっても、再犯を防止して安全な社会を作るうえでも、百害あって一利なしです。

　また、少年法は教育等による健全育成を目的とした法律であるため、未だ非行に至らない段階や軽微な非行事案であっても保護的措置、教育的措置をとることができる仕組みになっており、社会から転落、逸脱する危険性のある若い人たちを保護するセーフティネットの役割も果たしてきました。その大きな柱が「すべての事件が家庭裁判所に送られ（全件送致）、数多くの非行少年たちが、家裁調査官の調査・調整や裁判官による審判を受ける中で、様々な教育的措置が行われる」ことにありました。18歳・19歳をこうした枠組みから外してしまうことは、家庭裁判所の福祉的・教育的機能を大きく後退させることにつながります。

　現在までの法制審議会少年法・刑事法（少年年齢・犯罪者処遇関係）部会における審議は、もっぱら犯罪者処遇のあり方に議論の中心が置かれ、18歳・19歳の非行少年の実態や、これを少年法の適用年齢から外すことの法的・刑事政策的な課題について十分な検討が行われているとは言えません。家庭裁判所が担うことが検討されている「若年者に対する新たな処分」についても、法的に数多くの矛盾が指摘されるものであり、現行少年法が果たしている役割の代替とはなり得ない制度です。家裁実務においても、出頭確保や家裁調査官による調査のあり方など、運用や効果の面で多くの問題が懸念されます。現行少年法の適用年齢を維持し、家庭裁判所の人的・物的充実を図っていくことこそが、国民から負託された家庭裁判所本来の役割を果たすのにふさわしい在り方だと考えます。

　私たちは、少年法の適用年齢引下げに反対し、家庭裁判所の福祉的・教育的機能に相応しい事件処理体制の確立こそを強く希望するものです。

（以下、署名）
浅川　道雄
伊藤由紀夫
藤原　正範
（他、署名者 255 名、賛同者 37 名）

◎資料2

元少年院長等有志
少年法適用年齢引き下げに反対する声明書（2019〔令和元〕年11月8日）

令和元年11月8日

少年法適用年齢引き下げに反対する声明書

元少年院長等有志

　私達は、少年院の法務教官として長く非行少年の立ち直りのための教育に携わってまいりました。自らの人生の営みとして、少年達と生活を共にし、信頼関係を作り、喜憂を分かち過ごした歳月は、現在においても鮮明に脳裏に浮かんできます。

　この度、法制審議会貴部会において少年法適用年齢の引き下げが検討されており、私達はその進み行きに、大変危惧をしております。幸い、近時、少年非行は著しく減少し、現行少年法が有効に機能していることが、貴部会においても、認められており、少し安堵いたしております。しかし、仄聞するところ、年齢引き下げについて、その帰趨がいまだ憂慮される状況とのことであります。

　私達は、適用年齢が引き下げられますと、少年に早期に犯罪者の烙印（スティグマ）を押すことに繋がり、社会復帰を困難にするのではないかと危惧しております。少年の長い人生を考えるとき、十分な働き掛けをしないまま非行・犯罪を重ねさせ、周りの人に葛藤を生じさせ被害を及ぼしてしまうのか、保護的措置をし、保護観察や矯正教育を行い、社会の有為な人材とするかは、少年の人生にとって、また社会にとってどちらが有益なのか、自ずと明らかです。

　私達は、法務教官としての職務の経験に照らして、下記の理由から適用年齢引き下げに強く反対いたします。どうか、関係各位におかれましては、この意をお汲み取りいただき、慎重なご検討をお願い申し上げます。

　なお、私達87名（記名79名、匿名8名）の氏名・最終勤務少年院（管区勤務は省略。）を末尾に記しました。

記

1　年齢引き下げは、成長発達の支援の最後の機会を奪うこと。

　平成30年に少年院に収容された少年は、2,495人（新収容は2,108人）であり、そのうち18・19歳を合わせますと52.1％になります。さらに、保護者は、実母40.2％、次いで実父母が33.3％、義父実母10.7％、実父9.9％の順となっており、近年実母だけの一人親の比率が増加する傾向にあります。離婚が悪い訳ではありませんが、離婚に至るまでの保護者の葛藤が大きくなると子どもは大変傷付きます。学歴は、現在大学進学率は50％を超えていますが、在院生は中学卒業と高校中退が合わせて66.2％を占めており、低学歴であります。居場所がなく、学業から脱落し、仲間とつるんで非行化していきます。また、虐待を経験した者は、身体的暴力（軽度）64.9％、身体的暴力（重度）48.3％、不適切な養育態度8.2％、性的虐待3.6％（平成12年の法務総合研究所報告）であり、最近は更に増加をしているのではないかと思われます。非行は様々な要因が輻輳し発現しますが、この入院者の実態から分かるように、少年達の成育環境は相当過酷な状況であり、健全な成長発達が阻害された結果であることは否めません。年齢引き下げは最後の成長発達の機会を剝奪することになります。

　さらに、平成29年に家庭裁判所に係属した一般事件の人員（過失運転致死傷・道交法違反を除く。）は、40,727人、終局人員は23,901人であり、うち18・19歳は、30.0％を占めています。年齢引き下げになった場合、従来検察官送致になっていないかなりの数の少年が、保護手続でなく刑事手続を経ることになります。これまで、少年院送致決定となった少年の中には、道路交通法違反等の比較的軽微な非行のものも少なくありません。これらが、刑事手続を経る対象になれば、起訴猶予又は執行猶予、若しくは罰金刑となります。不起訴の少年を家庭裁判所に送致し、保護観察処分にすることが検討されていますが、要保護性のある少年に対し、健全育成の働き掛けが十分とはいえません。

2　18未満少年の健全育成も大きく阻害されること。

　事件発生後、処分決定機関に送致されるまでに、捜査機関により相当時間がかかります。ことに、事件が長く発覚しなかったり、集団によるもの、事実が複雑なものなどは、その傾向が大きくなります。したがって、18歳に引き下げられると、17歳後半に事件を惹起した多くの少年は、従前のように家庭裁判所によるきめ細かい指導は受けられなくなり、実質的にはその年代からの引き下げになってしまいます。

また、少年院の出院事由は、ほとんど仮退院であり、仮退院の期間中は保護観察として指導を受け、社会へのソフト・ランデングが図られます。年齢が引き下げられますと、この期間が著しく短くなり、更生保護に十分な時間が取れなくなります。例えば、17歳の少年が少年院に入院し、長期処遇の標準11月間在院したとすれば、出院時には18歳になり、社会内処遇の時間を取ることができません。16歳6月で入院し、標準期間で仮退院すると17歳5月、一応7月の保護観察期間を確保できますが、従前の20歳までと比較すると非常に短くなります。経験的にも16歳・17歳の頃はまだ自己に十分目が向かず、保護観察をはじめ多くの支援がなければ再非行に及ぶことも危惧されます。18歳までの保護観察では、十分な成果を上げることが難しいのです。なお、現行では、20歳を超えても保護観察が必要なために家庭裁判所に収容継続の申請することも稀ではありません。以上のように、18歳未満の少年の取り扱いにも大きな影響があります。

3　虞犯少年が、成長発達の支援を受けることができないこと。

　虞犯少年とは、犯罪をしていないものの、虞犯事由があり、その性格又は環境に照らして、将来罪を犯し、又は刑罰法令に触れる行為をする虞のある少年のことで、現行少年法では、これらの少年を早期に保護し健全な社会生活を営めるようにするために、非行の一類型に位置付けています。近時、犯罪又は法に触れるおそれについて、厳格に解釈されるようになり、その数は減少しています。しかし、特に女子少年については、虞犯事由である、①保護者の正当な監督に服さなかったり、②正当な理由がなく家庭に寄り付かなかったりした場合、反社会的集団の者や不良者からの甘言に弄されて悪の道に誘い込まれることも少なくありません。年齢が引き下げられますと、犯罪少年に該当しないことから、保護の名目が消滅してしまいます。その結果、保護・支援が喫緊に必要にも関わらず、これを行うことができないという由々しき事態を招くことになりかねません。

4　刑務所に、少年院の代替はできないこと。

　少年院を刑務所に代替させるという議論を耳にすることがありますが、これは大きな誤解があります。ここでは取りあえず、①施設設置の目的の違い、②職員と被収容者の関係の違い、③処遇・教育の考え方・方法の違い、の3点に絞って記します。
　まず、①についてですが、刑務所は刑罰の執行をするところで、少年院は少年の健全育成を図り、再非行防止のために矯正教育をするところです。そのため、

刑務所では秩序維持・安全を確保することが第一に重視されており、最近では、再犯防止のために特別改善指導が行われるようになりましたが、懲役刑の内容である刑務作業が中心です。一方、少年院は、保護処分として送致された少年に対し、個々人の必要性に基づき処遇をする施設です。だからといって少年院は厳しくないということはありません。刑務所と同じように収容され、自由もありません。刑務所は刑期が決まっていますが、少年院は改善更生したと認められない限り出院できません。

　次に、②については、刑務所における職員と被収容者の関係は、収容する者／収容される者、突き詰めますと支配／服従という対立的な構造に置かれています。少年院の場合は、収容という性質上、対立的な関係が全くないわけではありませんが、少年の健全育成のために職員が支援・協働する、つまり同一方向を向いた教育的な関係です。矯正教育は、自ら改善、成長しようとする少年と、それを助けて実現させようとする職員との相互信頼関係の上に成り立っています。

　③については、刑務所は刑事収容施設法により、特別改善指導等を行い、薬物乱用防止、性犯罪防止、暴力団離脱指導、就労支援等の再犯防止に力を注ぐようになりました。ただそれは、「その事」だけに焦点を当てて、いわばピンポイントに働きかけて改善を促すものです。少年院は、職員との信頼関係を築き、日常的に面倒をみるとともに、心配事・悩み事の相談に乗るとともに、面接や処遇技法を活用し、可塑性のある少年に対し、人間としての全体的な成長を促し、社会に適応できるようにしています。少年の問題性に応じた特定生活指導や教育プログラムも実施していますが、少年に対しては、問題性への働き掛けだけでは十分でなく、人間的な成長を促すことが必要なのです。また、発達障害（新収容人員の11.3％）のある少年の場合は、重度の者は医療措置課程、比較的軽度の者は支援教育課程において治療・矯正教育を受けますが、こうしたきめ細かな処遇は刑務所では難しいのです。誤解されては困りますが、刑務所には刑務所の役割があり、少年院には少年院の役割があるということを理解していただきたいのです。

5　推知報道が禁止されなくなること。

　少年法61条は、「家庭裁判所の審判に付された少年又は少年のときに犯した罪により公訴を提起されたものについては、氏名、年齢、職業、住居、容ぼう等によりその者が当該事件の本人であることが推知できるような記事又は写真を新聞紙その他の出版物に掲載してはならない」と規定しています。18歳といえば、高校3年生も少なからずおり、人生選択の大きな岐路に立っております。少年院に

おいても、将来のために高卒認定資格を取得したいと希望する者が少なくありません。そうした人生の岐路に立っているにもかかわらず、推知報道の禁止から外され、氏名等がマスコミ等によって、巷間にあるいはネット上に流布されるとなれば、将来の選択をする上で大きな阻害要因となる可能性があります。それは、将来の夢を剥奪し、更なる転落やスティグマを与えることにもなりかねず、有為な人材を育てるどころか、社会にとっても大きな損失になります。18歳という年齢の意味は非常に大きく、少年の健全育成のために、社会や大人が最大限の配慮をしてやる必要があります。

6　新少年法が適用年齢を20歳未満としたのは、歴史的な経緯があり、現在も有効に機能していること。

　旧少年法は大正12年に施行されましたが、当時、成年年齢は20歳にも関わらず、適用年齢は18歳未満とされました。現行法は、昭和23年に少年法を改正する法律案が提出され、その審議において政府委員である佐藤藤佐法務行政長官は、「最近における犯罪の傾向を見ますると、20歳ぐらいまでの者に、特に増加と悪質化が顕著でありまして、この程度の年齢の者は、まだ心身の発育が十分でなく、環境その他外部的影響を受けやすい(略)、彼らの犯罪が深い悪性に根ざしたものでなく、したがってこれに対して刑罰を科するよりは、むしろ保護処分によってその教化を図る方が適切である場合が、きわめて多いことを意味している」として、20歳未満への引き上げについて説明されています。

　この背景には、旧少年法下における昭和15・16・17年に開催された少年審判所長、矯正院長、保護観察所長会同において、司法大臣の諮問に対し、「18歳未満においては保護の目的を完遂するに欠くところありと認む」とし、3年にわたって適用年齢を20歳未満に引き上げる答申をされています。戦後の混乱期に関わらず、行政担当者は現実をよく把握し、果敢に将来の方向を見据えたといえましょう。

　このような歴史的経緯をみますと、今日の非行少年の社会的成熟の遅れや、その背景となる社会の状況、最近の脳科学の知見等からすれば、適用年齢は引き下げるのではなく、むしろ引き上げが検討されるべきと存じます。

　適用年齢引き下げは、少年法を育ててきた多くの研究者、実務家の努力を無にし、刑事政策上、将来に大きな禍根を残すものであり、強く反対いたします。

以上

（記名79名、匿名8名、計87名）

◎資料3
少年事件を担当した元裁判官有志一同
少年法適用年齢引下げに反対する意見書（2020〔令和2〕年5月26日）

少年法適用年齢引下げに反対する意見書

少年事件を担当した元裁判官有志一同

　現在、法制審議会の少年法・刑事法（少年年齢・犯罪者処遇関係）部会（以下「部会」といいます。）では、民法における成人年齢の引下げに伴い、少年法適用年齢の引下げについて検討がされています。

　私たちは、裁判官としての少年事件実務経験から、現行少年法実務の現状、少年法の基本的理念及び刑事政策的視座の重要性を考慮し、少年法適用年齢問題について、下記の理由により意見表明する次第です。

【1】　現在、家庭裁判所では、再犯のおそれなど犯罪的危険性（要保護性）の高い18歳、19歳の少年については、家庭裁判所調査官による調査、裁判官による審判を通じて内省を深めさせ、被害（者）に対し真摯に向き合わせるとともに、必要に応じて少年院に送致し、あるいは、保護観察に付するなどして、少年に十分な教育的措置（保護的措置）を講じ、非行性を除去するとともに、非行に陥りやすい環境を調整することを通じて再犯防止を図っています。

【2】　家庭裁判所でのこのような少年事件の取扱いについては、部会を始め、学者・実務家の間においても、18歳、19歳の少年について効果的な処遇が実施されていて少年法適用年齢を民法の成人年齢と必ずしも一致させる必要がないとの共通理解のもとで、議論がされています。

【3】　少年非行の件数は年々減少を続けており、現在の取扱いを大きく変更しなければならないような事情は生じてはいません。現在でも、16歳以上で重大な事件を起こせば、原則として刑事処分となっています。

【4】　少年事件が刑事事件として扱われると、その多くが懲役刑の執行猶予又は罰金刑となり、少年の非行性が除去されず、内省が進まないまま放置されるおそれがあります。更に18歳又は19歳で懲役刑等の前科を有することとなった場

合、就職が困難となり、逆に前科があることが勲章となる暴力団等の反社会的集団の予備軍となる可能性が高まります。そうすると、更生が難しくなり、ひいては見過ごすことのできない再犯、犯罪被害の再発の危険が高まります。

【5】　18歳又は19歳の非行少年の多くは高校生又は専門学校生、大学生であり、大半は自立できておらず、その非行は、年齢的な抑制力の欠如に起因しており、成人と同様の刑事罰を科することが非行の抑止力になりにくい現実があります。その反面、これらの少年は、可塑性が高く、家裁の教育的措置（保護的措置）や保護観察、少年院収容などの教育的処遇による立ち直り（再犯防止効果）が期待できます。

【6】　特に、最新の脳科学的知見によれば、18歳、19歳程度の青少年の脳の構造は、大人と異なり、未成熟である反面、可塑性が高く、その時期に教育的処遇を施すことにより、犯罪抑止効果が上がるとされ、既に米国では、少年に対する厳罰化を改め、その未成熟性に対応する処遇へと変化してきています。

【7】　現在、部会では、18歳、19歳を成人と少年の中間層として位置づけ、新たな処分が検討されていますが、その内容自体が曖昧であり、この新たな処分が立法化されても、これまでと同じ効果が期待できるか明らかではなく、上記の問題の解決にはつながりません。

　　以上の理由により、私たちは少年法適用年齢の引下げに反対します。

（以上）

2020年4月

*　　　　　*　　　　　*

法制審議会少年法・刑事法
（少年年齢・犯罪者処遇関係）部会長殿

「少年法適用年齢引下げに反対する意見書」について

　　私たちは、少年事件を担当したことのある裁判官有志です。現在、貴部会において、少年法適用年齢引下げ及び若年者に対する新たな処分について検討がされております。その概要は、民法等により成人とされた18、19歳の年齢層について、少年法の適用を排除した「新たな処分」を新設しようとするものであります。

しかし、この年齢層について少年法の適用を排除する合理的根拠は存在しません。その理由は、添付の「意見書」記載のとおりであります。

　この意見書について、元裁判官に賛同の署名を求めたところ、連絡が取りにくい状況にあるにもかかわらず、本年4月下旬から5月初めにかけての短期間において、呼掛け人も含めて、166名もの賛同の署名が集まり、現在177名となっています。多くの元裁判官が18歳、19歳の者について、少年法の適用を排除し、「新たな処分」の対象とすることに危惧感を抱いていることを示しており、従前どおり、18歳、19歳の者についても、現行少年法の適用に基づく処遇を続ける必要があるとの認識を表明しています。

　貴部会におかれては、歴史の批判に耐え得るような適切な審議を行っていただくよう切に望むものであります。

　よって、本日、ここに、少年事件を担当した経験のある元裁判官有志である別紙の177名の総意として、添付の意見書を提出するものです。

2020年5月26日

呼掛け人（氏名・修習期）
池本壽美子（31期）　大内捷司（19期）　大塚正之（31期）　奥山興悦（18期）
川尻恵理子（56期）　木谷明（15期）　野崎薫子（25期）　林醇（22期）　若林昌子（17期）
（五十音順）

日本司法福祉学会

法制審「諮問第103号に対する答申」についての意見（2020〔令和2〕年12月20日）

法制審「諮問第103号に対する答申」についての意見

　日本司法福祉学会は、司法を通じて福祉課題の解決の道を探る学会であり、「法と臨床」との豊かな協同によって問題解決を前進させる道の探求を着実に進める活動に邁進しています。

　法制審が本年10月29日に法務大臣に提出した現行少年法の改正を含む「諮問第103号に対する答申」に関して、日本司法福祉学会会長として次のとおりの意見を表明します。

　答申中の指摘である、18歳・19歳の者が類型的に未だ十分に成熟しておらず成長発達途上にあって可塑性を有する存在であること、18歳・19歳の者の犯罪の防止に重要な機能を果たしていると考えられる行政や福祉の分野における各種支援が存在していることは、日本司法福祉学会の過去の研究活動において明らかにされているところです。少年法ほか刑事法の将来のあり方は、少年、成人ともに科学的研究の成果を充分に受け止めた上で検討される必要があります。

　今回の答申が国民投票権、民法の成年の年齢との関連など法制度上の整合性が優先される形でまとめられたことに大きな危惧を抱きます。刑事司法制度は、一人ひとりの国民の権利保障と社会の安全の実現のため極めて重要な役割を担っています。

　18歳・19歳の者への「原則逆送」対象事件の範囲拡大、ぐ犯の廃止は非常に大きな制度変更と考えます。ここで一度立ち止まって、年長少年の非行、若年成年の犯罪に関する科学的見解を充分に斟酌した上で慎重な議論を行うことが必要であると考えます。

2020年12月20日

日本司法福祉学会　会長　藤原正範

◎資料5
刑事法研究者有志
「少年法等の一部を改正する法律案」に反対する刑事法研究者の声明（2021〔令和3〕年3月24日）

「少年法等の一部を改正する法律案」に反対する刑事法研究者の声明

2021 年 3 月 24 日

　2021 年 2 月 19 日、「少年法等の一部を改正する法律案」（以下「法律案」）が閣議決定され、国会に提出された。この法律案は、法律の体系としての著しい不整合をもたらすだけでなく、18 歳および 19 歳の者に必要な少年法による適切な保護を与えず、逆に不必要な処罰と厳罰化により社会復帰を阻害する点で刑事政策上の困難をもたらす。たしかに、今回の法律案は、過去の提案とは異なり、少年法適用年齢自体を引き下げるものではない＊。しかし、以下に述べる通り、過去の提案の問題点を色濃く承継するものである。ゆえに、私たち刑事法研究者は、この法律案に強く反対する。

1　18 歳及び 19 歳の者には、少年法が全面的に適用されるべきである

　法律案は、以下の点を骨子としている。

　①18 歳と 19 歳の者を「特定少年」（仮称）（以下「特定少年」）とし、少年法上の「少年」とするものの、少年法に第 5 章を新たに設け「特定少年の特例」を規定する。

　②特定少年の事件であっても、犯罪の嫌疑がある場合、全件を家庭裁判所へ送致するものとする。この年齢層の者の事件でも検察官先議主義をとらない。

　③特定少年について、検察官送致制度の対象を拡大する。罰金以下の罪も対象に含めるほか、いわゆる「原則逆送」として運用されている制度の対象に「死刑、無期又は短期 1 年以上の刑に当たる罪の事件」を加える。

　④特定少年に対する家庭裁判所の処分は「犯情の軽重」を考慮して「相当な

範囲」で行うこととする。また、特定少年を虞犯の対象から外す。

　⑤現行の少年法の第3章「少年の刑事事件」に規定される刑事事件の特例を、特定少年につき、検察官送致決定後は原則として適用しないようにする。

　⑥特定少年につき検察官送致された事件が起訴（公判請求）された場合には、推知報道の禁止を解除する。

　しかし、「特定少年」を少年法上の少年としつつ、大幅に「特例」を認めることは、著しい不整合をもたらすものである。「特定少年」には、少年法上の少年として、現行どおり、18歳未満の少年と同様に少年法が適用されるべきである。

2　特定少年を少年としながら特例を大幅に認めることには、法体系上著しい不整合がある

　今回の少年法改正のきっかけになったのは、民法の成年年齢が引き下げられることに伴い、少年法適用年齢も引き下げるべきであるという判断であった。しかし、議論の前提として、少年法は現在有効に機能しており、18歳以上を少年法の適用対象から外した場合、犯罪対策としての有効性が損なわれるおそれが高いという認識は、専門家の間では共有されており、異論は見られない。法制審議会少年法・刑事法（少年年齢・犯罪者処遇関係）部会（以下「部会」）でも、このことは、早い段階から確認されている。

　そこで、部会では、適用年齢を引き下げた場合に有効な対策をとることができるかが問題となり、18歳および19歳の者は少年法上の少年ではないという前提に立って、検察官が起訴しないと判断した軽微事件について家庭裁判所が保護処分類似の処分を行う「若年者に対する新たな処分」という構想が提示され、検討が続けられた。しかし、「新たな処分」の構想では、少年法の適用対象から外れる18歳および19歳の者に対して有効な犯罪対策を行うには限界があるということが否定できなくなり、全件をいったん家裁に送致したうえでいわゆる「原則逆送」の対象範囲を拡大するという新たな処分「別案」が急遽提示されるに至った。ところが18歳および19歳の者を少年法適用対象から外しつつ、全件を家裁に送致するという法制度はいかにも不整合である。そこで、「別案」は、18歳および19歳の者を少年法上の少年でも成人でもない中間層ないし中間類型とした。部会および法制審議会総会の答申は、結局のところ、18歳および19歳を少年法適用の対象とするか否かについて結論を出すことなく、具体的な内容としては、18歳および19歳の者を適用対象外とすることを前提として考えられた「別案」の構想を、多く承継するものであった。

今回の法律案は、「別案」の内容を踏襲しつつ、18歳および19歳の者を少年法上の少年として位置づけたものの、具体的な内容は「別案」に依拠したものとなっている。

元々民法上の成年年齢と少年法適用年齢が連動する必然性はなかったのであるから、18歳および19歳の者を保護の対象から外す必要はないとの決断がされた点は、正当であり、高く評価すべきである。しかし、18歳および19歳の者を少年法の適用対象から外すことを前提とした「別案」と、これらの者を適用対象とする今回の法律案では、基本的なスタンスが全く異なるのであり、この年齢層の者を少年法上の少年とする一方で、別案の具体的な内容を取り込んだ法律案は理念と制度の間に著しい不整合を来している。

3 法律案では、少年法による適切な保護を行うことができない

18歳および19歳の者が少年法上の少年であり、少年法の適用対象であるということは、健全育成という少年法の理念のもとで必要な保護を行うべき対象であることを意味する。にもかかわらず今回の法律案は、第1に、18歳および19歳の特定少年に、虞犯規定を適用せず、また保護処分を行う場合には、「犯情の軽重を考慮して相当な限度を超えない範囲内において」保護処分を課すものとする。そのために、犯罪に至る具体的な蓋然性が認められるような場合にも保護的介入が行えず、また犯した罪は軽微でも少年の要保護性が大きな場合に適切な処分を行うことができなくなる。これは、18歳および19歳の者が民法上の成年になったことを考慮したことによるのかもしれない。しかし、18歳および19歳の者を少年法の適用対象から外さないということは、民法上の成年であってもなお少年法による保護が必要かつ可能である未成熟な存在であることを法律上認めたことになるのであるから、成人の場合と同様の罪刑均衡原理を持ち込む必要はないし、持ち込むべきでもない。これらの保護の制限は、元々、少年法の適用対象から外れることを前提に構想されたものであり、この年齢層の者を適用対象から外さないことに決めたのであれば、削除されるべきである。

4 法律案では、不必要な厳罰化と社会復帰の阻害が引き起こされる

第2に、法律案は、18歳および19歳の者の事件について、不定期刑や仮釈放可能時期の早期化など刑事処分の特例を適用せず、また公判請求された場合には推知報道の禁止規制を適用しないものとしている。

しかし、これらも18歳および19歳を少年法適用対象から外すことを前提とし

て部会において考えられた提案であり、適用対象に含める場合には不必要な厳罰化となってしまう。少年法1条は、少年に刑事処分が適用される場合にも、その少年の健全な育成に配慮することを求めている。18歳および19歳の者も依然として少年法の適用対象である未成熟な存在であり、刑事責任に関係する非難可能性が成人の場合よりも類型的に低減しており、かつ、人格の可塑性の高さのゆえに飛躍的な成長発達を遂げることができる存在として認められたのであるから、刑事処分を成人の場合よりも緩和しつつ、かつ柔軟なものとすることや、実名報道による社会復帰の阻害から保護することに合理性が認められる。たしかに、こうした少年としての特性は年齢が上がるにつれて小さくなっていくとはいえる。しかし、18歳になったからといって一律にこうした特性がなくなるわけではない。そうである以上、一律に刑事事件の特例の適用を除外することは不合理である。また、これら特例の適用除外措置は、社会復帰の可能性を低下させ、再犯可能性を高めかねない点において、現在推進されている再犯防止施策とも根本的に矛盾する。

　推知報道規制の解除について付言すれば、刑事裁判にかけられても、保護処分相当と認められた場合には家庭裁判所に移送され、再び保護の対象となるのであるから、公訴提起時の推知報道規制の解除は少年法55条と整合していないのは明らかである。

5　法律案では、検察官送致の範囲が不必要に拡大され、不必要な処罰が行われる

　第3に、法律案は、罰金刑以下の罪も検察官送致の対象に含めるとともに、行為時18歳以上の者の事件についていわゆる「原則逆送」の対象となる範囲を短期1年以上に拡大している。

　検察官送致制度は、元々少年法の理念では説明がつかず、重大事件において処罰の必要性があるという刑事法の論理と保護の必要性に関する少年法の論理の妥協を図った制度である、というのが実務の理解である。これまで、実務は、検察官送致をきわめて謙抑的に運用してきた。いわゆる「原則逆送」制度は、この前提のもとで2000年の少年法改正で導入されたもので、故意の犯罪で被害者が死亡した場合は、類型的に犯情が特に重く、保護処分が相応しくないとして設けられたものである。しかし、今回の法律案では、強盗や現住建造物等放火といった、実際に成人事件で起訴猶予や執行猶予になる場合も多い罪名が「原則逆送」の対象に含まれている。これらの犯罪は、類型的に、保護不適といえるほど犯情が重いとはとてもいえない。罪種としても多様で、被害者の死亡といった、類型的

判断になじむ要素も欠けている。そのため、検察官送致の必要性が類型的に高いとはいえない。実際に、18歳および19歳の者によるこれらの犯罪の事件について、家裁が調査と審判を経て、検察官送致を決定したものはごく一部である。

また、そうした罪を実際に検察官送致にすると、執行猶予となり必要な保護がなされなくなったり、短期の実刑となって社会復帰に悪影響が生じたりするなど刑事処分の弊害が際立って、刑事政策上深刻な影響が及ぶことが懸念される。

さらに、2000年の少年法改正当時は、「原則逆送」制度を導入する理由として規範意識を覚醒させる必要性があることが主張されていた。このことを前提とするとしても、18歳以上の者についてだけ規範意識を覚醒される事件の範囲が広がるべき理由は見当たらない。今回の立法がなされた場合、健全な実務ではあるものの、有害な刑事処分の多用を回避するため、犯情が重くないことを理由に「原則逆送」の例外が適用される事案が多発する運用となることもあり得る。規範意識を覚醒させる必要があり、かつ「原則」に従い「逆送」することで規範意識が覚醒されるという機序が正しいとすれば、例外が多発した場合、今度は規範意識に有害な影響が生じることも懸念される。「原則通り」逆送が増えても「例外」が多発しても、今回の立法は社会に害を与えることになる。

18歳以上の者が対象となる罪を犯した場合と、18歳未満の者が犯した場合とでなぜ犯情の評価が異なるのかも明らかではない。犯情の評価は、対象者が民法上の成年であるかどうかで変わるものではないはずであるから、対象者が18歳以上である場合と18歳未満である場合とで犯情の評価が質的に変化すると考える理由もない。民法上成年となった以上は、犯罪の責任を取るべきという論理は、少年法の適用対象から外さないことになった以上、採りえない。

いわゆる「原則逆送」は、実務において、少年の要保護性についての科学的な調査をどれだけ実施しても、検察官送致の結論が変わらないということから社会調査の形骸化をもたらしたと指摘されているが、今回の改正はこの状況を一層深刻化させることとなり、健全育成のための家裁の働きにおいて本質的な役割を担う調査機能に対して、壊滅的な打撃を与えるおそれもある。

6　そもそも法改正が必要なのかが改めて問われるべきである

そもそも少年法改正が必要なのか、今一度立ち止まって考えるべきである。部会でも前提とされていたように、現在の少年法による保護の運用は有効に機能しており、厳罰化に少年犯罪対策上のメリットはない。2000年改正の当時のように少年犯罪の状況が深刻化しているわけでもない。脳科学や発達心理学の知見に

照らせば、18歳および19歳はいまだ成長発達段階にある人たちである。

　改正のあり得る論理は、民法上の成年についてはより広範囲で刑事責任を問うべきであるとの世論が醸成されたというものであるが、20歳からが大人であるとする世論は成人式の運用が変わらない見通しであることからも分かるように急激に変化するものではない。

　18歳以上の少年に対する厳罰化に世論が賛成しているとしても、それは、そもそも少年保護の理念と有効性を正しく理解してのこととはいいにくい。こうした世論によって法律案が本当に正当化されうるものなのかが問われなければならない。必要とされるのは、少年法の運用に携わる実務家が、18歳および19歳の少年の実際の姿、その犯罪の実情と背景、少年法保護の理念と有効性、厳罰化の不必要とそれによる社会復帰の阻害などを、市民に対して丁寧に伝えていく努力であろう。

　法律案は、特定少年を少年法上の少年と位置づけ、「健全育成」を目的とする働きかけを可能にしているが、そのことで本来期待できるはずの効果は、保護事件と刑事事件の双方に置かれた特例により、決定的に減じられている。法律案が抱える問題は、政治動向を背景に左顧右眄した末に判断を立法プロセスに委ねた部会の議論と答申内容の混乱をそのまま反映しているようにもみえる。人から制度のあり方を講じるのではなく、制度から人のあり方を擬制することでもたらされるのは、結局のところ、困難な問題の実務への丸投げと無理強い、そして効果が期待できないどころか再犯を増加させる刑事政策であろう。国会での審議に求められるのは、まずもって、18歳と19歳の少年がいかなる存在で、その非行がどのような性格のものなのかを直視し、少年にふさわしい扱いをする制度を講じることである。

以上

* 刑事法研究者による過去2度にわたる少年法適用年齢の引き下げに反対する声明として、「少年法適用対象年齢の引下げに反対する刑事法研究者の声明」（2015年8月1日）〔https://sites.google.com/site/juvenilelaw2015/〕および「少年法適用の上限となる年齢を引き下げるための法改正を行うことに反対する刑事法研究者の声明」（2018年11月16日）〔https://sites.google.com/view/juvenilelaw2018/〕）を参照のこと。

呼びかけ人　葛野尋之（一橋大学教授）　武内謙治（九州大学教授）　本庄武（一橋大学教授）ほか

　　（2021年3月31日現在、呼びかけ人28人、賛同者122人、合計150人）

◎資料6
被害者と司法を考える会
少年法改正に反対する意見書・要望書・声明

　同会はすでに「意見書」（2018年4月1日）を上川陽子法務大臣、井上正仁法制審議会会長、井上正仁少年法・刑事法（少年年齢・犯罪者処遇関係）部会長宛に提出していた。また、内田貴法制審議会会長あてに「法制審議会少年法・刑事法（少年年齢・犯罪者処遇関係）部会が採択した『少年法における「少年」の年齢を18歳未満にすること及び非行少年を含む犯罪者に対する処遇を一層充実させるための法整備の在り方等について』の『取りまとめ（案）』を白紙に戻し、少年法改正へ進める作業の見直しを求める要望」（2020年9月30日）を提出した。

＊　　　　＊　　　　＊

百害あって一利なし：少年法改正・「特定少年」対策に絶対反対！
少年法改正を許さない「声明書」

　法務省は、非行少年の実務に携わる第一線の専門家の意見をきかずに、少年法を改正しようとしています。最悪のシナリオ（少年法の適用年齢を18歳未満に引き下げる）はかろうじて回避されましたが、中身は処罰と監視を強化する古臭い「刑事政策」の焼き直しです。「家庭に愛を、少年に希望を」という少年法に、ハムラビ法典の時代から続く「目には目を、歯には歯を」の仕組みを拡大することになります。皆さんは、家庭には愛より、ムチがふさわしいと思いますか。

　刑罰の適用範囲を広げたり、刑期を延ばしたり、「犯情の軽重」で非行の深刻さを判断したりすることは、逆効果です。少年法の肝である調査や鑑別の形骸化や劣化を招き、現在まで研究者や実務家が営々と積み重ねてきた努力を無にするものです。また、保護処分の少年院送致にしても、当初からから期間を決めて、収容継続ができないのは、少年院と家裁の連携に乖離をもたらすもので、そもそ

も教育は最初から期間が決められるものではありません。非行少年でも、「尊厳の
ある人間」として遇されるなら、みるみる問題行動を克服して、社会にとっても有
用な人材となったという例は、たくさんあります。

　選挙権を与えられ、親の監護から離れて、一人前の責任を与えられたからと
言って、いったん犯罪に手を染めれば、実名報道にさらされ、立ち直りのための
資格取得の扉も閉ざされ、疎外される人をつくりだすことが許されるのでしょう
か。政府も賛成する国連の持続的開発目標は「だれ一人取り残さない」(No One
Left Behind)と言っています。
　このように少年法を改正する必要はないのです。わたしたちは、少年法の改正
法案を絶対に許しません。

2021 年 4 月 6 日

被害者と司法を考える会　代表・片山徒有

＊　　　　　＊　　　　　＊

2018 年 7 月 24 日

法務大臣 上川陽子 殿
法制審議会会長 井上正仁 殿
少年法・刑事法 (少年年齢・犯罪者処遇関係) 部会長 井上正仁 殿

要望書

被害者と司法を考える会 (代表 片山徒有)

要望主旨
　少年法の適用年齢は現行法のままとし、引き下げないことが相当と考えます。
　青少年が非行ないし犯罪を行った場合に採り得る処置について、青少年本人
の視点から、その成長発達を支援し、改善更生する (リカバリー) 機会を多様に
準備することが必要であり、その意味でも、現行少年法の果たしている役割は大

きく、現行少年法の機能をむしろ拡大する方向で検討する必要があると思われます。法制審議会が、被害者を含め、社会全体が取り組むような制度を構築するために審議を尽くし、誠実に多様な意見を徴することを強く希望します。

理由

　私たちは、少年司法・刑事司法に関わる被害者・遺族への支援を基本に、被害者・加害者双方に関する立ち直り支援及び研究等を行っている団体です。代表は被害者遺族の一人ですが、同じような犯罪被害が二度と起こらないことを深く願い、そのために、なぜ犯罪（非行）が起こるのかを追究してきました。また、法務省が進めている「被害者の視点を取り入れた教育」に賛同し、外部協力者として少年院や成人刑務所を含む数多くの刑事施設・矯正施設で講演や更生プログラムに参加して、矯正の現場をつぶさに実見してきております。その上で、法務教官や家庭裁判所調査官を経験した人たちとともに、被害者・遺族への保護、支援とともに、加害者の更生改善を深め、とりわけ少年本人が社会内で立ち直れるよう、さまざまな方面において行動しています。

　現在、法制審議会少年法・刑事法（少年年齢・犯罪者処遇関係）部会では非行少年を含む犯罪者に対する処遇について議論が進んでいます。とりわけ少年法における「少年」の年齢を20歳未満から18歳未満に引き下げることも検討されています。

　なるほど現状を見ますと、高齢犯罪者が増加し、その再犯率及び再入所者率が高まる中、成人犯罪者に対して、検察段階で福祉的、医療的配慮を行う「入口支援」を行うこと、刑事施設等における教育的処遇を拡充すること、出所時の環境調整を含む「出口支援」を強化すること、刑事施設収容に代わる処遇を探索すること等は必要なことであり、この問題について衆知を集めて早急に対策を検討するべきでしょう。しかし、少年法の適用年齢を引き下げることはまったく別問題です。今後、各分科会での検討結果をふまえ、少年法の適用年齢の引き下げについて、本格的な審議がなされるはずですが、ぜひとも、慎重な審議を行い、後世に禍根を残すことのないよう、お願い申し上げます。

　少年法適用年齢を引き下げることに反対する理由は次の点にあります。
1　犯罪白書、司法統計に明らかなように、少年非行（少年犯罪）総数は明らかに減少を続けており、凶悪非行も増加していません。それも、20歳未満の少年人口数の減少率以上に非行総数は減少しており、このことは、現在の少年司法が社

会的に極めて有効に機能している証左とされています。したがって、基本的にみて、現行少年法の機能を縮小する必要はありません。

　むしろ、近年の若年成人による凶悪犯罪の実情に鑑みるなら、現代の青少年の社会性が未熟であることを直視して、少年法の適用年齢をかえって23歳ないしは26歳程度にまで引き上げるべきではないかと考えます。ちなみに現行少年法及び少年院法でも、23歳ないしは26歳まで収容継続を許容され、条件付きではありますが、少年法の適用対象とされています。これは現行少年法の健全育成理念に基づくものであり、将来的にもむしろこれを拡大していくべきではないでしょうか。

2　民法の成年年齢が20歳から18歳に引き下げられた（施行は2022年4月から）ことに併せて少年法の適用年齢も当然引き下げるべきだという議論もありますが、飲酒や喫煙等は目的が別であるとしてこれまで通り法律で禁止制限されることをみると、少年法も、健全育成を目的としたものであって、民法の成年制度とは趣旨を異にするものとして、これとは分けて考える必要があります。民法の成人年齢と合わせることが「わかりやすい」という単純な理由で即断するのではなく、現行少年法の成立経緯や現在の家庭裁判所の設置経緯等も含めて、歴史的な経過をふまえた上で、未来的な指向を選択することが正に求められています。

3　現在、法制審議会少年法・刑事法部会の分科会において、検察官によって起訴されなかった18歳・19歳の者に対する「新たな処分」等が「構想」として検討されていますが、こうした「構想」が実施されたとしても、抜け落ちてしまう問題がさまざまに存在します。

　まず、少年法の適用年齢を引き下げた場合、18歳・19歳の「ぐ犯」事件などが家庭裁判所の調査・審判の対象から脱落してしまうため、たとえば女子少年は、その社会性が未熟で、半ば強要された異性交遊や性風俗の仕事に関係し、実質的には被害者であり社会的弱者でありながら、このような女子少年への保護がかえって困難になります。

　次に、家庭裁判所への全件送致の建前が18歳・19歳について崩れるため、書類送検にも至らない軽微事件等を起こした数多くの少年は、家庭裁判所による教育的措置を受ける機会がまったく失われてしまいます。

　また、検討されている「新たな処分」は、保護観察処分を上限とした処遇選択しか考えられておらず、現在、少年院収容少年の半数が18歳・19歳であることもふまえるなら、18歳・19歳の者に対する非行性を除去するための教育的処遇が、かえって不十分なものとなるおそれは極めて高いことが憂慮されます。

加えて、少年法の適用年齢を引き下げた場合、18歳・19歳の者は、殺人等の重大事件だけではなく、いったん起訴されると、すべて公開の刑事法廷で裁判を受けることになります。このような若年犯罪者が公開の法廷で刑事裁判を受けることから生じる問題点について、現在の法制審議会ではまだ十分議論されていないように思います。

　以上の諸点をふまえると、少年法の適用年齢を引き下げ、「新たな処分」等を設けるよりも、家庭裁判所への全件送致を維持し、家庭裁判所の調査・審判による少年及び保護者への教育的措置の実施を一層充実させることの方が、社会的にみて、適切であると言わざるを得ません。

4　世界の多くの国で少年法の適用年齢が「18歳以下」であるからといって、それに倣う必要はありません。なぜなら、比較少年法制を研究している外国人研究者の多くは、日本の現行少年法を高く評価しているからです。世界に誇り得る現行の少年司法システムを大きく毀損しないためには、適用年齢を引き下げないことが重要と思います。

5　私たちは被害者・遺族への支援を基本とする団体ですが、少年法の適用年齢を引き下げ、刑事司法を拡大することが、犯罪被害を抑止し、被害者支援につながるとは考えていません。というのも、最近の脳科学の知見では、大脳皮質の成長発達は26歳ころまで継続し、行動に関する理性的な抑止等の学習は26歳ころまで可能であるとされているからです。また、現代の18歳・19歳が、以前と比しても社会的に未成熟であることは、社会学・教育学・心理学・医学等の研究諸領域からの報告でも明らかです。加えて、少年非行（少年犯罪）は減少しているものの、不登校や引きこもり、被虐待、いじめによる自殺の問題等は増加しています。こうした客観的事実をふまえるなら、現行少年法のとる保護主義や、そのもとにおける保護処分の重要性はますます高まっています。18歳・19歳を成人として扱い、刑罰を科す、もしくは微罪処分で済ませたりするよりも、むしろこれまで通り少年法の対象として、原則として保護処分を科して矯正教育や教育的措置を行った方が適切であると考えられます。

6　犯罪や非行を無くし被害者をゼロにすることが私たちの願いです。そのためには、犯罪や非行の原因解明と社会的解決策が必須だと思います。教育的措置よりは刑罰を優先させるような施策をとれば、社会の不安はむしろ増すことになり、そのことはかえって、後世に禍根を残すことになるのではないか、と危機感をいだかざるを得ません。被害者も含め社会全体で、一人ひとりの子どもたち、非行少年たちに手厚い保護の手を差し伸べて行けるような施策を考えて頂きたいと

思います。

7　自由刑の在り方についても若干触れさせて頂きます。刑務所で現在行われている特別教育は指導対象者の人数が多く、対象者全員に教育が行き渡っているとは言い切れない現状があります。そこで、今回の検討を通じて、むしろ刑務作業主体の処遇から教育主体の処遇へと変化をすることが望ましく、今後の審議がそのようなきっかけになるよう期待しています。特別改善指導での教育に関わっている立場から見ると、刑務所での教育内容をより充実させることが犯罪を減らし、若年受刑者のみならず一般受刑者の改善更生に繋がり、当事者のみならず地域社会や被害者にも有益になるものと考えます。

以上

◎資料7
主な少年法適用年齢引下げに反対する声明等の一覧(2018〜2019年)

○ 2018年7月24日　要望書(「少年法の適用年齢は現行法のままとし、引き下げないことが相当」)→本書214頁に掲載。
被害者と司法を考える会
http://dp09232070.lolipop.jp/180720houmuyoubou.pdf

○ 2018年11月4日　「若年者に対する新たな処分」について
全司法労働組合少年法対策委員会
http://www.zenshiho.net/shounen/26.pdf

○ 2018年11月16日　少年法適用の上限となる年齢を引き下げるための法改正を行うことに反対する刑事法研究者の声明
「少年法の適用の上限となる年齢を引き下げるための法改正を行うことに反対する刑事研究者の声明」事務局
https://sites.google.com/site/juvenilelaw2015/2018年11月16日の声明

○ 2018年11月21日　少年法における「少年」の年齢を18歳未満とすることに反対する意見書
日本弁護士連合会
https://www.nichibenren.or.jp/library/ja/opinion/report/data/2018/opinion_181121_3.pdf

○ 2019年2月21日　〜少年法は世界に誇れる日本の司法制度〜少年法適用年齢の引き下げには反対です
主婦連合会

https://shufuren.net/requests/

○ 2019年6月11日　少年法「改正」に関する声明
公益社団法人 日本精神神経医学会
https://www.jspn.or.jp/uploads/uploads/files/activity/20190611.pdf

○ 2019年6月13日　私たちは少年法適用年齢の引き下げに反対です。有効に
機能している現行少年法の維持を強く要望します
主婦連合会等15団体連盟
https://shufuren.net/requests/20190613-2/

○ 2019年6月15日　少年法の適用年齢引下げに反対し、諸団体等と連携して
これに取り組む決議
日本弁護士連合会
https://www.nichibenren.or.jp/activity/document/assembly_
resolution/year/2019/2019_2.html

○ 2019年7月23日　少年法の適用年齢引下げに反対する決議
全司法労働組合第76回定期大会
http://www.zenshiho.net/shounen/20190820.pdf

○ 2019年8月16日　少年法適用年齢引下げに反対する理事長声明
一般社団法人 日本子ども虐待防止学会
http://jaspcan.org/wp-content/uploads/2019/08/20190820_
JaSPCAN.pdf

◎おわりに

　なぜ、少年法を「改正」して、18・19歳少年を特別扱いする必要があるのか？

　事の発端は、2007年に、投票年齢を18歳以上とする国民投票法が成立したことにある。その後、選挙権年齢が引き下げられ、民法成年年齢が引き下げられた。

　しかし、法律の目的によって、年齢の線引きは一様である必要はない。少年法適用年齢を選挙権年齢や民法成年年齢に合わせる必要はないということは、民法成年年齢引き下げを答申した法制審議会の委員たちも述べていた。

　現に、飲酒・喫煙は、相変わらず20歳未満の者は禁止されたままであり、これを引き下げようという動きはない。

＊

　なぜ、20歳未満の者の飲酒・喫煙を禁止するのか？　それは、18・19歳の者はまだ心身の成長発達の途上なので飲酒・喫煙を認めることは害がある、と日本社会の「大人」たちが考えているからだろう。

　そう、18・19歳はまだ心身の成長発達の途上であり、まだまだ成長発達が見込まれる。とりわけ、虐待家庭や貧困家庭など、ハンディのある生育環境の中で育ってきた子どもたちは、人格的・精神的な成長発達が未熟である。

　確かに世の中には、10代でもとてつもなく優秀で「人間ができている」と思わせる子どももいるが、それは先天的な資質に恵まれたことに加えて、家庭環境や学校環境に恵まれた「幸せ」な「子ども期」を送ることができた人である。

　それに引き換え、非行少年と呼ばれる子どもたちは、成長の過程において、さまざまなハンディや困難を抱えて生きている。非行は、成長の過程において、虐待、いじめ、貧困、差別などの困難を抱え、成長発達権が保障されなかった子どもたちのSOSである。

　したがって、私たちの社会は、非行という形で発せられたSOSを受け止め、改めて「育ち直し」の機会を保障するべきなのだ。非行という結果を、ひとり少年の責任に負わせるべきではなく、私たち社会全体が、一人の人間の成長発達権を保障することができなかった非を詫びて、責任を分かち合うべきなのだ。

＊

　少年法は戦後間もなく1948年にできた法律だが、当時から人間諸科学の知見を先取りしていた。その結果、成人の刑事司法手続より少年司法手続に乗った

少年たちの再非行リスクは低く抑えられてきた。したがって、法制審議会の議論を通じても、20歳までを「少年」とする現行の少年法が非常にうまく機能していることについて、ほぼ異論はなかった。

さらに近年、脳科学の発達により、幼少期からの不適切な養育が、脳を萎縮させたり損傷したりすること、一方で、受容的な「育て直し」によって25歳くらいまで脳が変化することも分かってきた。これは、以前から一部の専門家が仮説としては主張していたことが裏付けられたと言ってよい。

＊

今回の「改正」は「厳罰化」と評される。しかし、私が今回の「改正」に反対するのは、必ずしも「厳罰化」だからではない。

私自身は反対だったが、厳罰化は、2000年以降の「改正」により、とっくになされている。人の死という結果が生じている事件を「重大事件」と言うならば、今回の「改正」は重大事件ではない比較的軽微な犯罪を原則逆送の対象とするものである。そのため、逆送後起訴されても、初犯だからと執行猶予が付くことが多くなるであろう。今までなら少年院に送致されるような少年たちが、今後は、何らの教育も支援もなく社会に戻される。18・19歳のぐ犯少年を処分の対象から外したことも同様である。

そもそも、少年法は決して「甘い」法律ではない。一日中、教育的働きかけの対象とされ、全人格的な成長発達を期待して、内面に働きかけて内省を求める少年院教育の方が、刑務所で課される刑務作業よりもよほど厳しいと言える。

したがって、私は今回の「改正」の大きな問題は、「刑罰化」なのだと言いたい。

刑罰は、「人を見る」のではなく、「行為と結果」を見る。今回の「改正」は、本来、人を見るべき少年法に、行為主義や犯情主義を混入させるものとなる。それは、少年法の理念そのものを変質させることにつながる。

＊

全件家裁送致の建前が維持されたことをもって、「最低ラインが守られた」と評価する向きがある。

しかし、蟻の一穴である。いや、2000年「改正」が、すでに蟻の一穴であって、すでに少年法はどんどん浸食されてきた。

2000年の少年法「改正」以降、家庭裁判所が誇るべき家裁調査官による社会調査の質量における変容は「劣化」と表現されることがある。

少年法を扱う現場にいる、裁判官、調査官、付添人弁護士、鑑別技官、法務教官たちに、少年や少年法に対する「愛」がなくなりつつあるのではないだろうか？

「愛」は育まなければ失われていく。

　本書にメッセージを寄せてくれた方々は、少年たち、ひいては少年法に対する大きな「愛」を持った方々である。少年法が壊れていくことに耐えられないという切実な思いを抱えながら、命を削るようにして行動している方々である。

*

　少年法の大家である故澤登俊雄先生が主宰され、お弟子さんたちが運営を担ってきた「少年法研究会」という勉強会がある。私は、澤登先生に師事したことはないのだが、縁あって2015年に、付添人実務について話すようにというお話を頂戴して、恐れ多くも大家の前で、少年法の理念を「健全育成」から「成長発達権保障」と捉え直すことの重要性を説いた。

　終了後の懇親会において、澤登先生はニコニコと笑みを湛えながら、「最近脱稿した『少年法入門』の第6版では、『成長発達保障』と書いたが、あなたの話を聞いて、次の改訂の際には、『成長発達権保障』と書こうと思う」とおっしゃってくださった。もちろん、孫ほどの年齢の弁護士に対するリップサービスであろうが、実務家として、少年法を守り育てるために尽力しようと意を強くした一言であった。

　昨年、コロナ禍のただ中で亡くなった澤登先生が、今回の「改正」をお知りになったら、なんとおっしゃっただろう。いや、少年法の破壊という私たちの社会が犯してしまった過ちをご覧にならずに済んだことが、せめてもの救いかもしれない。

*

　最後に、本書は、約100人の方々からの貴重なご寄付により、発刊に至ることができました。ここに厚く御礼申し上げます。

　2021年4月吉日

編集委員　川村百合

18・19歳非行少年は、厳罰化で立ち直れるか

2021年5月15日　第1版第1刷発行

編集代表　片山徒有
編集委員　伊藤由紀夫・川村百合・佐々木央・佐々木光明・新倉修・八田次郎
編集協力　被害者と司法を考える会
取材協力　全司法労働組合少年法対策委員会
発 行 人　成澤壽信
発 行 所　株式会社現代人文社
　　　　　〒160-0004　東京都新宿区四谷2-10　八ツ橋ビル7階
　　　　　Tel: 03-5379-0307　Fax: 03-5379-5388
　　　　　E-mail: henshu@genjin.jp（編集）　hanbai@genjin.jp（販売）
　　　　　Web: www.genjin.jp
発 売 所　株式会社大学図書
印 刷 所　株式会社ミツワ
装 　 幀　加藤英一郎

検印省略　Printed in Japan
ISBN978-4-87798-779-4　C2032
Ⓒ　2021 Katayama Tadaari